大学学科评价与治理

宣 勇 等著

图书在版编目(CIP)数据

大学学科评价与治理/宣勇等著.—北京:商务印书馆,2023
ISBN 978-7-100-22585-4

Ⅰ.①大… Ⅱ.①宣… Ⅲ.①高等学校—学科建设—研究—中国 Ⅳ.①G642.3

中国国家版本馆CIP数据核字(2023)第105043号

权利保留,侵权必究。

大学学科评价与治理
宣 勇 等著

商 务 印 书 馆 出 版
(北京王府井大街36号 邮政编码100710)
商 务 印 书 馆 发 行
北 京 冠 中 印 刷 厂 印 刷
ISBN 978-7-100-22585-4

2023年8月第1版	开本 880×1230 1/32
2023年8月北京第1次印刷	印张 10⅝

定价:56.00元

目 录

绪论　大学学科：从建设到治理 1

第一章　大学学科评价的理论研究与实践现状 28
  第一节　大学学科评价的研究综述 29
  第二节　大学学科评价的实践现状 46
  第三节　我国大学学科评价的问题 78

第二章　大学学科评价的基本理论和价值取向 85
  第一节　大学学科评价的基本理论 86
  第二节　体用结合：大学学科评价的基本理念 101
  第三节　能力取向：大学学科评价的核心价值 104
  第四节　以评促建：大学学科评价的目的意义 110

第三章　大学学科能力评价指标体系的建构 115
  第一节　学科评价指标体系构建中的国际经验借鉴 115
  第二节　学科评价指标体系构建的操作性原则 123
  第三节　基于体用结合的学科能力评价指标体系的
           建构 126

第四章 大学学科能力评价指标体系的应用 ······ 140
——以 Z 省地方高校一流学科（A 类）为例 ······ 140
- 第一节 Z 省地方高校一流学科（A 类）整体发展状态评价 ······ 140
- 第二节 Z 省一流学科 A 类建设学科的个案诊断评价——以 G 大学 A 学科为例 ······ 158
- 第三节 大学学科能力评价指标体系的应用讨论 ······ 180

第五章 治理视野中的大学学科建设与评价 ······ 186
- 第一节 现代大学学科建设中的多元共治 ······ 187
- 第二节 面向学科建设的多元学科评价逻辑 ······ 195
- 第三节 我国当前的一元化学科评价及其困境 ······ 204
- 第四节 多元主体参与的学科评价体系完善 ······ 209

第六章 大学学科评价中的政府行为 ······ 216
- 第一节 大学学科评价的政策谱系分析 ······ 216
- 第二节 大学学科评价中的政府角色与困境 ······ 233
- 第三节 政府在大学学科治理中的行为转变与策略 ······ 240

第七章 大学学科评价中的社会组织参与 ······ 251
- 第一节 社会组织参与大学学科评价的现状 ······ 252
- 第二节 社会组织参与大学学科评价存在的问题 ······ 261
- 第三节 社会组织未能有效参与大学学科评价的原因 ······ 268
- 第四节 提升社会组织参与大学学科评价有效性的策略 ······ 273

第八章　以评促建：学科评价与建设的治理机制 ·········· 285
　第一节　从排名到建设：学科评价中大学的理性回归 ········· 286
　第二节　从割裂到衔接：大学学科评价机制的五个转变 ······ 295
　第三节　从分化到交叉：大学学科建设的未来走向 ············ 305

后记 ·· 318
参考文献 ·· 322

绪 论
大学学科:从建设到治理

本书为浙江省自然科学基金重点资助项目《大学学科评价的理论和方法》研究成果,之所以选择这样一个题目开展研究,源于现实中我国对大学学科建设和评价的诸多现象——热热闹闹的一流学科建设,各级政府的慷慨投入,眼花缭乱的学科排行,花样迭出的大学排名——展现出我国高等教育发展看起来欣欣向荣的图景。目前,我们已建成了超大规模的高等教育体系,在以找到大学发展的显性指标参考系,讲究效率实现快速发展为特色的工具理性引导下,我国高等教育在科研经费、学术论文产出方面大幅提升,在世界各大学排行榜上表现亮眼,第一轮"双一流"建设成效显著,已有多所高校高调宣布已达到了世界一流大学的指标,为高等教育高质量发展打下了坚实基础。但需要警惕的是,在工具理性的发展方式驱动下,我国高等教育体系也存在结构失衡、功能紊乱、力量分散与能力不足等问题,大学在科教兴国战略中的独特作用尚未充分发挥,大学"高分低能"现象凸显:一是人才缺但就业难,尽管各行各业对创新性人才十分渴求,而大学毕业生现已突破千万，但大学生就业始终是一个重要民生问题；二是论文多而创新少，科研经费与学术论文大幅增长，但大学科技创新能力仍严重不足，特别是重大创新成果匮乏；三是排名高却贡献低，大学在各类排行榜上不断进步，但高等教育发展对社会发展、经济增长的贡献率还处于较低水平，在攻克关键核心领域"卡脖子"技术面前捉襟见肘甚至束手无策。

评价是事物价值的反映，而不仅仅是指标与数据的呈现，面对当前高等教育"显性指标繁荣"与"内在能力贫瘠"的状况，我们这项研究就是试图在总结工具理性取向的大学学科建设与评价基础上，探讨如何逐步转变大学学科评价取向，从追求指标转向能力建设，实现高等教育治理的价值理性。我们可以发现当前在国内外具有影响力的学科评价均为排名式的学科评价，将学科转化为若干指标、数据，最终以排名的形式呈现。这符合公众直观简单地了解学科水平的需要，也符合许多大学追求简洁高效的管理诉求，但这种简便的学科评价方式能否科学地指导大学学科建设以提高大学学科水平是存疑的。如果将提高学科排名作为学科建设的目标，可能造就一批数据上一流的学科，而非真正意义上的一流学科。因此，从价值论层面来研究和回答大学学科的评价和建设问题就显得十分重要了。

之所以选择从价值论层面上研究大学学科的评价与建设，其中还有一个重要原因是我们对于大学学科的前期研究已走过了20个年头，经历了本体论和方法论的两个层面的研究阶段，有许多研究的积累：在本体论研究阶段，我们回答了学科是什么、大学学科是什么的问题；在方法论阶段我们回答大学学科建什么、怎么建的问题；现在需要回答的问题是大学学科建成什么样子才是好的学科。在"双一流"语境之下，亟待回答的问题就是什么样的学科才是世界一流学科，这显然是一种价值评判。从本体论到方法论再到价值论，这是大学学科建设这个命题研究的必然逻辑。

一、本体论：从二元论到三重视界

2001年，我在《论大学行政的理念》一文中首次提到了大学学科组织这一概念："学科是将学者们联系和凝聚在一起的一种组织形式，是学者们赖以存在并更好地体现学术价值的组织形式。在大学系统内是学科承担了大学的三大职能，是表现大学本质的基本结构和功能单位，因此学科是大学的细胞。"[①] 从2001年到2006年，我们开始系统研究"大学学科是什么"，标志性研究成果是完成了学科从"一元视界"到"双重形态"的认知进阶。我在《论大学学科组织》中第一次提出学科具有不同形态的存在方式，从形态上把学科区分为知识形态的学科和组织形态的学科。[②] 学科在知识形态上的存在是"形而上"的，是关于知识或教学科目的分类；在组织形态上的存在是"形而下"的，它是一个由学者、知识信息以及学术物质资料所组成的实体化了的组织体系。语义上即指大学的基层学术组织，是大学组织的细胞。

"双重形态说"提出之前，学界在理论上探讨学科问题，视角仅限于从学科与知识增长、知识分类的关系来解释学科概念的本

[①] 宣勇：《论大学行政的理念》，《中国高教研究》2001年第9期。
[②] 宣勇：《论大学学科组织》，《科学学与科学技术管理》2002年第5期。

意。我在文章中明确指出，学科是大学最基本的学术组织单位，在实践中具有组织的形态。针对学者们对学科概念各执一词，理解上存在一定差异，2006年我们又专门归纳了五种不同的对于学科概念的理解，并重申了我们对学科概念的认识，坚持认为大学学科概念的双重形态说——作为知识分类体系的学科与作为知识劳动组织的学科，认为大学学科"语义上即指大学的基层学术组织，是大学组织的细胞。这一观点得到众多学者的支持，有学者根据自己对这一'说'的理解，提出把学科分为理论形态和实体形态"。①

随着我国大学学科建设的深入，我们发现国家在大学学科建设中的影响是巨大的，从学科划分、知识生产方式、机构设置、平台搭建到知识的传播、交流、评价，从学科人才的选拔、学位的授予、职称的评定到成果的奖励、荣誉的颁发等都深刻地影响着大学的学科建设与发展，2019年我就排行榜热潮下的学科进行深化论证，进一步实现了学科从"双重形态"到"三重视野"的认知迭代。三重视野指的是学科概念从全球、国家和大学三个层次上加以界定。②从全球的视角来看，学科是知识的分类体系，即学科的知识形态。学科具有系统的知识管理和知识发现的功能和价值。所以，学科首先是一个知识分类体系，知识无国界，这是具有全球意义的学科概念。从国家的视角看，学科是一种制度安排。福柯将学科指向规训，他认为学科主要表现为一种规训制

---

① 宣勇、凌健：《"学科"考辨》，《高等教育研究》2006年第4期。
② 宣勇：《从大学的立场看学科评价与排名中的缺陷》，《高等工程教育研究》2019年第3期。

度,是生产论述的操控体系和主宰现代生活的种种操控策略与技术的更大组合。① 大学、学会、基金会、评审、期刊、出版等都是国家制度安排的结果,既然作为一种制度安排,必然受所在国家政治制度与学术传统的制约,反映着国家意志,体现了每个国家不同的学科制度特征。从大学的视角看,学科是知识劳动的组织,是大学依据知识的分类体系而建立起来的知识劳动组织,是"形而下"的。知识的增长从何而来?这些知识的增长必须有人不断地在这种知识分类体系下进行知识生产,大学就是这样的机构。

所以,学科在知识形态与组织形态之外,还有一种制度形态。这种国家层面的知识治理关注的主要是知识分类、生产、交流、发表、评价、激励制度,与此相联系的是机构设立、项目资助、出版、学位授予、职称评定、院士制度、各类人才工程等方面的内容。因此,大学学科产生与发展的外部制度安排与治理体系值得我们充分关注。

无论是二元论还是三重视野,我对"大学学科组织"概念的认识是一贯的。我国大学学科建设只重视学科要素的投入而忽视作为组织的学科建设。我提出了"学科组织化",并致力创建"基于学科的大学管理模式",即学校—学院—学科的大学组织结构。② 大学的学科建设首先应该建的是学科组织,高水平大学管理的重要任务是让学科组织健康成长。

早在 2009 年我们就曾经指出:"当前学界所讨论和强调的现代大学的学科建设同时具有两个不同语义上的指谓,其一是作为

---

① 米歇尔·福柯著,刘北成、杨远婴译:《规训与惩罚》,生活·读书·新知三联书店 2007 年版。

② 宣勇:《基于学科的大学管理模式选择》,《中国高教研究》2002 年第 4 期。

知识体系的学科的不断发展和完善,即指一门门的学科在知识上的增进;其二是作为不同学科要素构成的组织的建设,即作为知识劳动组织的学科建设。据此,大学学科建设实质上包括两个方面:一是完善学科知识体系,二是提升学科组织在知识生产中的能力。"我们还十分明确地提出了大学的学科建设应以提升学科组织的知识生产能力为根本目的,因为完善知识体系是大学一切学科建设活动的终极使命,但如此复杂、庞大的工作,不能分解成为某个大学组织的战略目标,甚至可以断定某一个大学组织在知识体系的发展过程中所起的作用可能是微乎其微的。①

因此,对一所大学而言,学科建设就要做好两件事情:一是选择知识劳动的领域,二是提升学科组织的知识生产能力。其一,选择知识劳动的领域,关乎大学定位与战略选择,即在浩瀚的学科知识体系中选择做什么与不做什么。有时候选择不做什么比选择做什么更有价值,在这一前提下再来看大学自身到底能够对关乎国家战略、地方发展中的哪些重要问题做出回应,从而做出学科发展的具体规划和布局。其二,提升学科组织的知识生产能力。大学学科组织也应被视为一个系统的、社会化的组织,其组织化的程度越高,运行就越有序,功能的发挥就越大,离学科组织的目标就越近。

二、方法论:大学学科的组织化

如果大学学科是一个组织,就必须回答两个方面的问题:第

---

① 宣勇、凌健:《大学学科组织化建设:价值与路径》,《教育研究》2009 年第 8 期。

一,大学学科是否具有组织生命周期的特征？第二,大学学科是组织,那么大学的学科建设建什么,提高学科的组织化程度是否是大学学科建设的目标任务？围绕着这两方面的问题,2003年,我们团队成员以"大学学科组织的成长机理研究"为题成功申报了国家自然科学基金,通过对国家重点学科的调查与对国家重点学科带头人的访谈,运用组织生命周期理论与生态学的原理,初步探索了大学学科组织的成长机理,发表了一系列研究成果,阐述了我们的基本观点。

通过对国家重点学科的调查,我们归纳出学科组织生命周期各阶段面临的首要问题与主要矛盾。我们从大学学科组织的生命特征出发,将组织生命周期理论应用于大学学科组织,提出大学学科组织生命周期四阶段模型,该模型将学科组织的成长划分为生成期、成长期、成熟期、蜕变期四个阶段,指出学科组织应当根据各个阶段的不同特征确定相应的发展策略,系统总结了我们有关"学科怎么建"的研究,强调了学科组织的发展是有生命周期的:生成期的首要任务是学科方向的凝炼、学科使命的选择和资源的获取；成长期的主导任务是自身知识产出能力的提升；成熟期的主导任务是学科内部的制度建设；蜕变期的主导任务是战略规划,重点在于学科方向的调整、学科队伍的整合等。学科组织生命周期的阶段特征决定了学科组织的发展策略,与阶段特征相适应的发展策略促进学科发展,与之相背离的策略则牵制学科发展。[①] 学科建设的目标、手段应该针对学科组织所处的成长阶

---

① 宣勇、张金福、凌健、张鹏、周守军、张凤娟、钱佩忠:《大学学科组织化研究:多学科的审视》,《教育发展研究》2009年第5期。

段有所差别。这对于不同学校、不同学科如何有针对性地开展学科建设十分重要。

这一阶段，我们探索了大学学科组织的成长机理，分别从学科概念到大学学科组织的提出、大学学科的组织化进程与成长规律、大学学科组织的生态性与成长模式三个层次上进行了系统的研究，出版了《大学变革的逻辑（上）——学科组织化及其成长》一书。①

回过头去看，第一阶段关于大学学科的探讨属于本体论层面的研究，重在回答学科是什么和大学学科是什么的问题。诚然，在后续的研究中，随着认识的不断深化，对于大学学科是什么也在不断深化。我们以"大学学科组织的成长机理研究"课题为起点，着重讨论了大学学科建设"建什么"和"怎么建"的问题，应该说我们对于大学学科的研究进入到了方法论的层面，主要目的是搞清楚学科组织生成、发展的机理及其阶段性特征，为大学开展学科建设提供内部治理的决策依据。

在方法论研究的阶段，基于成长机理的探究，我们团队开展了关于大学内部治理变革的研究，以期为大学的学科成长提供良好的内部治理环境。正是基于对大学学科成长规律的认识和多个主体参与学科建设的事实，我们选择了公共治理的视角，以"基于学科发展的现代大学治理"为题再一次得到了国家自然科学基金会的立项资助。我们从大学的组织架构开始，进行了基于学科发展的大学治理的研究，从大学的权力结构、战略规划、学

---

① 宣勇：《大学变革的逻辑（上）——学科组织化及其成长》，人民出版社2009年版。

术人力资源配置、大学理财、学术资源配置与共享平台搭建、大学制度与文化变迁的关系等方面创设了一种新型的大学治理模式——学科制,论述遵循了一条自下而上的逻辑线索,从大学最基层的学术组织变革为起点,紧紧围绕学科组织的成长,重新架构大学的治理结构与方式,对学科制进行了细致的设计与详尽的描述。《大学变革的逻辑(下)——学科制构建:公共治理的视角》是我们形成的第二项研究成果。[①] 显然,这项研究也属于方法论的范畴。

我们在方法论层面提出了一个最为核心的命题即学科的组织化,认为大学学科建设的一个重要目的是提升学科组织的知识生产能力。[②] 以往的学科建设由于单纯强调了学科要素的培育而缺少整体的制度安排,导致学科建设的效率不高。大学学科组织化是一个循环往复的过程,其路径可分为学科组织使命分析、学科组织体制设计、学科组织结构设计、学科组织运行设计和学科组织评价五个阶段。

为什么要提高学科组织化?科学研究是一个挖深井的过程,我们只能在一个点上不断地挖掘,不断追求,才能在科学研究上有所突破。个体很可能是打一枪换个地方,而且现在的科研导向是以发论文为目标的。所以,很多个体劳动者很难在一个领域持之以恒地做下去,而且做不了大课题,出不了大成果。这就是组织化的价值意义所在。

---

① 宣勇:《大学变革的逻辑(下)——学科制构建:公共治理的视角》,人民出版社2009年版。
② 宣勇、凌健:《大学学科组织化建设:价值与路径》,《教育研究》2009年第8期。

为了探究学科组织化与学术产出之间的相关性，2017年，我指导博士研究生郑莉以"大学学科组织化程度与学科产出水平关系研究"为题开始了其博士论文的写作，提出了三个主要的研究问题：（1）如何判断学科的组织化程度？（2）学科组织化程度是如何影响学科产出水平的？（3）在学科组织化的基础上，如何进一步促进学科组织可持续有序发展？研究显示，首先，学科组织化程度由学科方向凝聚程度、学科组织领导力、学科分工协作程度及学科运行的制度化程度构成具有理论上和实证上的合理性；第二，学科产出水平由科学研究产出水平、社会服务产出水平、人才培养产出水平三个维度构成具有理论上和实证上的合理性；第三，学科组织化程度对学科产出水平及其三个维度有显著的正向影响；第四，学科组织紧密度在学科组织化程度影响学科产出水平及其三个维度的过程中起部分中介作用。本研究对学科建设研究有两个方面的理论贡献：一是着眼于学科组织建设，研究得到了学科组织化程度的构成维度，揭示了其影响学科产出水平的过程，为推进学科组织化提供了理论依据；二是整合系统科学与组织管理理论，探索了学科组织发展诊断的方法，为学科建设投入及评价提供了新的思路。总体而言，郑莉的研究为进一步理顺政府、大学、学科等多元主体在学科建设中的关系，制定有效的学科建设策略，提高学科建设的绩效提供了理论依据和实践指导。值得高兴的是，郑莉的博士学位论文"大学学科组织化程度与学科产出水平的关系研究"得到了同行专家的高度评价，成为入选2021年度"中国高等教育学会学术创新计划——高等教育学博士学位论文文库"（原高等教育学会"高等教育学"

优秀博士学位论文）的八篇论文之一。

事实上，20年前，大学的学科建设、学界对于学科的研究都没有像现在这样受重视，我有幸主持了浙江工业大学1999年的校内管理体制改革方案的起草，有机会接受了校长吴添祖教授提出的"人人进学科，人人有学科归属，人人有学科方向"的学科启蒙，提出了建立学校—学院—学科二级机构三级管理的运行模式，并在浙江工业大学成功实践，由此激发了我对学科探究的学术兴趣，开始了一系列的研究。为此，在老校长病重探望之际我真挚地向他表达过内心的敬意和感谢。我的幸运还在于一批志同道合的青年学者陆续加入了此项研究，并在浙江工业大学成立了现代大学制度研究中心，团队一直坚持到今天，才有了上述关于学科研究的一系列成果，有了即将付梓的这本著作。

更为幸运的是，有了浙江工业大学的成功经验，有了我们研究团队10年的学科研究和理论准备，2010年6月，我调任浙江农林大学担任党委书记。有了把学科理论、浙工大经验付诸实践的机会，就职的四天前，浙江林学院刚刚升格为浙江农林大学。我面临的任务是召开浙江农林大学的第一次党代会，这意味着要重新制定战略规划。更名后的浙江农林大学站在了一个新的起点上，如何科学定位、谋划未来，成为摆在学校面前的首要问题。我在任职大会上提出了三个问题希望大家共同思考：我们是什么样的一所农林大学？浙江需要一所什么样的农林大学？我们怎样来建设农林大学？为了回答这些问题，学校发动全校教职员工积极参与，开展了广泛深入的调查、研讨活动。在第一次党代会上确定了学校发展的战略目标：到2020年把学校初步建设成为国内知名的生态性创业型大学。明确定位后，接着就是把定位细化，制定战略规划。战略规划要有所为有所不为。因此，我提出了制定战略规划的三条原则：第一是满足浙江需要，满足区域经济社会发展需要；第二是浙大没有（原浙江农业大学并入浙江大学成立农学学部），与其错位发展；第三是我们自身有能力，就是可能性。基于三条原则，凝练出了 10 个重点领域，包括生物种业、食品质量安全与农林产品加工贸易、动物健康养殖与生物药剂、森林资源培育、生物基材料与生物质能源、人居环境规划设计与绿色建筑、农林碳汇与生态环境修复、生态文化、智慧农林业、中国农民发展。在每一个重点领域中，又确定了三个研究方向，共 30 个优先主题，简称为"1030 战略规划"，并组织了一个高规格的论证会，邀请了省委常委、副省长葛慧君同志和与学校学科、专业有关的 13 个厅局的厅局长对农林大学的战略规划进行论证，确保合乎浙江未来的发展需要，领导与专家们给予了很多很好的建议，并且为之后的支持合作奠定了基础。这是浙江农林大学的定位与战略选择，也是我们对农林知识劳动领域的选择，为学科建设提供了战略方向。如何实现学校的发展战略？基本的方法就是校内管理体制与机制的变革，以提升治理的效能，我主要是抓了三件事。

一是基于学科的内部管理体制变革，提出了"学生为本、学者为重、学科为基、学术为要"的改革价值取向，学校将 2011 年确定为"管理改革年"，以全面推进改革工作。围绕"逐步建立校院两级责权利相统一，学术与行政权力相协调，适应国内知名的生态性创业型大学运行要求的内部管理制度"的总目标，以学校、学院、基层学术组织（学科、系）为基本组织框架，实行校院两级管理体制，基层学术组织实行学科制[①]；机关改革重在转变职能，精兵简政，提高管理效率，适应战略转型，建立与国内知名的生态性创业型大学相适应的行政管理服务体系。同时，下移管理重心，强化学院职能，让学院成为相对独立的办学实体，形成自我发展、自我管理、自我约束、自我激励的管理体制和运行机制。通过机构调整、中层干部换届、教职工全员聘任三大举措，学校全面推进校内管理体制的改革，初步构建了"基于学科、二级管理"的学校体制。

二是把2012年定为"学科建设年"。依据"1030"战略重点，重新编制学校的学科规划，提出了"做大农学、做强林学、做精工学、做特人文社会科学"的学科布局目标，新增和退出了一些学科，基于学科组织构成的四个要素——使命（科学问题、方向、领域）、梯队（带头人与团队）、知识生产资料（信息、工具）、平台（学位点、实验室），开展了全校的学科诊断工作，要求每一个学科围绕学校战略重点提出学科组织使命，确定学科组织的发展阶段，明晰学科的组织边界和内部的学科组织结构，形成学科组织的五年发展规划，落实学科在人才培养、科学研究、社会服务、学术创业、文化传承与传播、国际交流中的目标任务，大力推动学科的组织化、建制化、实体化，并且在学校试行基于学科发展的财务预算制度，以保障学科使命的实现和学科组织的实体化运行。

[①] 宣勇、张金福：《学科制：现代大学基层学术组织制度的创新》，《教育研究》2007年第2期。

三是围绕"1030"战略,建立了十大研究中心,大力推进"有组织的科研",以解决重大科学问题和现实问题,防止研究的自娱自乐和碎片化,为学科会聚、交叉搭建研究平台。为此,要求由研究中心聘任学界权威、行业龙头、政府官员及学科带头人组成的学术委员会提出中心年度的科学问题、现实问题与政府关切的问题,组织校内学科协同攻关,以增强学科之间的协同创新能力。开展有组织的科研,学科组织化建设是基础保障。"有组织"主要体现在研究选题、研究过程、研究工具手段和不同研究主体协同创新等方面。事实上,只有不断提高学科组织化程度,提高学科方向凝聚程度,提升学科组织领导力,加强学科内部分工协作程度,完善学科运行的制度化程度,才能有组织地在学科凝练方向内选好题,利用稳定的学科内部合作关系与默契,进一步推动与其他创新主体的互动。

在东湖边度过了我办学治校艰辛探索的六年、殚精竭虑的六年,也是我践行"放眼望青山,任头生白发"的六年。六年间,我特别对中国语境下"创业型大学"从理论和实践上进行了不懈的探索,在理论探索上,发表了《论创业型大学的价值取向》等一系列文章,出版了专著《激活学术心脏地带——创业型大学学术运行系统的创新》,集中回答了学科组织化与学科会聚、交叉的大学内部治理变革,从理论和实践上进行了系统的阐述。[①]在实践上,最困难的是观念的转变,或者说是学校文化的重塑;着力破

[①] 宣勇、张鹏:《论创业型大学的价值取向》,《教育研究》2012年第4期;宣勇、张鹏:《激活学术心脏地带——创业型大学学术运行系统的创新》,高等教育出版社2013年版。

除过去"等靠要"等旧思想,并以企业家精神为核心,强化师生的市场意识、创新意识、资源意识和协同意识,加快师生思想观念转型。尤其要认识到,创新是创业的源泉,创业是创新的实现。创业型大学的建设,既要重视创业,更要强调学术创新、学术资本的积累。从内部来看,要求学科高度的协同起来,提升知识劳动的绩效。

事实证明,这样的学科建设路径是正确的,学科能力得到了很大的提升。经过六年的努力,浙江农林大学的科学研究实现了科研经费、国家基金、浙江省基金、科研平台、创新团队、SCI论文数量"六翻番",连续四年获得浙江省科学技术奖一等奖,成为省属高校中主持获得四个及以上国家科学技术奖的三所院校之一;同时,学科服务社会的能力也得到了提升,与多个地市共建山区科学发展示范区、生态文明示范区、现代农业示范区;在50多个县市区实施了环境整治、美丽乡村规划、生态休闲旅游等各类项目1800余项、转化推广科技成果与实用技术1500余项次,产生经济效益200多亿元。在浙江的现代农业与农村、农民发展中发挥了重要的智力支撑。

2017年,浙江农林大学增列为博士授予单位,五个一级学科获批博士授权点,在同批七个高校中名列第一。我特别高兴地看到,浙江农林大学2018年在办学60周年总结中的如下文字:"特别是2010年更名浙江农林大学后,学校不忘初心、勇担使命,紧紧抓住生态文明建设、'双一流'建设等历史机遇,发挥学科特色和人才优势,积极践行'两山'理论,主动服务地方经济社会发展。注重战略谋划,抓好顶层设计,锐意改革、攻坚克难,努力拓展办学空间,持续深化内涵发展,不断提升办学水平,取得了令人瞩目的发展成就。学校入选省重点建设高校,成功获批博士学位授予单位和省属高校首个省部共建国家重点实验室,两个学科领域进入 ESI 全球前 1%,正以崭新的姿态迈入高水平建设的新时代。"[1] 应该说,我兑现了就职讲话中引用的美国麻省理工学院第九任校长康普顿所讲的那样:"当你离开每一块营地时,它都应该比你初到时更加美丽。"

值得一提的是,国家教育行政学院刘亚荣教授把我在浙江工业大学和浙江农林大学的组织变革实践,作为研究对象,写成重要案例编入《中国高校组织变革案例研究》一书,更加全方位地展示了组织变革的全过程和改革的成败得失。[2]

三、价值论:能力取向与体用结合的学科评价

2015 年 10 月,国务院印发了《统筹推进世界一流大学和一流学科建设总体方案》,分别提出了到 2020 年、2030 年和本世纪中叶建设世界一流大学和一流学科的目标。大学的学科建设被提到了空前的高度,受到了前所未有的重视,各级政府纷纷加大学科建设投入,各个大学也以一流学科建设为发展目标,可谓盛况空前。与此同时,关于学科建设的理论研究也形成了前所未有的热潮,以"学科建设"为主题在知网搜索,可以发现自 2015

---

[1] 周国模、应义斌主编:《不忘初心　砥砺前行——浙江农林大学发展纪实》,光明出版社 2018 年版,第 1 页。
[2] 刘亚荣、陈霞玲:《中国高校组织变革案例研究》,北京理工大学出版社 2021 年版。

年来每年发表的论文均在一千篇左右。同样,我们团队关于学科的研究,在前期研究基础上得到了持续的深化,开始关注一流学科的价值与评价问题,同时也包括学科危机论中的学科价值的坚守。

2015年底我接受《大学》期刊关于"建设世界一流学科"的专访,专访中谈及的观点既有我们前期研究的成果,更多的是我们对于学科建设的价值探究,同时也是从公共治理的视角,从政府、社会、市场、高校等学科利益相关者的关系协同上提出的治理方略。

张男星教授在提问中问道:学科建设是一项全面而复杂的系统工程,在建设世界一流学科的过程中,学科布局应该遵循怎样的原则?我作了如下的回答:

学科布局主要涉及国家宏观层面上的政府和中观层面上的大学这两个主体,要考虑到协调好国家、学术和市场这三个方面的现实需求。从国家层面来说,首先,学科布局应该坚持的基本原则就是要满足国家重大战略需求,对于代表未来重要发展方向,对民族、国家和人类有重要影响的关键学科进行重点布局,重点投入,做大做强,这需要前瞻性眼光和战略性的顶层设计。第二,学科的布局还应该遵循学术发展规律,学科发展有自身的逻辑,任何学科都不是凭空生长出来的,而是离不开完整的知识体系的强有力支撑,九层之台,起于垒土,夯实了基础,才能建立起高耸入云的大楼。学科布局切不可急功近利,需要从基础做起,对于一些在短期内难以见效,但对于未来和整体发展至关重要的基础性学科,如数理化天地生文史哲等,应该从国家的宏观层面重点支持和投入。第三,国家层面的学科布局应该有利于形成我国高等教育分层分类的生态系统,学科布局要与高校的类型、能力和特色有效对接。引导高校特色发展,分层分类的发展,既要有以重视基础学科为主的大学,也要有以应用学科见长的大学;既要有瞄准世界一流的学科,也要有满足市场需求的学科;既要发展对接国家重大战略需求的学科,也要引导部分大学服务地方区域社会经济的发展。学科布局应该特别注意改变过去那种简单的资源投入,通过行政手段来抓学科建设的路子,而是通过制度和机制建设的方式引导学科建设。

就大学这个主体而言,学科的布局同样需要考虑如何满足国家、学术和市场的需求。大学在进行学科布局的时候要坚持与自身定位相一致的原则。学科布局一定要改变过去那种盲目求全求大、盲目攀比的状况,而是要对自身的层次、办学目标和使命有清晰的定位,在这一前提下再来看大学自身到底能够与国家战略的哪些内容以及地方发展中的哪些重要问题做出回应,有什么样的金刚钻就揽什么样的瓷器活,从而做出学科发展的具体规划和布局。同样,从学术发展的逻辑看,基于自身的定位,对一些支撑性的基础性学科也需要有意识地进行布点。部分大学的学科布局还应该重视基于市场导向的原则,充分尊重市场规律,向市场开放,与区域及地方经济互动,让学科布局更加合乎区域产业结构发展的需求,让市场选择来决定学科的发展。只有这样,我们国家才能建立一个多层次、多目标的立体的、生态的学科布局体系。①

---

① 张男星、王春春:《关于建设世界一流学科的思考——访浙江农林大学党委书记宣勇》,《大学(研究版)》2015年第12期。

在访谈中还明确提出这样一个判断：世界一流学科应该具备帮助解决人类面临的困境、影响和改变人类社会进程的能力。今天看来，这也是我们从价值论研究和思考大学学科价值的发端。

随后，应《中国高教研究》范笑仙老师约稿，我们团队围绕"世界一流学科建设"组织了七篇文章，在回顾、总结我国以往学科建设的成就、经验和问题的基础上，紧紧围绕世界一流学科建设中的制度创新问题，从学科带头人的遴选培养、学科组织文化与软实力建设、学科评价体系的科学建构等方面提出了世界一流学科建设的一系列政策建议，集中刊发在《中国高教研究》2016年第5期。

目前我国学科建设主要问题表现为重点建设学科布局上的结构不够合理；遴选取向上的"择需"不足，缺少顶层设计；学科建设投入上的"见物不见人"等问题。要避免这些问题需要在未来的学科建设上分别就政府、大学、学科三个学科建设主体行为要实现三个转变：一是遴选重点学科从单一的竞争选优到与择需布局相结合转变；二是实现从经费投入的要素驱动向制度供给的创新驱动转变；三是学科组建从被动组合向自觉组织转变。[①]

2016年我曾先后受邀参加麦可思春季高校管理论坛、高等教育创新发展与世界一流大学建设高峰论坛，讨论双一流背景下的大学学科建设。2020年第五轮学科评估启动前，麦可思又专门回顾了2016年的报告内容，旧文重发，连载两篇，引起关注。我

---

① 宣勇：《建设世界一流学科要实现"三个转变"》，《中国高教研究》2016年第5期。

强调世界一流学科要放在世界体系当中,按照学科评价标准来观照中国的大学学科水平。一流体现在一流的组织使命,一流的组织结构与制度安排,一流的学者队伍,一流的组织资源支撑,一流的组织传统与文化。

这与我们曾经对国家重点学科的研究是相通的,成熟期的大学学科有八个特征:第一,不可替代的研究领域和方向,不可替代性就是价值,所以我们一定要从研究领域、从使命上去思考;第二,标志性的研究成果;第三,可持续的知识产出;第四,稳定的资源获取,不愁明天无米下锅;第五,明晰的组织结构,严密的分工;第六,规范的学科制度;第七,良好的学科文化;第八,较高的国际化程度,这个很重要,对"双一流"尤其重要,必须放在国际上去比较去竞争。我想这些也可成为我们学科建设的一个导向。

自 2015 年遴选了一批一流大学、一流学科进行重点建设以来,巨大的利益牵引及影响力引发了我国大学学科竞争热潮和建设高潮。在此背景下,高等教育进入了一个评价排名的时代,学科排名被奉为圭臬。当大学的学科建设行为向评价、排名看齐时,完全以工具理性取代价值理性,必然会出现学科建设行为上的偏差,学科评价在被教育管理部门和大学组织应用的过程中,出现了功能严重放大和泛化的倾向,有些教育部门与大学过于依赖评价指标,追求评价结果,更有甚者,直接把其当作办学资源配置和绩效考核的工具。由于行政性学科评价决定了大学的政府资源和市场资源的获取来源,并且会继续产生大学资源获取能力的"马太效应",大学学科建设成为满足行政性学科评价与建设要求的指标建设,大学的学科建设目标与路径完全固化在政府既定的框架里,学科建设成为一场"锦标赛",大学成了为完成项目、获得行政认可的"运动员"。

面对各种各样的学科排名,面对由于学科排名导向引发的各种学科建设实践上的误区,我们认为有必要在理论上澄清这些理论和实践上的种种问题,2017年我们开始以"大学学科评价的理论与方法"为题,申请了浙江省自然科学基金重点项目,系统开展了大学学科评价的理论与方法的研究。陆续发表了阶段性研究成果,最终形成了这本专著。

这项研究首先要解决的是立场问题,或者说研究视角问题。作为长期在高校工作的研究者,在实践上谋划和领导着具体的学科建设实践,对于当下的大学学科建设有着十分真切的体悟,因此,才认识到目前的大学学科评价与排名有三方面缺陷需引起重视:一是对于评价对象"学科"这一概念认识的不一致,导致评价的不准确性与排名的非可比性;二是对于评价对象"学科组织"本体的忽视,导致评价结果的效用大大降低,不能实现以评促建;三是对于评价对象"学科"在本科教育功能的认识不到位,导致学科在人才培养质量评价指标上的缺失或偏差。[①]

究其原因,就在于缺少对于大学学科评价的基本问题的思考,也就是学科评价的初心。为此,我试图回答学科评价的三个基本问题。第一,谁需要大学学科评价?需要是价值存在的依据,谁需要大学学科评价的问题涉及学科评价行为的价值问题,要了解评价行为是否有价值,就要找到对这件事物的主体需要。

---

① 宣勇:《从大学的立场看学科评价与排名中的缺陷》,《高等工程教育研究》2019年第3期。

在我国大学学科发展过程中,有三个学科建设的主体,分别是政府、大学和学者。另外,从学科评价的角度看,作为评价主体的评价者也有其自身的需要。第二,大学学科评价的对象是什么?依据学科"双重形态"与"三重视界"的研究,我们认为大学学科评价的对象即是实体化的大学学科组织。第三,如何让学科评价变得有用?要提高学科评价的价值,我们认为需要在现有的符合性评价、绩效性评价的基础上增加对诊断性评价、贡献性评价的研究,要做到这一点,需要进一步加强对学科组织的关注和研究,使学科评价更多关注学科组织要素的水平和结构、关注学科组织能力的提升、关注学科评价如何能更好的促进学科建设。①

正是基于这样的立场与思考,在这项课题研究里,我们从大学学科评价中能力取向的价值追求、体用结合的评价内容与方法、以评促建的评价效用三个方面建构了学科评价理论与方法的基本框架。

"学科能力"是这个框架中的核心概念,源自"大学能力"这一概念。2018 年我曾专门讨论了这个问题,认为中国高等教育面临的挑战是"高分低能"。在新时代,大学需要提升"为人民服务、为中国共产党治国理政服务、为巩固和发展中国特色社会主义制度服务、为改革开放和社会主义现代化建设服务"的能力,而"大学能力是大学组织认识世界和引领社会的本领,是大学本质力量的公开展示,能力的大小以其认识世界和引领社

---

① 宣勇、张凤娟:《大学学科评价与排名中的基本问题》,《教育发展研究》2020 年第 19 期。

会中所取得的客观效果为衡量标准,最终要看在多大程度上推动了社会进步"。[①] 作为大学组织的细胞,大学能力取决于学科能力,在"面向世界科技前沿,面向经济主战场,面向国家重大需求,面向人民生命健康"的国家科技战略需求中实现大学的价值,形成国家战略科技力量,实现科技自立自强。依循这样的逻辑,研究试图建构了学科能力的评价体系,并通过案例进行了试评。

同时,我们认为,大学学科建设就是建学科组织,并在此基础上探索了"体用结合"的评价方法。在学科评价中,不仅要评价学科的产出水平,更要评价学科的要素水平和要素的整合水平。通过学科评价,我们不仅能了解学科的生产水平,更能够明晰学科的生产状态和生产能力,并基于两者之间的关联,进一步了解影响学科生产水平的关键所在,从而在学科建设中对症下药,从组织建设出发提升学科组织的学术生产能力,进而提升学科组织的学术产出水平。

"用"的评价是从外部的显性角度评价学科组织这些功能性的表现,应包括科学研究水平、人才培养水平和社会服务水平三个方面。"体"的评价指的是从内部的隐性角度评价学科组织本身的状态及发展水平,主要针对是否有清晰的学科使命、学科的研究方向是否是集聚、是否有合理的学术梯队、是否有优秀的学者、是否有明确的学科制度、是否有良好的学科文化等方面。

[①] 宣勇:《大学能力建设:新时代中国高等教育面临的重大课题》,《高等教育研究》2018年第5期。

好的、有用的学科评价应当是能够"体用结合"并促进学科知识生产能力的评价，在评价主体、评价目标、评价内容、评价过程上是与大学学科建设具有紧密的衔接机制的，唯有这样，才能够真正实现"以评促建"。"以评促建"就意味着学科评价的着眼点不在于评价而在于建设，其目的在于为大学的学科建设现状把脉问诊，为大学构建良好学科生态体系、提升学科知识生产能力、参与学术市场良性竞争提供决策依据。因为大学与学科是多样、多元的，它们在类型、层次、规模、水平、能力等方面是千差万别的，如文、理、工学科在组织规模、结构上是有很大差异的，在人才培养、科学研究、社会服务等方面的优势和特色是各不相同的。因此，基于大学学科的多样性与复杂性，我们认为大学学科评价不应该是单一的、封闭的、静态的，而应该是多元的、开放的、动态的评价，应从评价体系、主体、目标、内容和过程五个方面实现转变。

为了实现"以评促建"，发挥好评价的导向作用，回归评价初心，我们一直主张推行诊断式学科评价。与学科排名相比，诊断式学科评价具有鲜明的咨询特征。与学科排名进行一揽子评价不同，学科诊断是具体情况具体分析，需要专门的诊断机构（或团队）进入学科进行实地调查研究，不仅要掌握学科产出水平，还要掌握学科组织因素水平、学科组织能力水平，还要了解学科组织的内外部环境，作出综合判断，给出综合报告，"一千个学科应有一千个不同的诊断报告"。

值得注意的是，以评价为导向，建设好学科已不仅仅是大学或者政府的事情，也不是学科组织自身的事情了，而必须是政府、社会、市场以及学术界形成有效的治理共同体,大学学科从建设走向治理,是未来"双一流"建设进程中的基本趋势。根据社会经济发展的环境,与外部主体保持有效的合作和互动,从而凝聚学科方向,整合学科队伍,促进学科发展与创新,为社会提供高质量的人才;关注外部主体的现实需求,围绕现实问题开展科研,并通过成果转化为不同的企业、政府和社会等主体提供服务,将科研成果转化为生产力,达到为经济建设服务的目的。不同的主体形成相互之间多中心的合作与互动网络,学科建设应强调主体的多元、方向的多维与底部的自治。以政府、大学、科研机构、社会之间的充分参与为基础,通过学者组成的专业协会和利益共同体共同推动学科治理方式的创新。大学学科与外部治理主体,尤其是政府、大学、社会和学界这些核心相关主体在形成需求互动、责任共担、信息共享和机制共建的治理共同体。

当然,我们也注意到对于"学科"有许多质疑声。这些观点主要认为"过于强调学科分际,不利于学科间的会聚融合",以及"学科建设中被强化的'学科中心主义'与问题导向的研究取向间的冲突"。[①] 对此,我们做了专题研究,强调了人类知识尤其现代科学同时存在着分化与综合两种趋势。从历史的视角看,学科本身是知识分化的产物,而知识综合的潮流则引发了当下学科所面临的危机。当面临所谓"学科制度危机"的时候,我们需要清醒地认识到,知识生产领域的专业化分工仍然存在且十分必要,

---

① 宣勇、张鹏:《走出学科危机:教育现代化进程中的大学学科建设》,《华东师范大学学报(教育科学版)》2021年第3期。

也就是说学科制度赖以生存的土壤并没有改变。这是因为历史上催生了学科的两大前提没有发生改变：其一是人类个体生命周期、认知能力的有限性与人类知识总量的无限性之间的矛盾没有发生变化，其二是人的学习认知规律与培养综合素质能力需求之间的矛盾没有发生变化。

面对知识生产方式变迁，面向未来的学科发展，我们进一步厘辨了交叉、会聚与融合之间的关系。学科交叉是某一学科领域的学者跨出其原有的知识体系框架，从其他学科领域中进行概念移植、理论渗透或方法借用，以解决科学研究中出现的新问题，在这一过程中并未诞生新的学科。学科会聚是来自不同学科领域的学者，为了求解一个共同的科学问题，开展多学科协同攻关。学科融合则是在学科交叉、会聚的基础上形成新的知识生产领域，并上升为知识分类体系下的一种新知识门类，由此又会在大学内新增相应的学科组织。从某种角度理解，学科交叉、会聚是一种"物理反应"，学科融合是一种"化学反应"，但学科交叉很有可能导向学科融合。在《激活学术心脏地带——创业型大学学术运行系统的创新》一书的后记中，我描述了"春晚模式"对推动大学的学科会聚、交叉的制度变革有着生动的借鉴意义。[①]

二十年，弹指一挥间，学科是什么、学科怎么建、学科怎么评，是我与我的团队从本体论、方法论到价值论开展研究的持续思考，期间并不是机械割裂的，而是相互交织、互为支撑的，不断深化的。我们关于学科的研究也是一个理论与实践互渗的过程，

---

① 宣勇、张鹏：《激活学术心脏地带——创业型大学学术运行系统的创新》，高等教育出版社 2013 年版。

特别是我在先后任职的浙江工业大学、浙江农林大学、浙江外国语学院的学科建设实践中运用了我们提出的理论，在实践中不断检验和完善我们的研究，实践中遇到的新问题又为我们的研究提供了新的努力方向，这些办学的实践也给我们的学科理论提供了丰富的应用场景以及最适切的"试金石"。我的内心始终对支持我改革的志同道合的同事们充满了感激之情！

当然，本书提出的问题更为宏大，远远不是单个学校的实践可以解决和验证的，研究也只是一种初步探索，我相信对于大学学科从建设走向治理的不断探究，会有更多的同行者加入我们的研究之中，形成新一轮学科研究的理论热潮，这是可以期待的！

第一章
大学学科评价的理论研究与实践现状

1987年,国家教委下发的《国家教育委员会关于做好评选高等学校重点学科申报工作的通知》,开启了国家重点学科遴选的序幕;2001年、2006年,教育部累计进行了三次国家重点学科遴选。与此相应,各省、自治区、直辖市及高校也分别建立了辖区和学校的重点学科建设制度。遴选必然伴随着评价,重点学科建设制度的建立同时也意味着我国学科评价的制度化发展。2002年,由教育部学位与研究生教育发展中心组织发起全国高校学科评估,至今已进入第五轮,这一评估参与面广、影响力大,评估引发的一系列研究讨论也使得学科评价研究成为高等教育研究中一个重要方向。2015年以来,随着"双一流"建设被确立为我国高等教育发展的重大战略并加以实施之后,围绕什么是一流学科、怎样评价一流学科等问题的研究与日俱增,学科评价也随之成为学界关注的热点问题。

第一节　大学学科评价的研究综述

一、学科评价的国内研究现状

本研究通过中国知网高级搜索功能，以"学科评价"或"学科评估"为篇名搜索了北大核心、CSSCI、CSCD 数据库（截至 2021 年 9 月 1 日），得到共 270 篇文章，剔除无作者的以及非学术研究类的论文（如评选结果公布、会议通知）、义务教育阶段的学科评价研究以及医学领域"术前多学科评估"的相关研究，最后得到 236 篇论文。在此基础上，我们采用文献计量和内容分析两种方法对这些文献进行了分析和评价。

（一）样本文献分析

1. 样本文献时间分布

从图 1.1 中可以看出，相关研究在时间分布上可划分为三个时期。在 1994—2004 年期间，学科评估与学科评价相关研究较少，总体呈现出稳定趋势，11 年内共发文 14 篇（占 5.93%）；2005—2015 年期间出现小幅度波动，较前一时期出现明显增长，11 年内共发文 76 篇（占 32.20%）；2016—2021 年期间相关研究数量快速增长，仅 6 年时间共发表 146 篇（61.86%），显示出对学科评估与学科评价的研究已经成为学科建设领域内一个研究热点。从时代背景上看，这与 2015 年国务院印发《统筹推进世界一流大学和一流学科建设总体方案》，将学科建设提升到与大学建设同等重要的地位，从而引起大学和学者的广泛关注有重要的关联。

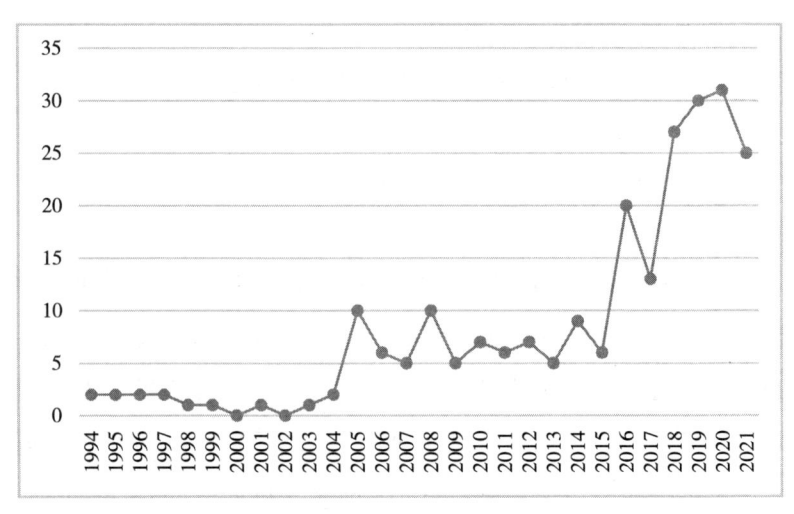

图 1.1 历年文献发表分布图（1994—2021）

2. 样本文献来源期刊分布

关于学科评估与学科评价主题的发文期刊比较分散，236 篇文献分布在 100 个期刊上，发文数 3 篇以上的期刊共有 27 个，如表 1.1 所示，排名第一的是《学位与研究生教育》，发文 15 篇，占总发文数的 6.36%，27 个期刊发表论文数为 147 篇，占总发文数的 62.29%。

表 1.1 发文数 3 篇以上的期刊

序号	期刊	影响因子（2021）	数量（篇）	占比
1	学位与研究生教育	1.795	15	6.36%
2	教育发展研究	2.527	12	5.08%
3	中国高教研究	4.249	12	5.08%
4	高教发展与评估	1.362	11	4.66%
5	研究生教育研究	1.694	10	4.24%
6	江苏高教	1.784	8	3.39%
7	中国医院管理	2.935	7	2.97%

续表

序号	期刊	影响因子（2021）	数量（篇）	占比
8	现代教育管理	1.728	6	2.54%
9	图书情报工作	2.882	5	2.12%
10	现代情报	2.718	5	2.12%
11	中国高等教育	1.795	5	2.12%
12	黑龙江高教	1.270	4	1.69%
13	科研管理	4.711	4	1.69%
14	情报理论与实践	3.276	4	1.69%
15	高等教育研究	2.739	3	1.27%
16	高教探索	1.594	3	1.27%
17	教育科学	1.497	3	1.27%
18	科技进步与对策	2.722	3	1.27%
19	清华大学教育研究	3.399	3	1.27%
20	情报杂志	2.863	3	1.27%
21	厦门大学学报	1.989	3	1.27%
22	体育学刊	2.317	3	1.27%
23	图书馆工作与研究	2.679	3	1.27%
24	新世纪图书馆	0.793	3	1.27%
25	中国高校科技	1.073	3	1.27%
26	中华医院管理杂志	1.615	3	1.27%
27	重庆医学	1.331	3	1.27%

3. 样本文献主要贡献作者及机构

236篇以学科评估或学科评价为主题的文献中，对作者进行统计，如表1.2所示为发文量大于3的作者，张继平以发文9篇领先于其他学者，林梦泉紧随其后（7篇）。通过CiteSpace软件进行作者共现分析，可以发现多数学者以团队的形式开展研究，其中林梦泉与任超（5篇）、易开刚与朱允卫（3篇）存在较强的合作关系（图1.2）。从发文的研究机构看，华中科技大学教育

表 1.2　发文量大于 3 的作者

序号	作者	发文量（篇）
1	张继平	9
2	林梦泉	7
3	朱明	5
4	任超	5
5	董琳	4
6	易开刚	4
7	宣勇	3
8	李兴国	3
9	朱允卫	3
10	王伟	3
11	刘小强	3

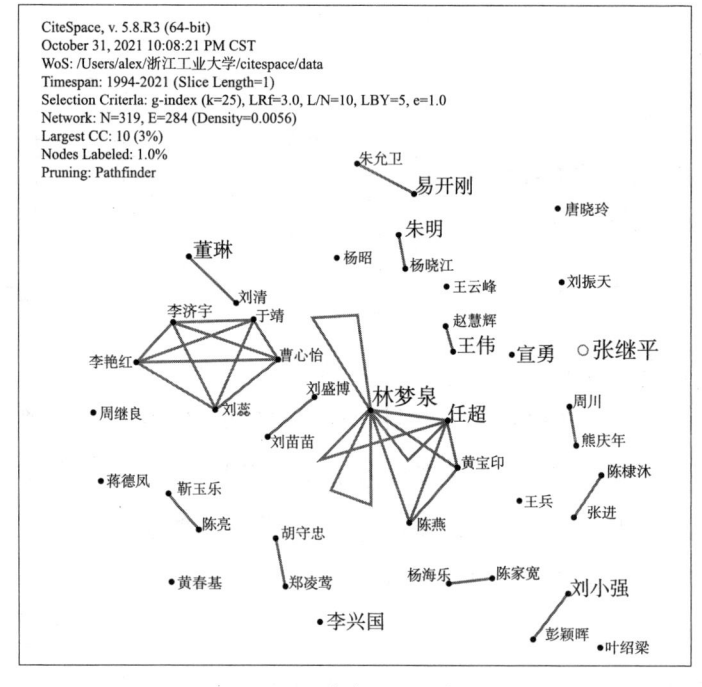

```
CiteSpace, v. 5.8.R3 (64-bit)
October 31, 2021 10:08:21 PM CST
WoS: /Users/alex/浙江工业大学/citespace/data
Timespan: 1994-2021 (Slice Length=1)
Selection Criterla: g-index (k=25), LRf=3.0, L/N=10, LBY=5, e=1.0
Network: N=319, E=284 (Density=0.0056)
Largest CC: 10 (3%)
Nodes Labeled: 1.0%
Pruning: Pathfinder
```

图 1.2　作者共现分析

科学研究院为关注学科评价最多的研究机构,笔者曾工作过的浙江工业大学现代大学制度研究中心在其中名列第五。2020年我们在《教育发展研究》第19期发表一组论文,系统研究分析了当今世界有关大学、学科评价与排名的代表性榜单,从大学的立场出发,针对学科评价与排名中三个基本问题,提出了五个"不等于"的观点,就学科评价与学术评价、学科评价与大学评价、学科评价与学科诊断、指标调整与评价完善、多方评价与多元评价等问题进行了一系列辨析。

表1.3 发文量大于3的研究机构

序号	机构	频次
1	华中科技大学教育科学研究院	6
2	三峡大学田家炳教育学院	5
3	北京大学教育学院	5
4	陕西师范大学教育学院	4
5	浙江工业大学现代大学制度研究中心	3
6	南京航空航天大学经济与管理学院	3
7	教育部学位与研究生教育发展中心	3
8	北京大学学位办公室	3

4.样本文献关键词共词网络分析

从知识理论的角度看,中心度和频次高的关键词代表着一段时间内研究者共同关注的问题,即研究热点。中心性作为衡量节点权力的大小,反映了该点在网络中的重要性。关键词的共现频次越高,点中心性越高,说明节点在该领域愈重要。样本文献中出现频次较高的关键词有"学科评估""学科评价""学科建设""双一流""指标体系""ESI""一级学科""重点学科"等(表1.4)。

表 1.4　关键词共现频次及中心性

序号	关键词	频次	中心性	首次出现年份
1	学科评估	138	1.33	1994
2	学科评价	48	0.41	2006
3	学科建设	25	0.21	1994
4	双一流	19	0.14	2012
5	指标体系	17	0.15	2004
6	ESI	11	0.16	2011
7	一级学科	10	0.09	1996
8	重点学科	9	0.09	1994
9	学科发展	9	0.08	2014
10	学科排名	8	0.08	2010
11	学科	7	0.08	2005
12	中国特色	6	0.02	2007
13	一流大学	5	0.06	2019
14	地方高校	4	0.05	2017
15	文献计量	4	0.02	2006
16	大学评价	4	0.10	2008
17	元评估	4	0.02	2006

CiteSpace 的关键词聚类功能可以明确某研究领域的热点和发展趋势。在知识图谱中,圆表示关键词节点,圆越大说明对应主题出现的频次越高。节点年轮颜色及厚度表示出现时段,即圆内色环越厚,表明该颜色对应年份出现的频次越高。聚类分析结果如图所示,中心性越高说明节点越重要,因此根据中心性,研究中节点较高的是"学科评估"(1.33)、"学科评价"(0.41)、"学科建设"(0.21)、"双一流"(0.14)、"指标体系"(0.15)、"ESI"(0.16)等。

由图 1.3 可知,学科评估与学科评价研究关键词贡献网络中共有节点 301 个,连线 374 条,网络整体密度为 0.0083。总体来说,样本文献关键词贡献网络结构较为紧密,但密度不高。

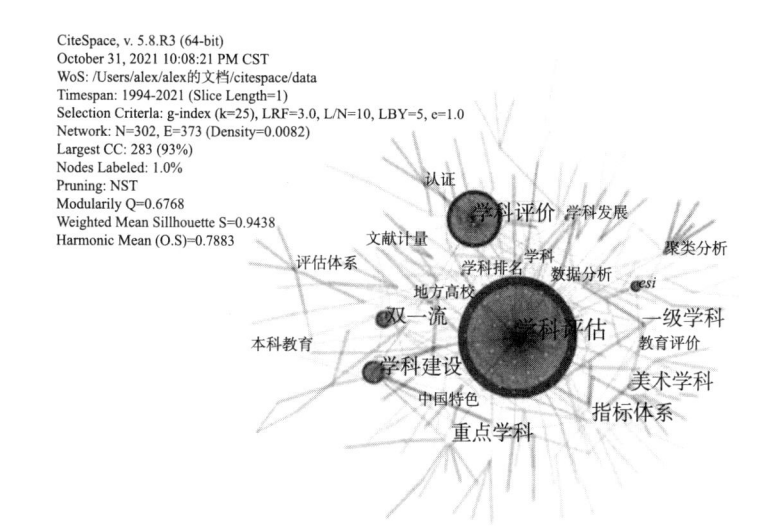

```
CiteSpace, v. 5.8.R3 (64-bit)
October 31, 2021 10:08:21 PM CST
WoS: /Users/alex/alex的文档/citespace/data
Timespan: 1994-2021 (Slice Length=1)
Selection Criterla: g-index (k=25), LRF=3.0, L/N=10, LBY=5, e=1.0
Network: N=302, E=373 (Density=0.0082)
Largest CC: 283 (93%)
Nodes Labeled: 1.0%
Pruning: NST
Modularily Q=0.6768
Weighted Mean Sillhouette S=0.9438
Harmonic Mean (O.S)=0.7883
```

图 1.3 关键词贡献网络

5. 文献共引网络分析

由于 CiteSpace 对中文文献共被引网络分析的缺陷，我们采用知网原有的文献计量可视化分析功能，对 236 篇样本文献之间的相互引用关系进行了分析，发现以下五篇论文是学者在研究过程中共同引用的文献，可以认为这些文献在学科评价或学科评估的研究中有较大的影响力和学术价值。我们对这些论文的主要观点和结论进行了梳理，得到分析结果如表 1.5 所示。

表 1.5 文献共引网络分析

序号	作者与年份	文献及来源期刊	共被引次数	主要观点和结论
1	陈学飞、叶祝弟等，2016	中国式学科评估：问题与出路，探索与争鸣	22	教育部第四轮学位评估存在评估初衷与实际效果存在较大偏差等十个问题，建议从学科评估不能搞拔尖、推进管办评分离、多管齐下培育第三方学科评估机构等十个方面加以改进。

续表

序号	作者与年份	文献及来源期刊	共被引次数	主要观点和结论
2	黄宝印、林梦泉等，2018	努力构建中国特色国际影响的学科评估体系，中国高等教育	16	学科评估报告要建立有利于促进高等教育内涵式发展的学科评估体系，有利于促进高等教育内涵式发展的学科评估办法，有利于促进高等教育内涵式发展的学科评估结果发布及应用模式。
3	蒋林浩、沈文钦等，2014	学科评估的方法、指标体系及其政策影响：美英中三国的比较研究，高等教育研究	15	一级学科评估在评估组织上要促进评估过程走向规范化、科学化和公开化，在评估方法上应继续采用量化评估与同行评估相结合的方式，在评估指标上要逐步实现从规模指标向人均指标和比例指标转变、非连续数据向连续数据转变、从共线性指标向独立性指标转变这三个转变，在评估内容上需要兼顾人才培养和社会服务功能，在评估结果应用上，慎重与政府拨款挂钩。
4	王小梅、范笑仙、李璐，2016	以学科评估为契机提升学科建设水平（观点摘编），中国高教研究	10	第四轮学科评估形成了10个方面的创新性举措：（1）适度淡化条件资源，引导关注成效与产出；（2）对师资队伍评价做了重要调整；（3）人才培养质量放在更重要地位；（4）改进了科研评价；（5）增加了学科建设的社会服务贡献评价；（6）探索引入国际专家参与评估；（7）进一步强化分类评估；（8）科学设置参评规则；（9）完善成果归属原则；（10）强化后期数据分析服务。
5	林梦泉、姜辉、任超，2010	学科评估发展与改革探究，中国高等教育	11	第三轮学科评估应着重在以下几个方面进行改革：（1）进一步完善学术论文评估体系，更好地反映学科学术和人才培养的质量；（2）科学地处理好规模指标和效益质量指标的关系；（3）开展分类评估，鼓励高校进行特色建设，促进分层次办学。

（二）研究主题分析

1. 学科评价的理论研究：学科评价现代化、中国化

学科评价的理论一直以来是学科评价领域的重要研究主题。近年来，随着双一流建设的深入，学科建设成为研究热点之一，学科评价也随之引起研究者的广泛关注，关于学科评价的理论问题的研究呈明显增加的趋势。特别是进入2021年以来，对学科评价的中国化、现代化问题的探讨衍生出了很多对学科评价的理念、价值取向、逻辑、功能、机制等理论问题的分析。具有中国特色、国际影响力的学科评价是根据我国国情和教育实际、结合我国发展大势，政府、高校、社会共同参与，不缺位、不越位、不错位，有机协调、相互支撑的评价体系。①《现代大学教育》2020年曾组织一组笔谈，探讨"新时代学科评估现代化的使命与责任"②；《教育发展研究》2021年发表了一组关于学科评价中国化、现代化的文章。阎凤桥认为，学科评估现代化具有两个特征：一是科学化，是运用科学方法对传统学科评估进行改进，是非经验化的，精确的，能有效作用于学科发展状况甄别的；二是理性化，是采用理性的评估方式，排除不必要的人为干预。③此外，学者们还分别探讨了学科评价现代化的要义、功能回归、推进机制、结果表达等问题。

2. 学科评价的价值取向：转变

2020年10月，中共中央、国务院印发《深化新时代教育改

---

① 黄宝印、林梦泉、任超、陈燕：《努力构建中国特色国际影响的学科评估体系》，《中国高等教育》2018年第1期。

② 廖婧茜、靳玉乐、周海涛、程天君、陈恩伦、马健云、陈亮：《"新时代学科评估现代化的使命与责任"专家笔谈》，《现代大学教育》2020年第7期。

③ 阎凤桥：《学科评估的多重逻辑》，《教育发展研究》2021年第1期。

革评价总体方案》,强调教育评价要坚持以立德树人为主线,以破"五唯"为导向,"指挥棒"的重大改变促使学科评价价值导向发生了重大转向。事实上从第四轮开始,学位评估的价值取向已经发生了明显的变化。有学者对这一问题进行了专门研究,指出前三轮学科评估在国家推行"211""985"工程的大背景下呈现强调学术导向的价值取向,但是从第四轮学科评估开始,学科评估的价值导向发生了明显变化:第四轮学科评估的价值导向转变为"学术科研、社会需求、中国特色"三重价值并重,第五轮学科评估则强调人才培养价值的回归。[①] 从学科评价的功能上看,越来越多的学者也开始强调学科评价作为诊断工具的价值,认为学科诊断和优化应该是学科评价的本体功能[②],指出学科评估既是"把握学科导向的'方向盘'、判定学科状态的'听诊器',反馈学科质量的'风向标',改进学科工作的'加速器'",也是"政府、高校、社会等利益相关者对学科发展价值判断和优化选择的体系和能力之一"。[③]

3. 学科评价的方法研究:指标体系构建及数据计算方法

学科评价的方法研究是学科评价研究的常见主题,研究者主要聚焦学科评价指标体系的构建、计算方法的使用等具体的技术问题。一部分学者关注国内外大学学科评价的指标体系及数据

[①] 周合兵、陈先哲:《新时代学科评估价值导向与学科建设逻辑转向——基于X大学三个学科的案例研究》,《教育发展研究》2021年第7期;张继平:《"双一流"建设语境中的学科评估中国化:成效、问题与进路》,《高校教育管理》2019年第5期。

[②] 龙洋:《学科评估功能的原生态回归路径探索》,《教育发展研究》2021年第1期。

[③] 廖婧茜、靳玉乐、周海涛、程天君、陈恩伦、马健云、陈亮:《"新时代学科评估现代化的使命与责任"专家笔谈》,《现代大学教育》2020年第4期。

计算方法,采用比较研究的方法,对国内外具有影响力的学科评价指标体系进行剖解式分析,指出了其中的不足之处。[①] 另一部分学者则重点在于探讨构建全新的或更合理的指标体系或数据计算方法,提出了不同的指标体系或新的计算方法。其中独树一帜的是一些学者探讨了非量化的指标或方法的必要性,比如常桐善的研究阐述了美国加州大学学科评价聚焦的问题,展示了本科生就读经历调研过程及结果,他认为在学科评价中调查问卷是一个细听学生声音的重要且有效的途径,有利于倾听不同群体学生的心声。[②] 蒋林浩等通过调查和访谈研究,指出在人文社会科学中同行评议、学术领军人物的作用高于被引次数、科研项目数等量化指标。[③] 熊庆年和张端鸿则提出应借鉴企业价值评估类型的方法,对学科的价值进行评估,帮助学科选择价值类型和组合。[④]

4.学科评价与学科建设的关联

学科评价与学科建设关联的相关研究主要有两类:一类是分析现有的学科评价体系存在的问题,探讨学科建设的优化道路或学科建设的策略问题。其中,2016 年《探索与争鸣》杂志邀请十数位国内高等教育领域专家就第四轮学科评估中存在的问题及

[①] 杨昭、潘卫:《世界一流学科评价指标结构分析及启示》,《黑龙江高教研究》2019 年第 6 期;蒋林浩、黄俊平、陈洪捷、周丹纯:《学科评估体系实践与影响的国际比较研究》,《学位与研究生教育》2020 年第 4 期。

[②] 常桐善:《学科评估要细听学生声音:加州大学利用本科生调查结果的实践经验》,《中国高教研究》2020 年第 7 期。

[③] 蒋林浩、陈洪捷、黄俊平:《人文、艺术和社会学科评估指标体系研究——基于对大学教师的调查》,《华南师范大学学报(社会科学版)》2019 年第 2 期。

[④] 熊庆年、张端鸿:《学科评估中的价值评估及其类型》,《教育发展研究》2017 年第 2 期。

出路进行了学术对话,引起了广泛关注和影响。专家指出第四轮学科评估存在评估初衷与实际效果有偏差等九项问题,需要从尊重丛林生态、培育自主生态、坚持二八分治、理性把握边界、适度合理调控等十个方面加以改进①,郭丛斌、袁本涛、朱明、王洪才、刘振天等众多学者就这一问题也都分别有所著述;② 另一类主要是探讨学科评价或学科评估对学科建设的影响或关联,在此基础上进一步探讨学科建设特别是一流学科建设问题,包括学科评估推进、服务双一流建设的理念、本质追求、现实问题和根本出路等方面③,主要观点包括:面向服务我国世界一流学科建设,学科评估要恪守去行政化、去利益化、去功利化三大原则,回归学术本真进行再造④,应该为学科建设、学科发展而评估⑤,可以开发科技成果转化、教育价值观、人才使命感与责任心、高层次人才

---

① 陈学飞、叶祝弟、王英杰、熊庆年、龚放、胡建华、秦惠民、陈洪捷、施晓光、刘海峰、董云川、马陆亭、卢晓中、周川、樊秀娣、王鸿:《中国式学科评估:问题与出路》,《探索与争鸣》2016 年第 9 期。

② 郭丛斌:《中国高水平大学学科发展现状与建设路径分析——从 ESI、QS 和 US News 排名的视角》,《教育研究》2016 年第 12 期;袁本涛、李锋亮:《对我国学科评估发展的调查与分析》,《高等教育研究》2016 年第 3 期;朱明、廖文和:《大学学科评价的审思》,《学位与研究生教育》2017 年第 6 期;王洪才:《学科排名:利大还是弊大——对我国学科评估特征、正当性与机理的省思》,《厦门大学学报(哲学社会科学版)》2019 第 1 期;刘振天、俞兆达、陈恩伦、石定芳、王智超、田铁杰、王鹏炜:《新时代学科评估改革的新思维(笔谈)》,《吉首大学学报(社会科学版)》2021 年第 1 期。

③ 张继平、刘婷、赵欢:《以中国特色的学科评估推进"双一流"建设:问题与进路》,《研究生教育研究》2020 年第 6 期;张继平:《"双一流"建设语境中的学科评估中国化:成效、问题与进路》,《高校教育管理》2019 年第 5 期;张继平、覃琳:《学科评估服务"双一流"建设:理念、目的与机制》,《研究生教育研究》2018 年第 2 期。

④ 翟亚军、王晴:《"双一流"建设语境下的学科评估再造》,《清华大学教育研究》2017 年第 6 期。

⑤ 张应强:《"双一流"建设需要什么样的学科评估——基于学科评估元评估的思考》,《清华大学教育研究》2019 年第 5 期。

的支撑和引领作用等创新评价指标①,以更好地契合一流学科建设任务。

5. 对学科评价的评价:缺陷与改进

对学科评价的评价在有关学科评价或学科评估的论文中涉及。总体而言,从研究需要的角度出发,对学科评价的批判远远多于对学科评价的肯定;从学科评价的批判来看,包括了评估价值取向存在的问题、评估实施主体存在的问题、评估体系的合理性问题以及评估过程中存在的问题等多个方面。2020 年,浙江工业大学现代大学制度研究中心成员发表了系列论文,基于大学立场对当前国内外的学科评价存在的基本问题和误区进行了探讨。②除此之外,大量的学者也同样就学科评价存在的问题进行了不同方向的分析,包括评价目标、评价手段、评价内容、评价过程以及评价的影响等。一些学者对某一种学科评价的缺陷与不足进行了专门研究。最为突出的是对教育部学位中心的学科评估的分析和探讨,随着第四轮学科评估的结束,第五轮学科评估即将开启,关于学科评估的问题及改进研究明显多于对其他学科评价体系的研究,由此可见教育部学位中心学科评估当前在国内有重要的影响。除教育部学位中心的学科评估外,很多学者探讨了 ESI 数据库应用于大学及学科评价的局限性,也反映了当前

---

① 梅红、宋晓平:《"双一流"建设中的学科评估创新探索》,《学位与研究生教育》2017 年第 5 期。

② 宣勇:《从大学的立场看学科评价与排名中的缺陷》,《高等工程教育研究》2019 年第 5 期;以下均刊于《教育发展研究》2020 年第 10 期:宣勇、张凤娟《大学学科评价与排名中的基本问题》,凌健《学科评价不等于大学评价》,张鹏、杨涛《学科评价不等于学术评价》,郑莉《学科排名不等于学科诊断》。

高校普遍重视 ESI 排名,致力于增加 ESI 前 1% 学科的学科建设行为的现实。在学科评价的优化和改进方面,同样有大量的研究进行了分析,其中以政府角色和责任论述为最多。研究普遍认为行政化思维是学科评价问题产生的根源[①],政府主导的竞争性评价和问责性评价"产生了学科评估主导学科建设、学科排名竞争'白热化'等消极影响,以及学科建设中的'锦标赛效应'和'天花板效应'"[②],应当鼓励其他主体,如第三方等组织参与学科评价,形成多元参与的评价机制。[③]

二、学科评价的国外研究现状

总体而言,相比国内,国外学者对学科评价或者学科评估的关注相对较少,相关文献发表较为分散且陈旧,并且在研究内容上更关注对现有的学科评价体系的分析和探讨。

首先是对现有学科评价或学科评估提出质疑,探讨评价过程的科学性、评价结果的准确性等问题。许多研究都认为通过文献计量方法进行排名,以评价研究机构的研究绩效是不恰当的。[④]比如有研究指出 THES 的指标体系显示出逐年差异的特征,这种逐年差异性使其不能成为一种学术性的、理性的评价方法,会导

[①] 解德渤、李枭鹰:《中国特色学科评估体系的优化路径——基于第四轮学科评估若干问题的分析》,《厦门大学学报(哲学社会科学版)》2019 年第 1 期。

[②] 张应强:《"双一流"建设需要什么样的学科评估——基于学科评估元评估的思考》,《清华大学教育研究》2019 年第 5 期。

[③] 毛建青、宣勇:《社会组织参与大学学科评价:问题与策略》,《高等工程教育研究》2021 年第 3 期。

[④] F. J. Raan, "Fatal attraction: Conceptual and methodological problems in the ranking of universities by bibliometric methods." *Scientometrics*, 2005, 62 (1): 133-143.

致公众质疑评价体系的整体可靠性。[1] 另一项基于 THES 世界大学 2013—2014 年排名的数据的实证研究对现有学科评估体系的指标权重设置提出了质疑，作者指出世界大学排名体系中一般采用加权的方法将指标分数加权得到总分数，其前提假设是所有的指标都按指定的比例（即权重）独立地对总分数作出贡献，但是这一假设并不一定成立。事实上，这些指标体系中的指标往往相互相关，甚至高度相关，从而导致指标之间存在多重共线性的问题[2]。除此之外，在众多具有国际影响力的排名体系中，ARWU 作为聚焦科研水平的排名式评价受到学界广泛关注。一些研究指出 ARWU 存在多方面的缺陷，比如指标体系的应用过于宽泛而使得排名的意义难以估计[3]；假如改变指标中六个因素的相对权重会显著改变排名的结果[4]；排名的结果具有不可重复性以及排名中 SCI 指标的得分与文章的加权数之间的相关性服从幂律，而不是官方排名方法所提出的两者之间存在比例相关性[5] 等。

其次，对影响排名的某个或某些指标的研究。研究者普遍认为学术声誉指标对于研究结构的排名有显著的影响，而排名结果

---

[1] Fred L. Bookstein, Horst Seidler, Martin Fieder & Georg Winckler, "Too much noise in the Times Higher Education rankings." *Scientometrics*, 2010, 85 (2): 295-299.

[2] Soh Kaycheng, "Multicolinearity and Indicator Redundancy Problem in World University Rankings: An Example Using Times Higher Education World University Ranking 2013-2014 Data." *Higher Education Quarterly*, 2015, 69 (2): 158-174.

[3] Paolo Paruolo, Michaela Saisana & Andrea Saltelli, "Ratings and rankings: voodoo or science?" *Journal of the Royal Statistical Society*: Series A (Statistics in Society), 2013, 176 (3): 609-634.

[4] Veljko Jeremic, Milica Bulajic, Milan Martic & Zoran Radojicic, "A fresh approach to evaluating the academic ranking of world universities." *Scientometrics*, 2011, 87 (3), 587-596.

[5] Răzvan V. Florian, "Irreproducibility of the results of the Shanghai academic ranking of world universities." *Scientometrics*, 2007, 72 (1): 25-32.

又进一步影响了学术声誉,比如排名靠前的研究机构获得了更高的学术声誉。① 另有研究者以信号理论为基础,探讨学术声誉和排名之间的互动关系或联动机制,认为学术声誉是学术机构成就的结果②,即机构发表的研究成果是其声望的基础。③ 排名的结果作为学术机构声誉的信号,将改变公众的看法④,这些看法又被纳入采用声誉调查的排名中,从而使排名和公众认知之间产生强大的、基于时间的互动。而那些不使用声誉调查作为评价方法的全球排名则无法激活"排名—认知—排名"机制,但是研究绩效指标也微妙地受其学术声誉的影响,进而受排名结果的影响⑤。还有人从学术声誉的角度提出了一个有关评价排名之间关系的模型,该研究通过对 2010 年至 2018 年 ARWU 世界大学学术排名和 QS 世界大学排名的数据进行对比分析,发现两种排名之间具有交互影响关系,并随着时间的推移,声誉方面的交互影响越来越大。⑥

① M. N. Bastedo & N. A. Bowman, "*US News & World Report* college rankings: Modeling institutional effects on organizational reputation." *American Journal of Education*, 2009, 116 (2): 163-183.

② B. Keith, "Organizational contexts and university performance outcomes: The limited role of purposive action in the management of institutional status." *Research in Higher Education*, 2001, 42 (5): 493-516.

③ J. S. Armstrong & T. Sperry, "Business school prestige-research versus teaching." *Interfaces*, 1994, 24 (2): 13-43 ; S. Cole, & J. R. Cole, "Scientific output and recognition: A study in the operation of the reward system in science." *American Sociological Review*, 1967, 32 (3): 377-390.

④ V. P. Rindova, I. O. Williamson, A. P. Petkova, & J. M. Sever, "Being good or being known: An empirical examination of the dimensions, antecedents, and consequences of organizational reputation." *Academy of Management Journal*, 2005, 48 (6): 1033-1049.

⑤ M. N. Bastedo, & N. A. Bowman, "*US News & World Report* college rankings: Modeling institutional effects on organizational reputation." *American Journal of Education*, 2009, 116 (2): 163-183.

⑥ Vicente Safón, "Inter-ranking reputational effects: an analysis of the Academic Ranking of World Universities (ARWU) and the Times Higher Education World University Rankings (THE) reputational relationship." *Scientometrics*, 2019, 121(2): 897-915.

最后，更多的学者以研究机构为研究对象，关注大学的其他研究组织的绩效评价问题，特别是新兴的研究组织（如跨学科研究中心），提出了一些新的评估思想、评价框架或评估方法。研究者普遍认为跨学科研究中心面临不同需求的目标的挑战[1]，研究人员、管理人员、决策者、利益相关者和社区利益相关者通过不同的角度来评价中心成功与否，因此评估必须考虑到多个视角。[2] 因此，研究者提出了利益相关者的评估方法，主张在定义中心目标的基础上，鼓励和促进内部利益相关者进行沟通，将利益相关者的需求和见解纳入跨学科研究中心的评价中[3]，这一做法能有效提高评估的可信度和效用。[4] 除此之外，一些研究则侧重探讨一些评价方法在研究组织评价中的应用或者提出了新的评价框架，比如创建评估理论树为评估提供概念框架[5]，或者采用竞争价值框架研究学术研究中心的组织结构、流程、各种关系和所处的环境等问题，对组织的资源输入和性能进行分析[6] 等。

---

[1] J. M. Kagan, M. Kane, K. M. Quinlan, S. Rosas & W. M. Trochim, "Developing a conceptual framework for an evaluation system for the NIAID HIV/AIDS clinical trials networks." *Health Research Policy and Systems*, 2009, 7(1): 1–6.

[2] W. M. Trochim, S. E. Marcus, L. C. Mâsse, R. P. Moser, & P. C. Weld, "The Evaluation of large research initiatives." *The American Journal of Evaluation*, 2008, 29 (1): 8–28.

[3] Abel A. Moreno, Raghu Tadepalli, "Assessing academic department efficiency at a public university." *Managerial and Decision Economics*, 2002, 23 (7): 385–397.

[4] M. Q. Patton, "What is essential in developmental evaluation? On integrity, fidelity, adultery, abstinence, impotence, long-term commitment, integrity, and sensitivity in implementing evaluation models." *The American Journal of Evaluation*, 2016, 37(2): 250–265.

[5] M. Alkin, & C. Christie, "An evaluation theory tree," in M. Alkin (ed.), *Evaluation roots: Tracingtheorists' views and influences Thousand Oaks*, CA: Sage. 2004: 12–65.

[6] M. Karakus, M. Ustuner, M. Toprak, "Two alternative models on the relationships between organizational justice, organizational commitment, burnout, and job satisfaction of education supervisors." *KEDI Journal of Educational Policy*, 2014, 11 (1): 69–94.

第二节　大学学科评价的实践现状

一、学科评价的类型

按学科评价的目的，当前实践领域存在多种类型的学科评价。

（一）对学科科研和教学水平进行评价，直观地展现学科实力，为社会了解大学以及为学生择校服务。当前国际上具有广泛影响力的世界大学排名机构包括国际高等教育研究机构（Quacquarelli Symonds，QS）、《泰晤士高等教育》（*Times Higher Education*，THE）、《美国新闻与世界报道》（*US News & World Report*，US News）、上海交通大学世界一流大学研究中心（Center for World Class Universities，CWCU）等推出的世界大学学科领域排名，在我国受到广泛关注和推崇的基本科学指标学科排名（Essential Science Indicators，ESI）、武汉大学中国评价研究中心推出的中国研究生教育与学科专业评价报告和中国管理科学研究院推出的中国大学学科及专业等级排行榜，都是这一类型的学科评价。

（二）以科学图谱呈现，表达学科及学科领域、专业、文献、著者之间的关系，揭示学科结构，映射学科发展趋势，使学科结构更加明显，促进信息获取，如荷兰莱顿大学科学研究中心启动的基于映射的文献计量项目。

（三）测评学科发展水平、热点、趋势，预测学科前沿。法国国家科学研究中心自1959年以来对法国科学发展趋势和未来发展前景进行评价,重点关注国际科学领域出现的新课题,以分析法国科学研究面临的挑战和发展前景。这类学科评价有助于分析科研机构、项目的国外影响力,识别学科内重复建设的项目,鼓励合作,以及识别新兴学科、评价边缘/交叉学科。

(四)科研资助机构通过评估被资助学科的科研活动,获得学科整体状况,衡量基金使用率、制定资金分配计划,包括英国生物技术与生物科学研究理事会对其资助的一些学科开展的评估以及我国教育部学位与研究生教育发展中心开展的学科评估。

考虑到学科评价应用的广泛度、影响力和延续性,本研究选取了在国内、国际具有相当知名度及影响力的学科评价进行了较为深入的研究,其中国内重点分析了教育部学位与研究生教育发展中心的学科评估、邱均平教授主导的中国评价研究中心推出的中国研究生教育与学科专业评价报告以及中国管理科学研究院推出的中国大学学科及专业等级排行榜,国际重点研究了国际高等教育研究机构、《泰晤士高等教育》、《美国新闻与世界报道》、上海交通大学世界一流大学研究中心推出的世界大学学科领域排名,以及基本科学指标学科排名。

二、国内学科评价实践

(一)教育部学位与研究生教育发展中心学科评估

教育部学位与研究生教育发展中心(以下简称学位中心)学科评估按照国务院学位委员会和教育部颁布的《学位授予与人才培养学科目录》(简称学科目录)对全国具有博士或硕士学位授予权的一级学科开展整体水平评估,是学位中心作为第三方开展的非行政性、服务性评估项目。评估自 2002 年首次开展,平均四年开展一次。学科评估始终坚持"自愿申请、免费参评"原则,各单位具有博士或硕士学位授予权的一级学科,均可申请参评。2002—2004 年,学位中心分三批开展了首轮学科评估,有 229 个学位授予单位的 1336 个学科自愿申请参评。第一轮学科评估在参评单位内部和教育战线受到广泛好评,但尚未受到社会的普遍关注。第二轮学科评估于 2006—2008 年分两批进行,参评单位增加到 331 个,参评学科增加到 2369 个。评估结果发布后,绝大多数参评单位予以肯定,也得到了教育战线和社会舆论的关注。2012 年,在总结经验、改进理念和方法的基础上,第三轮学科评估启动。全国有 391 个单位的 4235 个学科报名参加,近 3000 个具有博士学位授权的一级学科自愿申请参评(参评率超过 80%)。第四轮评估于 2016 年在 95 个一级学科范围内开展(不含军事学门类等 16 个学科),共有 513 个单位的 7449 个学科参评(比第三轮增长 76%),全国高校具有博士学位授予权的学科有 94% 申请参评。2019 年 11 月,教育部公布了《第五轮学科评估工作方案》,拉开了第五轮学科评估工作的帷幕。

学科评估始终以服务大局、服务高校及服务社会为评估目的。一方面旨在贯彻落实国家研究生教育发展方针,展示我国学科发展成就,建立学科评价的中国标准和中国模式,服务研究生教育"提高质量、优化结构、鼓励特色、内涵发展"的大局;另一方面旨在服务高校,通过对学科建设成效和质量的评价,帮助高校了解学科优势与不足和发展过程中不平衡不充分的情况,促进学科内涵建设,提高学科水平和人才培养质量;最后旨在服务社会,满足社会对教育质量的知情需求,为社会各界了解和分析学科水平与质量信息提供服务。①

作为水平性评估,学位点学科评估重点关注成效和质量。评估指标体系保持师资队伍与资源、人才培养质量、科学研究水平、社会服务与学科声誉四个一级指标稳定不变。评估程序基本包括信息采集、信息核查、主管评价、权重确定、结果产生、结果公布、诊断服务等环节。

1. 第一轮学科评估

第一轮评估分批次进行。当时,随着高校扩招,高等教育质量问题日益凸显。高等教育社会关注度日益提升,社会上出现的一些大学排名,评价毁誉参半。政府部门开始重视教育质量的社会评价,社会也期盼负责任的、有公信力的教育质量评估信息。为促进我国学位授予单位学科建设水平的整体提升,在有关部门支持和鼓励下,教育部学位中心决定尝试从不同于政府行政性评估的角度对学科建设水平进行评估,推动我国多元化教育评价体系建设,并力争做出中国特色、世界共识的品牌。第一轮学科评估正是在这一背景下应运而生。当时高校关注重点仍是学位授权点增列,面向学科专业的水平评估尚不多见,因此初创期的评估体系参考了国家学位授权审核的条件指标,包含学术队伍、科学研究、人才培养与学术声誉,其中科研指标分量较重,主要特色是设置了"学术声誉"指标。从二级指标上看,第一轮学位点学科评估中"学术队伍"设置"硕博士学位教师占比"、"院士人

---

① 教育部学位与研究生教育发展中心:《全国第四轮学科评估工作概览》,https://www.cdgdc.edu.cn/dslxkpgjggb/dslxkpggzgl.htm。

数"和"长江学者人数"等三个二级指标。"科学研究"设置"科研条件"、"获奖情况"、"发表学术论文情况"和"科研项目情况"四个二级指标,其中设置"人均"相关三级指标,增加指标结果的合理性。"人才培养"设置"国家级优秀教学成果奖"、"学生情况"、"三年期间研究生人均发表论文数"和"全国优秀博士学位论文数"四个二级指标。在学术声誉指标方面,每学科邀请一定数量的同行专家参加学术声誉调查,对参评单位按学术水平、学术社会影响力进行分组排序。

表1.6 第一轮学位中心学科评估指标体系[①]

一级指标		末级指标
A 学术队伍	A1	具有博士学位的教师和具有硕士学位的教师在全部专职教师及研究人员中比例
	A2	院士人数
	A3	长江学者人数
B 科学研究	B1	科研条件(仅对理工农类)
	B2	获奖情况
	B3	发表学术论文情况
	B4	科研项目情况
C 人才培养	C1	获得国家优秀教师成果奖情况
	C2	学生情况
	C3	三年期间授予学位的研究生在校期间人均发表的论文篇数
	C4	全国优秀博士学位论文
D 学术声誉	D	学术声誉

① 黄滋淳:《学科评估指标体系历史变迁探究》,《上海教育评估研究》2018年第7期。

2. 第二轮学科评估

第二轮仍然分批次进行。当时,我国学位授权审核制度改革日益深化,内涵发展、优化结构的共识逐步形成,全国优秀博士学位论文评选逐渐被普遍认可,提升学科点建设水平和质量引起更普遍关切。在此背景下,第二轮评估在保持评估体系框架及内涵基本稳定的前提下,强化了反映水平和质量的指标。学术队伍增加专职教师总数、长江学者、杰出青年基金获得者数和教育部新世纪人才数等多个三级指标。人才培养方面,设置奖励情况和学生情况两个二级指标。科学研究方面在第一轮评估的基础上对二级指标名称进行了调整,设置了科研基础、获奖专利、论文专著和科研项目,其中论文专著指标为新增指标。在学术声誉指标方面,同第一轮学科评估一样,每学科邀请一定数量的同行专家参加学术声誉调查,对参评单位按学术水平、学术社会影响力进行分组排序。

表1.7 第二轮学位中心学科评估指标体系[①]

一级指标	二级指标	末级指标	
A 学术队伍		A11	专职教师及研究人员总数
		A12	具有博士学位人员占专职教师及研究人员比例
		A13	中国科学院、工程院院士数
		A14	长江学者、国家杰出青年基金获得者数
		A15	百千万人才工程一二层次入选者、教育部跨世纪人才、新世纪人才数

---

① 教育部学位与研究生教育发展中心:《学科评估工作简介》,https://www.cdgdc.edu.cn/xkpm2007_2009/info/1003/1008.htm,2009-12-16。

续表

一级指标	二级指标	末级指标	
B 科学研究	B1 科研基础	B11	国家重点学科、国家重点实验室、国防科技重点实验室、国家工程技术研究中心、国家工程研究中心、教育部人文社科基地数
		B12	省部级重点学科、省部级重点实验室、省级人文社科基地数
	B2 获奖专利	B21	获国家三大奖、教育部高校人文社科优秀成果奖数
		B22	获省级三大奖及"最高奖"、省级哲学（人文）社科优秀成果奖数
		B23	获中华医学科技奖、中华中医药科技奖数
		B24	获发明专利数
	B3 论文专著	B31	CSCD 或 CSSCI 收录论文数
		B32	人均 CSCD 或 CSSCI 收录论文数
		B33	SCI、SSCI、AHCI、EI 及 MEDLINE 收录论文数
		B34	人均 SCI、SSCI、AHCI、EI 及 MEDLINE 收录论文数
		B35	出版学术专著数
	B4 科研项目	B41	境内国家级科研项目经费
		B42	境外际合作科研项目经费
		B43	境内国家级及境外合作科研项目数
		B44	人均科研经费
C 人才培养	C1 奖励情况	C11	获国家优秀教学成果奖数
		C12	获全国优秀博士学位论文数
	C2 学生情况	C21	授予博士学位数
		C22	授予硕士学位数
		C23	目前在校攻读博士、硕士学位的留学生数
D 学术声誉		D	学术声誉

3. 第三轮学科评估

第三轮一次性评估了全部学科。2012 年我国学位授予和人才培养学科目录调整及学位授权点调整刚刚完成,学科评估的关注度进一步提升。采取全部学科一次性评估的方式,有效抑制了相近学科轮流参评带来的材料拼凑问题。一流学科建设目标的提出,促使政府和社会更关注学科建设成效水平和质量。第三轮评估强化了学科建设成效评价,首次提出代表性论文评价;首次将学生国际交流作为人才培养指标;首次提出对规模指标设置上限的非线性评价方法,克服了规模导向弊端,破解量化评价难题;将学术声誉扩展为学科声誉,首次将学术道德纳入声誉评价。从第三轮开始学术队伍修订为师资队伍与资源,下设专家团队情况、生师比、专任教师总数、重点学科数和重点实验室数五个二级指标。本轮学科评估提出要克服单纯追求规模的倾向,设置规模上限,从比总量、比人均转向比质量[1]。一级指标名称由人才培养修订为人才培养质量,下设授予博士/硕士学位数等五个二级指标,此外新增国家级规划教材与精品教材数、全国博士学位论文抽检情况和派出境外交流(时间需超过规定时限)的学生情况三个三级指标,逐渐突出学生培养的质量与发展,鼓励国际学术交流与合作。[2]科学研究方面设置代表性学术论文质量、人均发表学术论文数、出版学术专著数、代表性科研项目情况和科学研究获奖五个二级指标,首次提出代表性论文、项目,开始注重质量。最后,学术声誉扩展为学科声誉,首次将学术道德纳入评价体系,由学科声誉

---

[1] 黎晓玲:《教育部学科评估指标变迁及启示》,《大学教育》2020年第5期。
[2] 王立生、林梦泉、任超、陈燕:《我国学科评估的发展历程和改革探究》,《中国高等教育》2016年第21期。

表 1.8　第三轮学位中心学科评估指标体系 ①

一级指标	二级指标（末级指标）
A 师资队伍与资源	A1. 专家团队
	A2. 生师比
	A3. 专职教师总数
	A4. 重点学科数
	A5. 重点实验室数
B 科学研究	B1. 代表性学术论文质量
	B2. 人均发表论文数
	B3. 专利/专著情况
	B4. 代表性科研项目情况（含人均）
	B5. 科学研究获奖
C 人才培养质量	C1. 学位论文质量
	C2. 学生国际交流情况
	C3. 授予博士/硕士学位数
	C4. 教学成果奖数
	C5. 教材质量
D 学科声誉（主观评价指标）	D1. 学科声誉（含学术声誉、社会贡献、优秀毕业学生情况、学术道德等）

调查专家根据学术声誉、社会贡献、优秀毕业生情况等表现并参考学科简介来做出主观评价。

4. 第四轮学科评估

第四轮学科评估于 2016 年 4 月启动，按照"自愿申请、免

---

① 教育部学位与研究生教育发展中心：《学科评估工作简介》，https://www.cdgdc.edu.cn/xkpsjggb2012y/pgjs/pggzjj.htm。

费参评"原则,采用"客观评价与主观评价相结合"的方式进行。评估体系在前三轮的基础上进行诸多创新;评估数据以"公共数据和单位填报相结合"的方式获取;评估结果按"分档"方式呈现,具体方法是按"学科整体水平得分"的位次百分位,将前70%的学科分9档公布:前2%(或前2名)为A+,2%~5%为A(不含2%,下同),5%~10%为A-,10%~20%为B+,20%~30%为B,30%~40%为B-,40%~50%为C+,50%~60%为C,60%~70%为C-。

第三轮学科评估结果发布后,学位中心进行广泛深入的调研论证工作。一是委托课题专项研究。2013年在中国学位与研究生教育学会专门设立"学科评估指标体系研究"重点课题,组织力量开展专项研究。二是深入一线广泛调研。先后在16个省市召开了18场全省范围内的指标体系调研会,当面听取了200余所高校的800余名专家、校长及40余位省市教育厅代表的意见建议。三是集中开展专题咨询。召开医学类、艺术类、农林类和国防等特色学科,毕业生质量、师资队伍评价等指标专题研讨会,听取了100多位专家的意见建议。四是认真梳理、研究和吸收了全国人大代表、全国政协委员和社会人士、有关媒体关于学科评估的意见、建议。

在指标体系方面,师资队伍与资源一级指标名下设师资质量与师资数量两个二级指标,不再采用重点学科数等指标和单纯用头衔评价水平的片面评价方式,将评价方式从客观数据评价改为基于客观数据的专家主观评价,重点考察代表性骨干教师以及科研团队,并由专家综合考察师资队伍的水平、结构、国际化程度和可持续发展能力。①人才培养质量一级指标由前三轮指标排位第三修订为第二,坚持把人才培养放在首位,构建培养过程质量、在校生质量和毕业生质量三个维度的人才培养质量评价方式,引导高校从培养过程投入、学生获得感、学生学习成果到毕业后职业发展状况来全程关注人才培养质量。同时,首次在全国范围内大规模开展学生调查和雇主调查,实现高等学校人才培养与社会需求的充分衔接,进一步发挥高等学校人才培养和社会服务的职能。科学研究一级指标修订为科学研究水平,下设科研成果、科研获奖和科研项目三个二级指标。其中,三级指标学术论文质量特别规定代表性论文必须包含一定比例的中国期刊论文,引导高校学术研究在更加注重质量提升的同时强化中国期刊在评价中的重要作用;三级指标出版教材则由上一轮人才培养质量调整而来,更加注重有质量的科研对人才培养的反哺作用。②最后学科声誉指标下增设社会服务贡献二级指标,采用代表性案例指标,要求提供学科在社会服务方面的主要贡献及典型案例,包括弘扬优秀文化,促进社会精神文明建设;举办重要学术会议,创办学术期刊,引领学术发展;推进科学普及,承担社会公共服务;发挥智库作用,为制订政策法规、发展规划、行业标准提供咨询建议并获得采纳等,以体现学科对国家、区域经济社会发展做出的贡献,既强调学科发展目标、服务国家战略,也能够充分反映不同地区、类型的学科特色。

---

① 王立生、林梦泉、任超、陈燕:《我国学科评估的发展历程和改革探究》,《中国高等教育》2016 年第 21 期。

② 同上。

表1.9 第四轮学位中心学科评估指标体系①

一级指标	二级指标	三级指标
A. 师资队伍与资源	A1. 师资质量	S1. 师资队伍质量▲
	A2. 师资数量	S2. 专任教师数（设置上限）
B. 人才培养质量	B1. 培养过程质量	S3. 课程教学质量
		S4. 导师指导质量▲（试点）
		S5. 学生国际交流
	B2. 在校生质量	S6. 学位论文质量
		S7. 优秀在校生▲
		S8. 授予学位数（设置上限）
	B3. 毕业生质量	S9. 优秀毕业生▲
		S10. 用人单位评价▲（试点）
C. 科学研究水平（含教师和学生）	C1. 科研成果	S11. 学术论文质量
		S12. 出版专著
		S13. 出版教材
	C2. 科研获奖	S14. 科研获奖
	C3. 科研项目	S15. 科研项目（含人均情况）
D. 社会服务与学科声誉	D1. 社会服务贡献	S16. 社会服务特色与贡献▲
	D2. 学科声誉	S17. 学科声誉▲

注：第四轮学科评估分学科门类对学科进行评估。为便于比较，我们对这些指标体系进行了整理合并。

5. 第五轮学科评估

在第四轮评估的基础上，学科评估已经受到了各个高校的高度重视。尽管迄今为止第五轮学科评估只发布了工作方案，但从工作方案上可以看到学科评估仍在发生变化。例如，第四轮学科评估是在评估工作启动前通过国家自然科学基金委等有关部门

---

① 全国第四轮学科评估邀请函，http://xkb.cumt.edu.cn/de/3a/c19653a319034/page.htm，2016-4-22。

和第三方数据提供商等获取公共数据，再通过参评学科严格按照数据填报标准提供其他评估信息。第五轮学科评估则采用"公共数据获取与单位审核补充相结合"的信息采集模式，通过公共渠道获取信息提供给参评单位并补充必要材料，从而减轻了参评单位的工作强度。

表 1.10　第五轮学科评估指标体系框架①

一级指标	二级指标	三级指标
A. 人才培养质量	A1. 思政教育	S1. 思想政治教育特色与成效
	A2. 培养过程	S2. 出版教材质量
		S3. 课程建设与教学质量
		S4. 科研育人成效
		S5. 学生国际交流情况
	A3. 在校生	S6. 在校生代表性成果
		S7. 学位论文质量
	A4. 毕业生	S8. 学生就业与职业发展质量
		S9. 用人单位评价（部分学科）
B. 师资队伍与资源	B1. 师资队伍	S10. 师德师风建设成效
		S11. 师资队伍建设质量
	B2. 平台资源	S12. 支撑平台和重大仪器情况（部分学科）
C. 科学研究（与艺术/设计实践）水平	C1. 科研成果（与转化）	S13. 学术论文质量
		S14. 学术著作质量（部分学科）
		S15. 专利转化情况（部分学科）
		S16. 新品种研发与转化情况（部分学科）
		S17. 新药研发情况（部分学科）

---

① 中华人民共和国教育部政府门户网站：《第五轮学科评估工作方案》，http://www.moe.gov.cn/jyb_xwfb/moe_1946/fj_2020/202011/t20201102_497819.html，2020-11-3。

续表

一级指标	二级指标	三级指标
C.科学研究（与艺术/设计实践）水平	C2.科研项目与获奖	S18.科研项目情况
		S19.科研获奖情况
	C3.艺术实践成果	S20.艺术实践成果（部分学科）
	C4.艺术/设计实践项目与获奖	S21.艺术/设计实践项目（部分学科）
		S22.艺术/设计实践获奖（部分学科）
D.社会服务与学科声誉	D1.社会服务	S23.社会服务贡献
	D2.学科声誉	S24.国内声誉调查情况
		S25.国际声誉调查情况（部分学科）

通过以上梳理，总体而言，从第一轮到第五轮，教育部学位中心学科评估呈现出评估目标更加明晰、评估参与方逐渐多元化、评估指标不断优化、评估结果呈现方式更加科学化的特征[1]，有效促进了学科的内生性优化，也推动了我国高校学科实力的整体提升[2]。

（二）金平果学科排行榜

1.排行榜简介

"金平果排行榜"又称中评榜、邱均平大学排行榜、评价网大学排行榜，是邱均平教授牵头，由中国科教评价网（www.nseac.com）、中国科教评价研究院（杭州电子科技大学 CASEE）、浙江高等教育研究院和高教强省发展战略语评价研究中心、中国科学评价研究中心（武汉大学 RCCSE）共同研发的科教排行榜，包

---

[1] 马国煜、宁小花、王红梅、金青林：《教育评价转型视角下我国学科评价的挑战与发展方向》，《研究生教育研究》2020年第3期。
[2] 龙洋：《学科评估功能的原生态回归路径探索》，《教育发展研究》2021年第1期。

括中国大学及学科专业排行榜、中国研究生教育及学科专业排行榜、世界一流大学及一流学科排行榜、中国学术期刊排行榜四大类,与学科有关的排行包含在前三类排行中。

中国大学学科专业排行榜(中国大学分专业类排行榜)涵盖在中国大学及学科专业排行榜内,分学科门类、专业类、专业进行本科专业排行,主要是为各级政府教育管理部门、高等院校、广大考生和社会成员的决策提供定量数据和参考依据。以2021年为例,该排行分别对12个学科门类、92个本科专业类、435个专业进行了综合竞争力评价。

中国研究生教育学科专业排行榜涵盖在中国研究生教育及学科专业排行榜内,分12个学科门类,按一级学科和专业等方面进行排行,主要是供全国所有研究生培养单位和广大报考研究生的考生参考。

世界一流学科排行榜涵盖在世界一流大学及一流学科排行榜内,主要是世界大学与科研机构分22个学科的科研竞争力排行,旨在从不同角度反映世界一流学科的建设与发展状况。

2. 指标体系分析(以中国大学学科专业排行榜为例)

当前,金平果中国本科院校学科专业评价指标体系共设一级指标4个,二级指标17个,三级指标30个。一级指标包括师资队伍、教学水平、科研水平、学科声誉等4个方面,二级指标包括教师数、博硕士学位点数、科研项目数等17个方面,三级指标包括杰出人才数、全国性学生竞赛获奖数、国家自然科学基金项目数等约30个方面。

表 1.11　金平果中国本科院校学科专业评价指标体系[①]

一级指标	一级权重	二级指标
师资队伍	0.2	教师数
		博导数
		杰出人才
		教育专家
教学水平	0.3	学位点数
		人才基地
		教学成果
		人才培养
科研水平	0.3	科研基地
		科研项目
		论文发表
		论文被引
		科研获奖
		发明专利
学科声誉	0.2	国家一流学科
		ESI 全球前 1% 学科
		上年度优势学科

（三）中国大学学科门类排行榜

1. 排行榜简介

武书连 1991 年入职中国管理科学研究院后，即开始《中国大学评价》课题研究。1993 年，排行榜首次发布，每年更新一次，迄今已 30 年。根据武书连在 2016 年接受《管理观察》采访时披露，他选择开展大学评价研究初衷有两点，一是针对高考招生信息不对称的问题为考生填报志愿提供参考信息，二是期

---

① 中国科教评价网，http://www.nseac.com/html/216/681871.html[EB/OL]〔2019-05-16〕。

望通过评价大学的综合实力为《中国大学校长群体研究》提供数据支撑。从《中国大学评价》的后续发展和应用看,为考生填报志愿提供参考信息已经成为该评价排行榜的主要目的。从实际应用看,武书连《中国大学评价》与中国统计出版社合作,先后按年度出版了《挑大学 选专业——高考志愿填报指南》(2002年起)、《挑大学 选专业——考研择校指南》(2003年起)、《挑大学 选专业——高考志愿填报指南(独立学院版)》(2013年起)以及《挑大学 选专业——高考志愿填报指南(民办大学版)》(2015年起)。可以看到,武书连的《中国大学评价》的主要目的是为考生填报志愿服务,已经发展成为较为成熟的商业性排行榜。

2010年武书连、吕嘉、郭石林对《中国大学评价》的指标体系、结构图、计算公式及指标赋值进行了详细披露。从指标数据来源上看,"武书连榜"在使用SCI、SSCI等国际期刊数据源的基础上,也在逐步地发展适用于国内大学评价的一套数据库,强调公开的数据是"武书连榜"的独特之处。[①]

2. 指标体系分析

当前,武书连的《中国大学评价》排行榜体系包括中国大学综合实力排行榜,自然科学、社会科学排行榜,理学、工学等12个学科门类排行榜,494个本科专业排行榜以及中国大学择校顺序排行榜、本科毕业生质量排行榜、本科毕业生升学率排行榜、教师平均学术水平排行榜、教师绩效排行榜、新生质量排行榜等

---

① 武书连、吕嘉、郭石林:《2010中国大学评价》,《科学学与科学技术管理》2010年第4期。

一系列排行榜。其中与学科排行相关的主要是：自然科学、社会科学排行榜以及理学、工学、农学、医学、哲学、经济学、法学、教育学、文学、历史学、管理学、艺术学等12个学科门类排行榜。其中，中国大学自然科学排行榜包括理学、工学、农学、医学四个学科领域，社会科学排行榜包括哲学、经济学、法学、教育学、文学、历史、管理学、艺术学等8个学科门类。从中国大学自然科学排行榜和中国大学社会科学排行榜这两大排行榜的指标体系来看，这两项排行榜实际上是《中国大学排行榜》的子榜，而12个学科门类排行榜实际上又是《中国大学自然科学排行榜》、《中国大学社会科学排行榜》的子榜。

三、国际学科评价实践

（一）国际高等教育研究机构（QS）世界大学学科排名

1. 排名简介

根据QS（Quacquarelli Symonds）官方网站的介绍，QS作为全球领先的服务、分析和洞察力提供商，其主要使命是通过教育成就、国际流动性和职业发展，使世界各地有动力的人发挥其潜力。QS世界大学排名于2004年首次发布，起初与《泰晤士高等教育》增刊合作，于2004—2009年期间联合发表了《泰晤士高等教育-QS世界大学排名》。2009年，《泰晤士高等教育》经过研究发现，QS公司的同行评议数据结果往往低于他们反馈回来的平均值，因此无法准确反映高校的真实状况，而且引文的统计方法、学科和专业的分类设置等方面存在偏颇，一定程度上对测评结果产生了严重影响，引起了公众质疑因此终止了合作关系。2009年以后QS对原有的指标体系进行了改革,改为与《卫报》、爱思唯尔合作,并在原有大学排名的基础上,扩大开发了大学学科排名等系列排名体系。当前QS世界大学排名已发展成为全球具有影响力的大学绩效比较数据来源之一,2019年全球媒体发布了超过94000次与QS相关或提及的媒体剪报。在排名的基础上,QS情报部(QS的研究和专业服务部门)还可以根据每个机构使命的核心指标(教学、研究影响、声誉、学生就业能力和国际化),为世界各地的大学提供定制的比较绩效分析。

QS世界大学学科排名作为QS排名体系中的一部分,从2011年开始发布,被认为是目前各学科排名中细分学科最详细、涵盖学科领域最广的学科排名[①],他们将学科分为艺术与文人、工程与技术、生命科学和医学、自然科学、社会科学五大学科门类。从学科数上看,QS世界大学学科排名涵盖的学科数从2014年30个学科已经增加到2020年的51个,呈显著的逐年上升趋势。

2. 指标体系分析

从指标体系上看,QS世界大学学科排名包含4个一级指标:基于同行评议的学术声誉(Acedemic Reputation),基于雇主评价的雇主声誉(Employer Reputation),论文篇均引用率(Citations per Paper)以及H指数(H-index)。其中学术声誉和雇主声誉指标为主观指标,通过对学术同行及雇主进行问卷调查得到结果;论文篇均引用率、H指数主要采用爱思唯尔Elsevier的Scopus数

---

① 佘仕凤:《国际学科排名指标体系及中国学科格局分析——基于世界大学学科排名数据》,《上海教育评估研究》2017年,第3期。

据库的客观数据统计。在分数计算方法方面，因为不同学科有不同的特征，QS 在细分学科上通过调整权重进行了区分，达到细分评价的目的。在此基础上，对各项指标得分加权求和，并以最高得分为参照进行百分制归一计算，最终得出各高校的总分——将各分项得分分别乘以权重求和，再除以 2020 年得分最高高校学科的总分，再乘以 100 分进行归一。最终得分保留 1 位小数，以最终得分由高到低进行排序排名。

表 1.12　QS 世界大学学科排名指标及其内涵 [1]

指标	指标内涵	指标占比
学术声誉	参与评议的学者选择近三年内他们认为在其学科领域内表现最为优秀的学校，不包括自己所在的学校。对选择结果进行统计。目的在于测量全球顶尖专家学者对学科的专业评价和认可度。	30%—90% 之间
雇主声誉	参与评议的雇主选择他们认为培养的毕业生最优秀的学校。对选择结果进行统计。目的在于测量全球顶尖雇主对学科培养的毕业生质量和竞争力的评价和认可度。	5%—30% 之间
篇均被引	Elsevier 的 Scopus 数据库的 23000 个学术期刊在一定时期内发表的文章在一定时期内被引用情况分析。目的在于测量学科的学术影响力。	0—30% 之间
H 指数	H 指数指的是在一定时期内学者发表的论文有 H 篇的被引频次不低于 H 次；对机构而言，则指的是机构至多有 H 篇论文分别被引用了 H 次。目的在于测量学科的学术质量。	0—30% 之间

[1]　QS TOP UNIVERSITIES. QS World University Rankings by Subject. [EB/OL] [2020-03-06].

（二）泰晤士高等教育（Times Higher Education，THE）世界大学学科排名

1. 排名简介

《泰晤士高等教育世界大学排名》（THE 世界大学排名）是《泰晤士高等教育》周刊主导的世界大学排名，包括世界综合、学科、声誉、亚洲及金砖五国等多个排行，是全球具有影响力之大学排行榜之一。

《泰晤士报》学科（领域）排名的指标体系与世界大学排名完全一样，只是根据学科领域不同划分的指标权重略有不同。从学科分类上看，主要划分了人文艺术、社会科学、商业与经济学、临床、临床前与健康、生命科学、物理科学、工程与技术学院、计算机科学、心理学、法学、教育学等 11 个学科领域。

2. 指标体系分析

THE 大学学科排名的评价指标包括教育教学环境（30%）、科学研究能力（30%）、引文影响力（30%）、产业收入（2.5%）和国际化（7.5%）5 个一级指标，其中包含教学声誉调查、生师比、受资助的博士生比例、师均机构收入、博士/学士学位授予比、研究声誉调查、人均科研经费、人均论文发表数、引文影响力标准化处理、师均商业机构研究经费、国际学生/国内学生、国际教师/国内教师、国际合作论文比例[①]等 13 项二级指标。THE 排名指标数据主要由各高等教育机构自主提供所需的材料与数据资料。当机构提供的资料不能较好或只能低效反映指标时，则采用该指标的平均值进行保守估计，这种做法一方面避免了数据

---

① World University Rankings 2018 methodology[EB/OL]. 2017-8-29.

"零"的出现,减小对机构最终得分的影响,同时又突出机构提供的指标数据的低效。THE排名根据不同学科的发展情况重新调整评价标准的权重。除了学术声誉调查之外,每一个指标都对应一系列可测量的具体的数据点,在得到总分之前,将数据与分数匹配、对应,然后采用Z-SCORE标准法对数据进行标准化处理,最后加权得到每一个高等教育机构的总得分。

表1.13 THE世界大学学科排名指标及其内涵(2021年)[①]

指标	指标内涵
教育教学环境	包括教学声誉调查结果、教师与学生的比例、大学授予博士学位与学士学位的比例、大学授予博士学位的数量及其学术人员的比例、大学的收入。
研究(数量、收入和声誉)	包括声誉调查结果、大学的研究收入、教师在学术期刊上发表论文的人均数量。
论文引用数	发表论文人均数量和论文引用数,以爱思唯尔的Scopus数据库中的资料为基础。
国际综合指标	国际学生与国内学生的比例;国际教师与国内教师的比例;国际合作论文比例。
企业创收(创新)	大学从企业获得的研究收入和学术人员的比例。

(三)美国新闻与世界报道(US News)学科排行榜

1. 排名简介

US News世界大学排名由美国《美国新闻与世界报道》与汤森路透公司合作,于2014年10月28日首次发布,主要目的是为全世界的学生在全球范围选择理想的大学提供科学的参考依据。

US News世界大学分学科排名作为US News排名体系之一,

---

① QS INTELLIGENCE UNIT. QS World University Rankings by Subject. [EB/OL][2020-03-06]

共设了艺术与人文、计算机科学与工程、自然科学与软科学四类学科门类,并根据不同数量的排名因素将其细化成了38个科目。

2. 指标体系分析

US News 世界大学学科排名指标共13项,分别是全球学术声誉、区域学术声誉、论文、书籍、学术会议、规范化引用影响、总引文量、被引用最多的前10%论文数量、被引用最多的前10%占论文总量的比例、在各自领域中被引用最多的1%的高被引论文数、排名前1%被引用最多的论文占全部论文的百分比、国际合作、国际合作出版物占比。排名指标的权重也是根据学科门类不同进行调整。整体而言,US News 学科排名中学术声誉、论文量、总引文量和被引用最多的前10%论文数量占比较高。

US News 学科排名文献计量指标主要基于五年期间 Clarivate 数据库中 Web of Science 平台的文献和引文数据。在指标计算方法方面,为了得出大学在38个科目中的排名,学科总分是各个排名指标的权重加权标准化后的指标分数。指标分数的标准化指的是每个指标分数中减去该科目总排名范围中的最低分数,使零成为可能的最低分数,并将各大学在该学科的总体表现与表现最好的大学之间的比率乘以100来重新调整分数。这迫使分数控制在0到100分,表现最好的学校的科目分数为100分。

(四)软科世界一流大学学科排名(ARWU)

1. 排名简介

《世界大学学术排名》(ARWU)为上海软科教育信息咨询有限公司所发表的年度世界大学排名。此排行榜原先由上海交通大学高等教育研究院的世界一流大学研究中心编制及发表,于

2003年首次对外公布,是第一个多指标的全球性大学调查。2020软科世界一流学科排名覆盖54个学科,涉及理学、工学、生命科学、医学和社会科学五大领域,排名的对象是2014至2018年间在特定学科发表论文达到一定数量的大学。

2. 指标体系分析

ARWU世界大学一流大学学科排名指标共五项,分别为重要期刊论文数、论文标准化影响力、国际合作论文比例、顶尖期刊论文数、教师获权威奖项数,不同学科的指标权重系数有所不同。计分方法方面,ARWU世界一流大学学科排名首先计算大学在每项指标上的得分,具体为大学在一项指标上的数值除以该项指标的最大值(开根号)再乘以100,然后各指标得分除以100再乘以相应权重进行累加得到该校总分。CNCI为相对指标,论文数量较少时CNCI不够稳定。因此在计算该指标的得分时,一个学科的CNCI最大值设置为该学科所有大学的CNCI平均值的2倍或者该学科所有大学中CNCI的实际最大值,取二者中较低者,令其为100分。其他大学按其CNCI与该最大值的比例得分,CNCI超过该最大值的大学,均得100分。

表1.14 ARWU世界一流大学学科排名指标及其内涵(2021年)[①]

指标名称	指标内涵
重要期刊论文数(Q1)	重要论文期刊数指过去5年被inCites数据库相应学科收录的位于期刊影响因子前25%的期刊(Q1分区)中的文章类型的论文数。目的在于测量被评价大学在相应学科的高水平科研产出的规模。一所大学的论文根据所发表的期刊的学科分类(Web of Science Categories)被划分到相应学科。

---

① 排名方法—2021世界一流学科排名,https://www.shanghairanking.cn/methodology/gras/2021.

续表

指标名称	指标内涵
论文标准化影响力（CNCI）	CNCI（Category Normalized Citation Impact）指过去5年被InCites数据库相应学科收录的Article类型的论文的被引次数与同出版年、同学科、同文献类型论文篇均被引次数比值的平均值。如果CNCI等于1，表明该组论文的被引表现与全球平均水平相当，CNCI小于1反映论文被引表现低于全球平均水平，CNCI大于1表明论文被引表现高于全球平均水平。
国际合作论文比例（IC）	国际合作论文比例用来测量被评价大学在相应学科的国际合作程度。该指标统计过去5年被InCites数据库相应学科收录的Article类型的论文中有国外机构地址的论文比例。
顶尖期刊论文数（Top）	指过去5年在相应学科顶尖期刊或会议上发表论文的数量。顶尖期刊指通过软科"学术卓越调查"得到的各学科顶尖期刊或顶尖会议。"学术卓越调查"共选出47个学科的151本顶尖学术刊物和计算机科学与工程学科的22个顶尖学术会议。该指标只统计类型为研究论文（Article）的文献。药学学科仅得到1本顶尖期刊且该期刊收录论文多数为综述（Review）类型，因此药学顶尖期刊文献类型同时考虑研究论文（Article）和综述（Review）。
教师获权威奖项数（Award）	指教师1981年以来获得本学科最权威的国际奖项的折合数。本学科最权威的国际奖项通过软科"学术卓越调查"得到。"学术卓越调查"共选出25个学科的30项国际权威学术奖项。奖项共享者的权重为获得奖金的比例。当一名获奖人同时署名两个单位时，各计0.5。为了更客观地反映一所大学的学术表现，不同年代的获奖者被赋予不同的权重，每回推十年权重递减25%，如2011—2018年的获奖者的权重为100%，2001—2010年的权重为75%，1991—2000年的权重为50%，1981—1990年的权重为25%。生物学、基础医学、临床医学和药学学科均选出"诺贝尔生理学或医学奖"作为本学科权威奖项。该奖项的获奖人按照获奖成果的研究领域被划分到相应学科，一项获奖成果分属于多个学科时，每个学科各统计1次。

（五）ESI 全球学科（领域）排名

1. 排名简介

基本科学指标（Essential Science Indicators，ESI）是美国科技信息研究所（ISI）开发的用于衡量科学绩效和科学数据的学科分析评价工具，其中包含 22 个学科领域作者、机构、国家和期刊在内的广泛排名，目的主要是帮助识别特定学科领域内的顶级研究人员或机构，当前热点、高被引论文，以及帮助确定趋势和新兴研究领域，并评估潜在的合作者、审阅者和同行。

ESI 在其数据信息页面公布了他们使用文章和引文的计数方法工作、计数的时间段、计数的类型、期刊、引文阈值、名称合并、名称变化和排名排序等全部信息。在统计范围方面，ESI 主要基于科睿唯安（Clarivate Analytics）旗下 Web of Science 平台核心数据库中超过 11000 个 SCI/SSCI 期刊收录的全球高校或科研机构近 11 年的文献（仅限 Article、Review、Notes 三种类型文献）进行统计；在统计时间上，ESI 属于动态监测，每两个月更新一次，所呈现的数据系列涵盖了 10 年，加上最近连续两个月的数据，最终达到 11 年的时间跨度。在年底，汇编恢复为 10 年的数据集，放弃年份最早的一年。

ESI 对收录到的论文数据进行统计，根据论文被引频次的高低确定衡量研究绩效的阈值，分别选出 22 个专业领域中排在世界前 1% 的研究机构、科学家、研究论文，以及排在世界前 50% 的国家/地区和排在世界前 1‰ 的热点论文，形成了 ESI 全球学科排名。通过论文数、论文被引频次、论文篇均被引频次、高被引论文、热点论文和前沿论文等六大指标，从各个角度综合衡量国家/地区的科研水平、机构的学术声誉、科学家的学术影响力以及期刊的学术水平。[1]

近年来ESI全球学科排名在我国受到了越来越多的关注,成为政府、高校用于评价学科科研绩效和学科发展水平的重要指标,如《国家中长期科学和技术发展规划纲要（2006—2020年）》把"国际科学论文被引量进入世界前5位"作为重要硬指标之一。教育部、财政部联合制定的《"高等学校创新能力提升计划"实施方案》明确将"牵头高校以及主要参与高校,依托的主体学科原则上应进入ESI学科排名的前1%"作为申报"面向科学前沿的协同创新中心"的评审要求之一。2014年1月,江苏高校优势学科建设工程管理协调小组办公室印发了《关于开展江苏高校优势学科建设工程一期项目考核验收的通知》,"对本校某学科领域进入ESI最新排名全球前1%作出最主要贡献"成为重要成果验收标准之一,体现了ESI排名在江苏高校优势学科建设中的导向作用。[2] 2015年6月,广东省教育厅发布的《广东省高水平大学建设实施方案》中,也将高校新增学科领域进入ESI学科排名前1%或1‰,重点项目依托主干学科进入ESI学科排名前1%或1‰作为"重点建设高校"和"重点建设项目"的考核要求。除此之外,一些学科评价排行也借用了ESI的数据或数据分析结果,比如邱均平教授发布的世界一流大学科研竞争力排行榜、世界一流大学与科研机构学科竞争力排行榜以及世界一流大学科研竞争力基本指标排行

---

[1] 杨权海:《基于ESI的江苏高校优势学科评估实践与思考》,《上海教育评估研究》2016年第2期。

[2] 邹燕:《ESI全球学科排名与江苏高校学科建设》,《江苏高教》2015年第3期。

榜就是基于 ESI 数据构建的科研生产力、科研影响力、科研创新力与科研发展力四个维度的综合指标体系。

2. 指标体系分析

当前，ESI 学科排名主要三种方式，分别是按论文收录数、论文被引量和篇均被引频次排序，从指标上看主要有：

论文收录数：主要指研究机构 10 年来被 ESI 数据库收录的论文的总数，这个总数反应了研究机构在学术研究领域的贡献度。由于数据库在收录论文时采用同行评议的程序，使得论文的收录具有较高的权威性，从而能较好地评价研究机构的研究绩效和水平。

论文被引量：主要指 10 年来被 ESI 论文收录的论文被其他论文引用的总量，根据论文被引总量排序得到全球排名前 1% 的学科领域。论文被引量反应了论文的受关注程度和论文的学术价值，是评价学科学术贡献、测量学科在全球学科领域所处位置的重要指标。

篇均被引频次：论文被引量除以论文收录数即为篇均被引频次，作为一个相对指标，篇均被引频次可以消除研究机构的规模对被引频次的影响，反应了论文在一定时间内的国际影响力。

高被引论文：高被引论文过去 10 年中发表的论文被引频次在该学科相同发表年的论文中排名 1% 的论文。高被引论文反映的是学科是否有优秀的学科带头人尤其是年轻的学科带头人。

热门论文：热门论文指的是在过去两年内发表的论文近两个月的被引频次在该学科排名前 0.1% 的论文。热门论文反映了近期的研究热点或重要发现。

研究前沿：这是一组高被引论文集合，是该学科通过聚类分析而定义的核心论文。研究前沿反应了当前学科领域的最新研究成果。

当前，国内学者对 ESI 全球学科排名的研究主要是利用 ESI 数据库对学科进行评估和对比，对我国学科结构及区域竞争力进行研究，在高校、区域、国家之间的进行比较研究，对 ESI 全球学科排名本身的研究等。国外学者则主要将 ESI 数据作为指标之一应用于对学科或研究领域进行绩效评估和评价。在这些研究中，一些学者认为 ESI 全球学科排名存在以下几项突出的优点：（1）数据权威，由于 ESI 数据主要来源于 Web of Science 核心数据库数据，因此保证了其中 SCI、SSCI 等期刊论文的质量；（2）针对性强，全球排名前 1% 反应了学科在全球学科领域中的位置，体现了学科的层次水平；（3）领域齐全，涉及 22 个学科领域。也有很多学者认为 ESI 有其不足之处：（1）学科分类粗略，无法反映学科的特色和优势；（2）评价方法偏颇，如不论作者、机构、国家排位如何，判定每个作者的贡献均衡，这无法突出真正的贡献者（第一作者与通讯作者）在科学研究中的地位和作用；（3）学科差异巨大，如热门学科与冷门学科论文引用率的差异巨大，从而导致高被引论文集聚在大学科中，不利于冷门学科的发展。[①]还有学者认为将 ESI 作为衡量学科水平的标准还将导致学科人才结构的奇异化和学术机构人才领域的趋同化。[②]ESI 仅以论文

---

① 罗宏、周杰：《ESI 学科分类与评价缺陷及其风险探讨》，《江苏高教》2018 年第 11 期；刘雪立、郭佳、申蓝：《基于 ESI 的大学和学科评价的局限性》，《数字图书馆论坛》2020 年第 4 期。

② 徐仲、吴曼：《ESI 在中国高校一流学科建设中的误区及对策分析》，《青岛科技大学学报（社会科学版）》2019 年第 6 期。

论英雄的做法将大学学科建设带入了唯论文的陷阱中,导致许多大学在人才引进和人才考核中将论文数量、层次作为关键指标之一,呈现出明显的功利性和目的性,忽视了学科发展的规律和学科人才结构的现实需要。

四、小结

综合以上分析,我们可以发现当前在国内外具有影响力的学科评价均为排名式评价,将学科转化为若干指标、数据,最终以排名的形式呈现给公众。这符合公众希望直观简单地了解学科水平的要求,也符合许多大学追求简便高效的管理诉求。但这种简便的学科评价方式能否科学地指导大学学科建设以提高大学学科水平是存疑的。如果将提高学科排名作为学科建设的目标,可能造就一批数据上一流的学科,而非真正意义上的一流学科。从学科发展的角度看,我们需要客观理性得看待当前的学科排名;从实践应用来看,当前排名式的学科评价还存在一些明显的问题。

片面性:学科建设一直是高等教育领域的研究热点之一。许多学者认为,学科要从过去规模扩张、偏重量变的外延式发展模式,转向面向组织内部、面向学科组织与外部环境互动关系的内涵式发展模式。如果以学科排名为学科建设的目标导向,学科建设无疑将继续走过去外延式发展的道路,因为基于对学科概念的不同认知以及数据可获得性、受众需求等现实考量,现有的学科排名更多地关注表征知识产出的显性指标,而不关注学科知识产出能力的非显性指标。知识产出指标虽然容易量化,却并不能代表学科水平的全部。在实际的学科建设中,学科水平受到结构、资源、制度、文化、环境等多方面的影响,学科不仅进行科学研究,还承担人才培养、社会服务等职能。当前的学科排名强调学科产出,忽略了学科内涵的丰富性、学科功能的整体性,从而影响其对学科建设的指导作用。有研究者指出,学科评估窄化为学科排名,在一定程度上忽略或者抹杀了学科的丰富内涵。将丰富的学科用几个机械的数字表达,是用最简单的方法评判最复杂的事情,如果用来指导实践,无疑是一件十分荒谬的事情。[①] 从现实来看,以学科排名为导向确实导致了许多非理性行为,如为了提升排名,采用重奖等方式使论文数量在短时间内大量提升、改变教师学科归属拼凑论文总数、盲目花巨资引进院士、杰青等现象。这些功利行为可能使得学科排名得以迅速上升,但学科的科研水平实际可能并没有得到真正提升,反而催生出论文灌水、研究方向分散等科研乱象,导致学科缺少持续深入研究,难有突破性或重大研究成果。

碎片化:基于学科作为基层学术组织在大学发展中的重要性,当前几乎所有的大学排名都衍生了出学科排名,这些学科排名既有共性,也有个性。共性是基本采用或致力于采用定量和定性相结合的方法对学科(领域)进行评价,个性是基于不同的目的选取不同的指标进行分析排名。有研究者指出,任何排名方法都存在一定技术缺陷,或者有意无意之间渗透了其价值取舍和利益关系。[②] 有的排名以服务学生择校为主要目的,因此在指标体

---

① 翟亚军、王晴:《"双一流"建设语境下的学科评估再造》,《清华大学教育研究》2017年第6期。

② 上官剑:《稳定性与差异性:"QS"与"ARWU"世界大学排名的实证分析》,《比较教育研究》2013年第11期。

系倾向重点考察学科的人才培养能力以满足学生及家长的需求。如 QS 分学科排名中特有雇主声誉指标，US News 分学科评估排名中特有学生选择性指标。还有的排名以评价学科学术水平为主要目的，因此指标体系倾向重点考察学科的科学研究能力，集中选取论文数量、引用率、获奖等学术指标，如上海软科分学科世界大学排名、ESI 全球学科排名、武汉大学世界科研机构分学科专业科研竞争力排名等。强调综合性的排名在指标选取上也相对更全面，基本涵盖了学科的三大职能即人才培养、科学研究、社会服务，如 THE 学科排名、教育部学位与研究生教育评价中心一级学科评估排名等。不同的价值取向使学科排名这种评价方式呈现明显的碎片化特征，评价主体有目的性地选择了一些与学科有关的指标以满足自身的利益诉求，以这样的学科评价作为学科建设的导向往往导致学科建设的碎片化。

难比较：学科排名的突出优点是方便大学或学科通过排名高低找到追赶目标，但这种易比较仅限于同一个学科排名内，若要进行跨排名比较则有明显的难度，因为不同学科排名对学科分类各有不同。从学科分类的角度观察，QS 世界大学学科排行榜发布的学科（专业）为 42 个，THE 世界大学学科排名发布的学科分成 8 类，US News 研究生专业排名分成 6 类，软科世界大学学科领域排名发布的学科领域分成 5 类，软科世界一流学科排名发布的学科有 52 个，ESI 学科排名发布的学科领域有 22 个，而我国教育部研究生与学位发展中心开展的一级学科评估所依据的则是国务院学位委员会和教育部颁布的 110 个一级学科。跨排名比较的意义在于能弥补不同排名体系指标设计上的不足，从而帮助利益相关者更综合地分析相关的信息,做出更合理的选择或改进。从这个角度而言,各排名对学科领域的分类各不相同,并且类似的学科领域分类下所包含的学科又有所不同,导致学科排名之间的参照性不足。除此之外,从当前的学科排名看,和大学排名一样,不同的学科采用的是同一套指标体系,但与大学不同的是,不同学科之间的特征差异更大,在同一套指标体系下通过比例变动进行统计略显不足。2015年IRGE学术排名与卓越国际协会学术论坛也指出,基于学科的世界大学排名所面临的最大挑战是定义某一特定学科领域的最显著特征并选择最合适的指标运用于排名之中。① 从技术的角度而言,解决以上问题需要对每一个学科领域设立单独的指标,对于排名式评价而言难度较大。

第三节 我国大学学科评价的问题

当前,各类学科评价与排名的榜单都有不同的价值取向和服务的目标人群,站在大学的立场上,以促进学科发展的取向来审视,目前的大学学科评价与排名的缺陷是显而易见的。

一、对于评价对象"学科"概念认识不一致

学科概念可以从全球、国家和大学三个层次上分别加以界定。从全球视角,学科是知识的分类体系,是一种人为的划分。

---

① 高珊、王茹:《基于学科的世界大学排名:现状与未来——大学排名国际专家组2015年论坛综述》,《世界教育信息》2015年。

这种划分是为了满足知识管理的需要，为了便于探究、整合、传播、应用和同行评价，是形而上的。学科具有系统的知识管理和知识发现的功能与价值，一方面，学科提供一定逻辑保存已有的实践知识；另一方面，学科是依据一定的逻辑结构来规范知识增长的一种分类体系。所以，学科首先是一个知识分类体系，知识无国界，这是具有全球意义的学科概念。

从国家的视角看，学科是一种制度安排。福柯（Michel Foucault）将学科指向规训，他认为学科主要表现为一种规训制度，是生产论述的操控体系和主宰现代生活的种种操控策略与技术的更大组合。任何一门学科都是一种社会的规范。[①] 华勒斯坦（Immanuel Wallerstein）在福柯的基础上，提出学科是作为一种制度安排的存在，他认为"学科作为一种制度的存在实际上是社会控制与轨调制度的一部分"。[②] 学科中隐含着三种制度性要素：知识等级与社会等级之间的制度性耦合、学科精英间围绕知识活动而产生的联系、专门化的学科组织与机构的出现[③]。大学、学会、基金会、评审、期刊、出版等都是国家制度安排的结果，既然作为一种制度安排，必然受所在国家政治制度与学术传统的制约，反映出国家意志，体现每个国家不同的学科制度特征。

从大学的视角看，学科是知识劳动的组织，是大学依据知识的分类体系而建立起来的知识劳动组织，是形而下的。知识的增长从何而来？这些知识的增长必须有人不断地在这种知识分类

---

① 福柯著，刘北成、杨远缨译：《规训与惩罚》，生活·读书·新知三联书店 2007 版。
② 华勒斯坦等：《学科·知识·权力》，生活·读书·新知三联书店 1999 版。
③ 鲍嵘：《学科的制度及其反思》，《学位与研究生教育》2006 年第 7 期。

体系下进行知识生产,大学就是这样的机构。学科组织是以知识的发现、整合、传递和应用为使命,以学者为主体,以知识信息和各类学术资源为支撑,依据知识的具体分类在一定的知识劳动平台上开展人才培养、科学研究和社会服务,它是大学的基层学术组织。因此,大学的学科建设建什么、评价什么就显而易见了。大学的学科评价是对一个组织的评价,所谓组织是一个有使命、结构、制度、资源等构成的共同体,有清晰的组织边界和组织分工、组织规模。如果评价对象的组织边界模糊,就可能导致聚全校之力,堆积、拼凑"学术产量"的现象,从而造成评价的不准确性与排名的不可比性。

二、对于评价对象"学科组织"本体的忽视

大学评价是根据一定的目的依据相关标准对高等教育整体或者个别机构进行客观全面科学的评价和界定,从而据此提出整改措施和发展目标的过程。[①] 评价是有导向性的,是指挥棒;评价也有"体检"的作用,其目的在于对现状认识之后的改进。由于对评价对象"学科"这一概念认识的不完整、不统一,目前的学科评价很难有一个以评促建的功效。在这一方面,目前的专业评价显得更为科学和完备,无论是合格评估还是审核性评估,都值得借鉴和学习。

要达到以评促建,首先得搞清楚学科建设建什么。就单个大

---

① 王占军:《大学排行对院校的组织决策、行为与文化的影响》,《中国高教研究》2012年第2期。

学的学科建设而言，显然不是建设知识形态的学科，而是建设组织形态的学科，因为完善和增进整个知识体系的学科建设是全人类学术共同体的责任，不仅仅是某一个大学的责任。每一个大学的使命不可能是建设某一个学科的知识体系，大学的学科建设只能够围绕某一个学科的知识体系建立知识劳动组织，为这一个学科的知识体系发展与完善作出贡献。因此，学科建设水平不仅包括学术产出的水平，还包括学科组织发展的水平。

显而易见的是，现有的学科评价中"忽视了对于学科组织本身这个'体'的评价，现在我们关注更多的是对学科'功用'的评价，主要从外在的、显性的角度来判断，比如人才培养的质量、科学研究的水平和社会服务的能力"；"这中间当前关注较多的是学科的科研水平……而当下又是非常片面的注重高水平论文，从过去的 SCI 到如今的 ESI，成为我国大学学科评价的唯一标准，简单地以论文发表作为学科评价指标，是不全面的也是值得警惕的"。[1] 当前以学科排名为主要形式的学科评价可以较为直观地反映学术产出水平和状态，但是由于缺失对学科组织本体的关注，大学难以找到相对比较中差距的根源所在，因此常常出现"头疼医头，脚疼医脚"的短期行为或投机行为。基于以上判断，我们认为学科评价要以提高学科组织发展水平为取向，有必要建立"体用"结合的评价理念，"不但要关注学科这个细胞的功能发挥好不好，也要关注细胞组织本身的健康水平"。[2] 学科发展是

---

[1] 宣勇：《建设世界一流学科要实现三个转变》，《中国高教研究》2016 年第 5 期。

[2] 张男星、王春春：《关于建设世界一流学科的思考——访浙江农林大学党委书记宣勇》，《大学（研究版）》2015 年第 12 期。

一个动态的过程，对学科组织的评价既要对学科构成要素的状态有所评价，也要对学科组织的运行效率进行评价，只有高水平的学科要素高效率的组合运行才能产出高水平的知识成果。

三、对于评价对象"学科"在本科教育功能的认识不到位

对于学科在本科教育中的作用地位，在现有的学科评价中存在两种极端的倾向。第一种是割裂论，认为学科建设与本科教育无关，学科建设就是加强科学研究，学科水平的评价就是论文的评价，就是SCI（现在已升级为ESI），这也是普遍存在的现象和认识。现在很多人在讲学科建设的时候，大多都是从科学研究水平来谈学科建设的。所以，一些有识之士开始关注这个问题。"在'双一流'建设中，要把提高教学水平和提高科研创新能力相结合，使一流学科建设与一流专业建设成为有机统一体，相互融合、相互支撑、相互促进。"[①] 与此同时，也出现了一些重视本科教学的呼声，如一流大学应有一流本科教育，本科教学是一流大学的灵魂，重视本科教育是一流大学成熟的标志，本科教学是大学的根本、是建设世界一流大学和一流学科的迫切需要，等等。

第二种倾向是等同论。在学科水平的评价中纳入了本科教育质量。某个评价体系中将人才培养质量放在首位，构建了培养

---

① 教育部副部长林蕙青2016年5月6日在中国高等教育学会与厦门大学联合主办的"一流大学本科教学建设高峰论坛"上的讲话。

过程质量、在校生质量、毕业生质量三维度人才培养质量的评价模式。这个体系尝试引入在校生和用人单位调查，更全面地考查学生在学质量与毕业后职业发展质量，抽查一定比例的毕业生及工作单位联系方式，把这些直接作为学科水平的评价等同。如果说哪一个学校哪一个专业出来的毕业生特别优秀，在统计上是有意义的，但是用个体来说明单个学科的水平表征，缺少逻辑上的联系和依据。测量学科在人才培养特别是本科人才培养中的水平，应该从学科与专业的相互关系中去考察。

专业教育是本科人才培养当中最重要的实现形式。潘懋元先生曾指出，专业是课程的一种组织形式。有什么样的课程组合，实际上就决定了它是什么样的专业，所以专业建设的核心，就是课程体系的设计和课程的供给。首先是课程体系的设计。课程体系决定了专业人才的定位，决定了其素质结构、能力结构和知识结构的状况。同时，专业教育的达成度取决于课程供给是否能保证质量。学科与专业的联系是课程。课程是知识整合的结果，知识整合是学科在知识劳动过程中的重要内容，专业中的课程就是由学科来供给的。事实上，一个专业需要有很多的学科来支撑，来提供课程。所以，我们不能说由某一个学科来办某一个专业，学科与专业不存在这样的一一对应关系。学科提供课程的数量、质量，应该是评价学科水平的重要指标，我们跟国外大学教学水平的差别作比较，实际上就是课程总量和质量的差别。我们的学科要为专业提供课程，这是学科的重要使命之一。学科在本科教育中的主要责任是高质量地供给专业所需的课程，并高效地传递有效知识。所以，学科在专业建设中要承担起四大责任:第一,发现并整合有效知识,也就是要提供课程和教材;第二,教师在课堂中高效地传递知识,因此要重视教学方法和手段的改革;第三,为本科生的科研参与提供条件,包括思维训练和学科竞赛;第四,对学生进行学科文化的陶冶,大学精神就是体现在科学精神和人文精神上,学科文化是大学校园文化的核心组成部分,不能忽视学科文化在大学生成长中的价值与作用。

第二章
大学学科评价的基本理论和价值取向

20世纪80年代,当我国教育评价处于探索起步阶段时,西方的教育评价已经进入到第四阶段。1989年,美国著名教育评价专家古贝(Egon G. Guba)和林肯(Yvonna S. Lincoln)在其论文《第四代评价面面观:测量、描述、判断和协商》的基础上出版了著作《第四代评估》(*Fourth Generation Evaluation*)。在这一书中,古贝和林肯将教育评估理论划分为四个发展阶段——测量评估时期、描述评估时期、判断评估时期、建构评估时期,其中建构评估即提出一套全新的评价理论和方法,即我们通常所认知的第四代评估,这一理论及相应方法对后来的教育评价改革实践及研究产生了重大的影响。西方国家教育评价从测量、描述评估到建构评估的发展过程,体现了由单纯的实证主义向建构主义评价范式的转变。这一转变旨在克服传统评价范式所带来的管理主义倾向、对多元价值的忽视、过分强调调查的科学范式等缺陷。我们认为,第四代评估理论对于改进、创新学科评价的理论与方法具有很好的启发意义,有助于帮助当前的学科评价突破单纯的实证主义范式,走向符合第四代评估理念的建构主义范式。

第一节 大学学科评价的基本理论

一、建构主义评价理论

(一)教育评价理论发展的四个阶段

古贝和林肯在《第四代评估》中设计了一个以四个评估时期为特征的新的基本框架,将美国的教育评价理论与实践发展划分为了四个阶段。

1.测量评估时期

第一代评估时代被定义为测量评估时代,主要指19世纪末到20世纪30年代,表现为大量的测量理论和测量技术的涌现和应用。尤其是20世纪初,心理学和统计学的相关研究逐渐成熟并被应用到教育评价中,进而出现了数千种不同形式的与学生学业、学生智力、学生人格测量有关的理论和方法。在这个阶段,人们将评价与测量、测试等同,认为"评估者的角色是技术性的,他(她)应当完全掌握可利用的工具,那样,任何指定的调查变量都可以被测量"[①],进而形成数据化的评估结果。这种评估方法在当前的教育评价中仍然有广泛的应用,比如入学测试、学评教等,都属于测量评价的范畴。

---

① 古贝、林肯著,秦霖等译:《第四代评估》,中国人民大学出版社2008年版。

2. 描述评估时期

第二代评估时代被定义为描述评估时代。一战后，完成初等教育的学生人数激增对中等教育提出了新的挑战，中等学校及高等学校的教育目标是否合适、课程是否需要增加、教育质量是否因此受到影响等问题受到社会广泛关注，亟需解决。面对这些问题，美国进步教育协会展开了一项"八年研究"项目，俄亥俄州立大学教授拉尔夫·泰勒（Ralph W. Tyler）是这一项目的主导人物。在八年研究期间，泰勒以7所大学和30多所中学学生为评估对象，主要测量学生是否有效完成课程教学中设置的学习目标，重点评价学生的创造性思维、逻辑思维和解决实际问题等方面能力的进步，对教学效果进行综合描述。在这一研究中，泰勒提出了程序化的评估方法，从设计新的课程、制定课程目标、搜集目标完成程度的信息，到指导课程的改进，形成了一套程序化的评价过程。由此指出，评估不仅仅包含结果，还包含过程。总结而言，第二代评估是在技术评估的基础上增加的以目标为导向的描述性评估。

3. 判断评估时期

第二代评估的基础是明确的目标的存在，但是这个前提在一些项目的评估中却被发现存在明显的缺陷，特别是科学研究项目，这些项目在开始之初，甚至是过程中很难明确具体的目标。除此之外，人们发现了评估者与教育管理者对评估认知或期望的差异。作为教育管理者，相比了解被评估对象的能力、环境和成效的"描述"，更希望评估者能够基于绩效给出人或事物的等级判断，由此引发了对评估中判断的探讨，包括判断是否必要，判断的标准是什么,由谁来判断等问题。进而在这一时期,出现了大量关于"判断"模式的理论和方法。其中1967年,著名课程评价专家罗伯特·斯泰克(Robort Stake)在《评价的容貌》一文中指出描述和判断是评价的两个方面,是其中的重要论述。总体而言,有关"判断"模式的提出和探讨是第三个时期的核心内容。

4. 建构评估时期

第四代评价理论出现于20世纪80年代,关键词是协商和建构,《第四代评估》一书的作者古贝和林肯是相关理论及方法的创始者。他们认为前三代学科评估存在三个关键问题,即管理主义倾向、忽略价值的多元性、过分强调调查的科学范式,因此,二人在罗伯特·斯泰克响应式评估的基础上提出了响应式建构主义评估模式,提出了尊重主体价值多元性的评估理念和共同构建、全面参与、协商协调等评估思想。[①] 建构评估理论与方法的提出对后续的教育评估,特别是发展中国家的教育评估产生了深刻而持久的影响。[②]

(二)第四代评估——建构主义评估理论

通过上文对美国教育评估四个阶段的梳理,我们可以发现,第四代评估出现的重要原因是,古贝和林肯认为前三代的教育评估中存在三个关键问题。首先是管理主义的倾向。古贝和林肯认为前三代的评估中管理者和评估者是主要的主体,而被评估对

[①] 古贝、林肯著,秦霖等译:《第四代评估》,中国人民大学出版社2008年版。
[②] 刘康宁:《"第四代"评估对我国高等教育外部质量保障的启示》,《国家教育行政学院学报》2010年第9期。

象以及其他有关的主体是被忽略的。管理者在与其他评估者的关系中占主导地位,扮演控制者的角色,比如在当管理者与评估者在评估标准的设置、资料搜集方法、评估结果公布等评估事项出现分歧时,管理者具有决策权;对评估者而言,他们要做的就是在管理者的认可下进行评估。因此,在管理主义倾向下,评估的全面性、公正性、可靠性有待商榷。其次是,在采纳价值多元化方面的失败。古贝和林肯认为"前三代方法中还没有一种评估方法考虑价值观上存在的差异"。他们认为"如果价值观没有差别,那么评估的结果就代表着事物的本来状态,必须作为客观真理而存在"。[1]但事实是价值是多元化的,在管理主义的倾向下,评估的内容、采用的方法、评估的结果等评估的参数和边界等问题都是在管理者的控制下得出的,这本身代表了管理者的价值观在评估中占据了主导地位,从而与其他利益相关者的价值观的冲突也就不可避免。最后,古贝和林肯还认为前三代的教育评估存在"过分强调调查的科学范式"的问题。他们认为在前三代的评估中,评价者都在努力使用科学范式来引导方法论,这种做法使得评价者在评估过程中只关注普遍性因素,即那些可测量的因素、某些局部的条件及不可测量的因素,因此不能得到很好的检验,从而进一步陷入评价结果与局部因素无关的陷阱。由于过度依赖科学范式,评估者忘记了科学方法、实证技术只是人类众多认识与评价方法之一,而远不是全部[2];而且,这种评估方式在减

---

[1] 古贝、林肯著,秦霖等译:《第四代评估》,中国人民大学出版社2008年版。
[2] 张民选:《回应、协商与共同建构——"第四代评价理论"评述》,《外国教育资料》1995年第3期。

轻评估者道德责任的同时,又加强了管理主义的倾向。"实证性的评估所支持的评估的事物会被看成也是应当做的事情而被确定下来,而作为信息传递着不需要对自然规定的事物负责。"[①]

针对前三代评估存在的问题,古贝和林肯提出了新的评价模式,即响应式建构主义评估。响应式理念来源于罗伯特·斯泰克提出的"预定式评价"术语,斯泰克认为基于既定的目标,根据目标搜集资料并判断目标的实现程度这种判断式的评价模式存在一些显著的缺陷,即目标以外的内容难以被评价,比如不同利益主体对目标、课程实施等问题的不同看法等。斯泰克认为评估的意义在服务,因此评估者首先要考虑的是服务对象的需求和偏好,并对此做出回应,由此斯泰克提出了一个以回应为出发点的评估,称之为响应式评估。古贝和林肯在此基础上提出了建构主义的理念,他们认为评价是与评价的利益相关者自身的建构交互协商,形成共同的心理建构的过程。评价者的主要任务是识别主要的利益相关者及其主张、焦虑和争议,搜集资料,组织协商,从而最终实现主体之间的共识。

第四代评估理论有三个值得关注的认知:首先是利益相关者"心理建构"的识别和协商,强调评价主体的多元性、平等性、参与性与合作性;其次是评价方法的多样性,第四代评估理论并不否定定量模型,而是强调在定量分析的同时,也要搜集定性的信息;最后是评估的目的不是为了证明,而是为了改进,是为了促进学校的发展。这些方面使得第四代评估显示出明显的个性化

[①] 古贝、林肯著,秦霖等译:《第四代评估》,中国人民大学出版社2008年版。

和弹性化特征,而不是用既定的标准去衡量不同的组织。古贝和林肯指出,用相对性代替绝对性、用授权代替控制、用局部理解代替普遍性诠释、用谦逊代替傲慢,是第四代评估者得到的最明显的收获。

(三)第四代评估理论对本研究的启示

从以上的简要概述中,我们不难发现,古贝和林肯对前三代教育评估缺陷的分析与我们当前的问题几乎完全一致。首先,学科评价的管理主义的倾向,尽管当前也存在第三方组织的社会性评价,但是从国内来看,影响最为广泛的是教育部学位中心主导的学科评估,从学科评估的发展来看,呈现出明显的政府主管部门的控制性。其次,学科评价对主体价值多元化的关注不足,无论是学位中心的学科评估还是其他民间组织主导的学科评价,都体现了管理者、评价者的价值观和诉求,或是政府主管部门的绩效考核、资源投入判断需要,或是第三方评价机构服务于考生择校的价值观,在这其中其他的多元主体,比如学科本身、教师、学生、家长、企业等的心理建构等,基本被排除在外。最后,过于依赖科学范式,集中表现在学科评价的指标体系以定量指标为主,各个评价体系都致力于得出"客观"的评估结果,这些定量的指标被固化为应该做的事,成为学科建设的风向标,又进一步导致学科建设者用定量的方式评判学科建设的成效。因此第四代评估理论中多元协商、建构共识、发展诊断的评估理念对本研究建构学科评价的理论体系有重要的启示作用。我们认为,当前学科评价正需要从前三代实证主义的评估范式转向以协商、建构为核心价值的评估范式,实现三个方面的超越。

首先,评价目的要超越以绩效考评为目的的终结性评价。随着高等教育大众化、普及化时代的到来,高等教育的利益主体及其诉求越来越呈现出多元化的特点,大学如果希望继续赢得包括学生、教师、政府、社区、产业界等在内的多元利益相关者的支持,就必须满足多维度、多层次的利益诉求。与之相适应,高等教育评估也有必要实现多面向的发展,为不同的利益相关主体提供有关大学发展的信息。在教育评价中,与终结性评价相对的是发展性评价。"评估行为的最后产出并不是对'事情是什么'、'事情如何进行'以及事物的某种'真实'状态进行描述,而是提出有意义的解释。"[①]"以评促建"的目标决定了学科评价具有发展性评价的特点。学科评价不仅要回答学科评价对象学术能力强弱、生产效率高低、社会影响大小等实然性问题,还要站在学科建设主体的角度尝试回答"为什么"和"怎么办"等问题。只有这样,学科评价才能对学科建设本身产生积极的促进作用。

其次,评价内容要超越关注结果的产出评价。评价到底是针对行为的过程还是结果,这是任何评估项目首先要确定的问题。结果导向的评价最受欢迎,原因无非是结果型指标更容易观测、评价过程更便于操作、评价结果可直接用于奖惩管理等,这背后体现了古贝、林肯所批评的技术层面的管理主义倾向。过程型指标也许不易直接量化,也许会耗费更多的时间和精力,但它却绝非可有可无,尤其是在学科评价领域。学术评价领域以成果判定水平具有一定的合理性,学科评价却不能仅仅局限于水平评

---

① 古贝、林肯著,秦霖等译:《第四代评估》,中国人民大学出版社2008年版。

价,它还应该包含诊断性评价——我们需要通过学科评价了解学科组织学术生产力高低的关键影响因素。学科评价倘若不深入到过程评价的层面,就将陷入知其然而不知其所以然的窘境。当然,要使学科评价超越聚焦于结果的产出评价,就要求评估者对学科组织的成长运行规律有深刻的认识。

最后,评价方法要超越以评分比较为特点的量化评价。量化评价通过把复杂现象简化为指标或相关数据,用数值比较来进行判断分析。量化评价的主要优点在于其客观性,它较少受评价者自身立场的影响,使得评价信度更为可靠,但有限的定量指标不足以完整反映学科组织在人才培养、科学研究及社会服务方面的表现,从而影响评价的效度。另一方面,由于数据本身采集难度的限制,容易陷入有什么准确数据就评什么的被动状态[1],从而造成评价结果的不全面。此外,过于强调定量化指标往往产生负面的引导作用,数量与规模成为影响学科排名的重要因素,从而导致高校过分注重外延的扩张,这在某种程度上助长了我国高校求大求全的倾向。因此,从提高评价结果的准确性和完整性的角度来看,开展学科评价有必要引入辅助性的定性评价指标,规范操作之下的定性评价结果同样具有可接受的信度与效度。

二、学科评价的三个基本问题

任何事物的产生与发展都有其存在的价值与理由,这些理由与价值构成了事物存在与发展的基本问题,只有搞清楚基本问

---

[1] 蒋石梅、曾珍香、战英民、刘新福:《〈中国大学评价〉六年改进述评》,《科学学与科学技术管理》2003年第4期。

题,才有可能保证事物健康的发展,彰显出应有的价值。大学学科评价有三个基本问题:谁需要大学学科评价、大学学科评价的对象是什么、大学学科评价如何变得更有价值。这些基本问题关乎大学学科评价的价值追问,是探讨学科评价必须回答的基本问题。

(一)谁需要大学学科评价

在我国大学学科的发展过程中,有三个学科建设的主体,分别是政府、大学和学者。另外,从学科评价的角度看,作为评价主体的评价者也有其自身的需要。

对于政府而言,大学学科评价具有两个方面的价值:一是作为政府财政投入的依据,二是作为建设绩效考核的依据。我国的学科发展呈现出极强的政府介入与主导的特征。学科建设是中国特色高等教育领域的一个重要概念,源于1987年国家教委启动重点学科评选政策,概念本身蕴含着学科建设中政府的主体地位与主导作用。1985年5月颁布的《中共中央关于教育体制改革的决定》中,第一次出现了"高等学校办学水平评估"的表述,这标志着我国学科评价工作正式开始,国家重点学科评估、教育部学科评估等政府主导的学科评价延续至今。可以说,学科评价是政府在高等教育治理中对大学的引导机制和投入机制的创新,通过学科评价,配置学科建设资源,引导大学和各类学科建设资源集聚到国家最需要的领域,解决最迫切的问题,实现学科建设经费效率最大化。因此,政府对大学学科建设的投入,初心源自对大学学科解决国家和社会发展中重大问题的期待,自然而然,重点建设学科的遴选依据便是"需要和可能"原则,首先强调的是国家和社会发展的现实需要,其次是学科满足这种需要的能力。

其次,大学是学科建设与评价的重要主体之一。学科作为知识生产最主要的组织,其最终的体现形式是具有某种结构的实体,这种实体主要就是大学。中世纪之后,欧洲大学形成了以学科为基础的组织结构,学科由此体现了大学的本质规律。[①]弗莱克斯纳认为,现代大学在最高层次上全心全意致力于增进知识、研究问题和训练学生。[②]发现新知识可以被认为是大学的核心活动,而这些活动则是由集中了专门从事知识劳动的个体的组织,即有组织的学科来完成的。规模化和有效的组织结构,让大学在知识生产、传播和应用上做出了非常重大的贡献。不难发现,随着高等学校在科学发展中的作用越来越重要,学科发展也越来越倚重于高等学校。一方面,学科是大学的细胞;另一方面,学科的组织形态随着现代大学的发展而逐渐丰富。现代大学的三大功能也正是围绕着知识生产、传播、应用,即学科的基本功能来实现的,这也是为什么现代大学一直强调学科建设,并将学科的成长提高到学校发展的战略地位的根本原因。就学科评价而言,大学作为学科建设的主体,需要通过学科评价与比较,全面审视学校在学科建设中的比较优势与存在的问题,扬长避短,进行校内学科结构调整和建设制度的完善,提升学校在高等教育领域的竞争力和办学绩效。大学学科建设需要通过学科评价建立基于学科组织的评价机制、问责机制,引导学科面向国家和区域重大战略和重大问题进行知识生产,引导学科协同发展,避免散、小、

---

① 宜勇:《大学组织结构研究》,高等教育出版社2005年版。
② 徐辉:《变革时代的大学使命》,浙江大学出版社1999年版。

弱；需要通过学科评价，让大学在学科建设中进一步明晰学科组织在运行过程中的学科权力，让学科走出表格拼凑的虚拟组合，真正成为一个大学的基层组织实体，成为围绕共同科学使命而自觉集聚的有机体。

第三，在学科评价中，基本被忽视的主体是学者。对于学者而言，大学学科评价的主要价值在于作为大学学科建设成效的"诊断书"。学科评价有助于学科自身进行组织化建设，凝练方向，提高知识生产能力，是学者进行自我学术定位、进行学术交流和获取学术声誉的渠道。学者则通过学科评价确立自身在学术界的地位、获得学术声誉、申请学术资源。不同的学科所处的阶段、性质与目标都不同，学科评价应能够对单个学科的发展现状、发展阶段、发展问题有一个清晰而全面的评估，对于学科的方向凝练与队伍建设进行评估，为学科组织化建设提供"诊断"依据。学科在组织化建设中，依据学科评价的结果要求学科中的学者调整行为，使其行为能够适应学科目标。

最后，从学科评价过程上看，除政府以外的第三方评价者是不可或缺的角色，同样对学科评价有其不同的需求。从治理的角度而言，第三方评价是社会参与高等教育治理的重要方式。自从1985年首次提出"高等学校办学水平评估"之后，我国的大学学科评估工作起初都是由政府主导和组织的。但是在20世纪80年代之后，一些民间机构也纷纷参与其中，各类排行榜纷纷涌现。对于民间排行榜主办者而言，排行榜是一种商业行为，与政府和大学所关心的学科建设无关，更多的是数据导向而非目标导向，更不是价值导向，各类排行榜主要以数据的可获取性、易获取性为原则进行指标体系与方法的设计，更多的是追求公众的关注和浏览，至于排行榜是否能促进大学的学科建设，是否与国家的政策导向契合，似乎并不是这些排行榜关注的问题，因为"作为特定历史时期经济社会和高等教育大发展的产物，隐藏在大学排名背后的动机，更多的还是'生意'而不是为了大学的卓越"。①

（二）大学学科评价的对象

从字面看，大学学科评价的对象毋庸置疑，当然是"大学学科"。但是事实上，到目前为止，对"什么是大学学科"这个问题，无论是在实践上还是在理论上都是众说纷纭，见仁见智的，自然也就衍生出学科评价到底评什么的问题。伯顿·克拉克（Burton R. Clark）在《高等教育新论——多学科的研究》一书中提出了对后续学科制度研究产生了深远影响的学科的两层涵义：以一门知识为存在形式的学科和以学科为基础发展而来的组织。这一观点启发了我们对学科的认知。2002 年在《论大学学科组织》一文中我们提出，学科概念从其形态上可以区分为知识形态的学科和组织形态的学科。所谓知识形态的学科存在是"形而上"的，无论是作为学术的分类还是教学的科目都不外乎是从知识分类的角度加以描述的。这种描述是基于对经验和事实、形式和结构的抽象，是静态的分析、归纳与分类，因而是"形而上"的。所谓组织形态的学科"形而下"的，是一个由学者、知识信息以及学术物质资料所组成的实体化了的组织体系。大学学科组织是由一

---

① 王建华：《大学排名的风险与一流大学的建设》，《高等教育研究》2019 年第 2 期。

群学者和他们所依赖的一定学术物质基础围绕知识进行的创造、传递、融合与应用的活动所组成一个实际存在的学术组织系统，因而是"形而下"的。为了进一步厘清概念，2006年我们又发表了《"学科"考辨》，总结了五种不同的对于学科概念的理解，并重申了我们对于学科概念的认识，坚持认为大学学科概念的双重形态说："作为知识分类体系的学科"与"作为知识劳动组织的学科"，大学学科"语义上即指大学的基层学术组织，是大学组织的细胞。这一观点得到众多学者的支持，有学者根据自己对这一'说'的理解，提出把学科分为理论形态和实体形态"。[①] 2019年，在《从大学的立场看学科评价与排名中的缺陷》一文中，笔者对学科概念又进行了延伸，在双重形态的基础上从全球视野、不同层面进行了进一步的剖析，提出了学科概念的三层涵义。在全球层面，学科是知识的分类体系。这是一种人为的划分，这种划分就是知识管理的需要，便于探究、整合、传播、应用和同行评价，知识无国界，这是具有全球意义的学科概念。在国家层面，学科是一种制度安排：大学、学会、基金会、评审、期刊、出版等都是国家制度安排的结果，既然作为一种制度安排，必然受所在国家政治制度与学术传统的制约，体现每个国家不同的学科制度特征。在大学层面，学科是知识劳动的组织，是大学依据知识的分类体系而建立起来的知识劳动组织。通过对学科概念的厘清，我们认为从学科评价的角度而言，知识体系的学科庞大、复杂，完全不适合分解成为管理学中的组织的战略目标进行评价，因此，大学学科评价的对象应该是实体化的大学学科组织。

---

① 宣勇、凌健：《"学科"考辨》，《高等教育研究》2006年第4期。

那么，何谓大学学科组织？我们在《"学科"考辨》一文中作了这样的定义：大学学科组织就是指在大学组织中按照知识分类体系建立起来的使命明确、边界清晰的知识劳动组织，其中知识的创造、传播和应用是学科组织的使命，学者是学科组织的主体，知识信息和各类学术资源是学科组织的支撑。大学学科组织的构成有四大要素：学科使命、学者、学术信息和学术物质资料。学科使命决定学科发展的方向，能有效调动所有的学科要素，也是学科发展的动力源泉。学者对学科发展起着关键作用，学科学术水平的高低直接取决于学者学术水平的高低。学术信息对学科组织有两方面的意义：一方面，它是学科水平的表征，学科水平通过其发布的学术信息而被社会所肯定；另一方面，对学术信息的掌握和占有也同样反映了一个学科的水平，全面完整的学术信息使得学科组织可以避免对他人已取得的知识发现作重复的探索，而始终处于学术的前沿。学术物质资料包括研究的资金、设施、图书资料等，是学科发展的基础，也是学科实力和水平的象征。四大学科要素形成有机的学科组织系统。在学科目标明确，要素匹配均衡的状态下，学科能够实现知识的集团创造功能，保证高效持续地产出新知识。

（三）如何让学科评价变得更有价值

不同主体对学科评价的需求和期待各不相同，因此对有用的学科评价的认知也各不相同。对于政府而言，有用的学科评价有助于甄别并推动有利于社会进步、能为国家和区域战略作出贡献的学科发展。对于大学而言，好的学科评价应该能为大学的学科建设现状"把脉问诊"，能为大学构建良好的学科生态体系、提升学科知识生产能力、参与学术市场良性竞争提供决策依据。对学者而言，有用的学科评价应该能清晰地呈现学科的发展现状、发展阶段和发展问题，能为学科方向凝练、队伍建设、资源配置等问题提供"诊断性"依据。对于社会而言，有用的学科评价应该能够让社会大众了解学科在人才培养方面的竞争力、学科的创新力、学科的社会声誉等信息，以方便报考或者寻求合作。因此，我们认为基于评价需求的多样性和复杂性，学科评价不应该是单一的，而应该是一个多样的、多元的、以用户需求为基础的评价体系，包括绩效性评价、符合性评价、诊断性评价、贡献性评价等多种类型。绩效性评价是指政府或大学依照预先确定的标准和一定的评价程序，运用科学的评价方法、按照评价的内容和标准对学科知识产出绩效进行的考核和评价，强调对学科建设的资源投入的关注，提供的信息有助于政府和大学判断应当如何对学科建设资源投入进行调整。符合性评价指具备学科评估资质的机构，遵循特定的国家标准、行业规范等强制性要求文本，对大学实施学科建设的过程性特征等的质量评价的过程，以保证学科建设过程控制的合法性、达成质量的合规性等。诊断性评价指对学科组织产出、学科组织能力及学科所处的环境做出综合的诊断评价，并在此基础上对学科建设的路径提出实质性意见，帮助大学进行有效的学科建设，以提升学科组织的知识产出能力，从而提升学科的竞争力。贡献性评价则主要是指评价学科在一定时期内对实现学校战略目标或行业技术、管理水平提升的贡献程度，评价学校和社会对学科提出的贡献要求和该学科的实际贡献。

当前，在我国的学科评价体系中，符合性评价和绩效性评价尽管存在诸多缺陷和不足,但实践和研究较为深入,相比而言,诊断性评价和贡献性评价在学科评价体系中是相对缺失的。这两种评价的缺失,尤其是诊断性评价的缺失对学科发展是极为不利的,因为其涉及的主体恰恰是学科建设的主体——大学和学者,诊断性评价的缺失使得大学和学科在学科建设中迷失,陷入"对标建设"的误区。因此,要提高学科评价的价值,我们认为需要在现有的符合性评价、绩效性评价的基础上增加对诊断性评价、贡献性评价的研究。要做到这一点,需要进一步加强对学科组织的关注和研究,使学科评价更多的关注学科组织要素的水平和结构,关注学科组织能力的提升,关注学科评价如何能更好地促进学科建设。

第二节 体用结合:大学学科评价的基本理念

一、学科组织评价的双向性

我们在2009年就曾指出,当前学界所讨论和强调的现代大学的学科建设同时具有两个不同语义上的指谓,其一是作为知识体系的学科的不断发展和完善,即指一门门的学科在知识上的增进;其二是作为不同学科要素构成的组织的建设,即作为知识劳动组织的学科建设。[①] 现代大学的学科建设不仅包括学科学术产出的增进,还应包括学科组织的建设,因此,学科建设水平不仅

---

① 宣勇、凌健:《大学学科组织化建设:价值与路径》,《教育研究》2009年第8期。

包括学科学术产出的水平，还应包括学科组织发展的水平。

伯顿·克拉克曾在其《高等教育新论——多学科的研究》一书中有这样的描述，"当我们把目光投向高等教育的'生产车间'时，我们所看到的是一群群研究一门门知识的专业学者。这种一门门的知识称作'学科'，而组织正是围绕这些学科建立起来的。"① 可见学科组织是知识生产的车间，其产出水平取决于这个车间的运行效率，与这个车间的管理水平息息相关。当前以学科排名为主要形式的学科评价可以较为直观地反映学术产出水平和状态，但是由于缺失对生产车间状态的关注或其全部要素的关注，大学难以找到相对比较中差距的根源所在，因此常常出现"头疼医头，脚疼医脚"的短期行为或投机行为，表面上指标表现上升，但实际上问题并没有解决，在实现高层次的目标时表现后继乏力。我们必须认识到学科组织的质量保障作用，大学开展学科建设实际上是提高"生产车间"的工作效率，产出预期的知识劳动产品，因此在构建学科评价体系时不能缺少对"生产车间"（学科组织）运行状态的评价。基于以上判断，我们认为学科评价体系建设要以提高学科组织发展水平为基础，建立学科产出的质量保障体系，科学实现学科学术产出水平质的提高。具体来讲，要建立"体用"结合的评价体系，"不但要关注学科这个细胞的功能发挥好不好，也要关注细胞组织本身的健康水平"。②

---

① 伯顿·克拉克著，王承绪、徐辉译，《高等教育新论——多学科的研究》，浙江教育出版社2001年版。

② 张男星：《关于建设世界一流学科的思考——访浙江农林大学党委书记宣勇》，《大学（研究版）》2015年第12期。

二、学科组织"体"与"用"的评价框架

学科组织是大学的基层学术组织,以知识劳动为主要任务,这些劳动包括创造知识、传播知识和应用知识,因此相应承担着人才培养、科学研究和社会服务三大职能,"用"的评价针对的是从外部、显性的角度对学科组织这些功能性的表现,包括人才培养水平、科学研究水平和社会服务水平三方面。科学研究水平可以用高水平学术论文、专著的数量、被引用量、被引用的频次等指标来衡量,同时还可以用科研成果的获奖层次作为指标来衡量,这也是当前学科排名所侧重的。学科组织通过提供专业课程,开展学位点建设等方式来实现对本科生、研究生及学科队伍的培养,当前学科排名主要通过对学生就业状况来衡量学科的人才培养水平,其实并不准确,学科通过知识传播(将知识转化为课程并进行教学)来实现其人才培养的功能,但一个学科能传播的知识是有边界的,不能包含学生培养尤其是本科生培养的全部,因此对学科人才培养功能的评价应以学科提供的课程质量、教师的教学水平、学生的知识获取水平为主要指标,对学生就业的评价应侧重研究生。学科通过将知识成果转化为科学技术并将其应用到现实生产领域,实现社会服务功能,因此社会服务水平主要通过产业收入衡量,泰晤士世界大学学科排名在这一方面有所体现。另外,我们还要注意到有些学科价值内隐,如输出思想理论、观念文化,可以通过衡量它们对智库建设的贡献,对文化体系、价值体系建构的贡献等来评价。

对学科"体"的评价是从内部、隐性的角度评价学科组织本

身的状态及发展水平。学科是围绕知识建立起来的学术共同体，从组织要素的角度看，学科发展受学科的外部环境、内部环境、组织目标、组织结构等因素的影响，其中外部环境主要指学科的资源获取情况，内部环境指的是学科的制度与文化，组织目标指学科的使命，组织结构则指的是学科的学术梯队情况，对学科"体"的评价主要包括是否有清晰的学科使命，学科的研究方向是否是集聚，是否有合理的学术梯队，是否有优秀的学者，是否有明确的学科制度，是否有良好的学科文化等。学科发展是一个动态的过程，对学科组织的评价既要对学科构成要素的状态有所评价，也要对学科组织的运行效率进行评价，只有高水平的学科要素高效率的组合运行才能产出高水平的知识成果。

第三节 能力取向：大学学科评价的核心价值

一、现有学科评价价值取向的反思

作为价值哲学的核心范畴，价值取向被认为是指一定主体基于自己的价值观在面对各种关系，处理各种矛盾、冲突时所持的基本价值立场、价值态度以及所表现出来的基本价值倾向。鉴于学科评价与学科建设之间的关系，学科评价的价值取向对学科建设的价值取向有重要的影响作用。有学者指出，"学科评估价值导向是高校学科建设逻辑转向的风向标，学科评估价值导向决定了高校学科建设的实践逻辑与行动逻辑"[①]，因此树立正确的学科

[①] 周合兵、陈先哲：《新时代学科评估价值导向与学科建设逻辑转向——基于X大学三个学科的案例研究》，《教育发展研究》2021年第7期。

评价的价值取向至关重要。

从价值取向的视角看,现有学科评价的主要问题在于管理主义、功利主义的价值取向占主导地位,表现为学科评价存在重外在轻内在、重形式轻实质、重数量轻质量、重结果轻过程、重当前轻长远、重局部轻整体等,特别是存在片面强调论文、项目、经费、称号、获奖等功利化倾向,一定程度上扭曲了学科的本义,背离了学科建设的目的和价值,导致了学科发展失偏。[1]

二、新时代学科评价价值取向的转型要求

近年来,无论是政府还是大学、学者都逐渐看到了管理主义、功利主义的学科评价价值取向给学科建设带来的危害,开始关注学科评价价值取向转型的问题。2020年10月,中共中央、国务院印发《深化新时代教育评价改革总体方案》,明确提出要完善立德树人体制机制,扭转不科学的教育评价导向,坚决克服唯分数、唯升学、唯文凭、唯论文、唯帽子的顽瘴痼疾;要改进学科评估,强化人才培养的中心地位,淡化数量指标,突出学科特色、质量和贡献,纠偏学术水平评价标准;要改进结果评价,强化过程评价,探索增值评价,健全综合评价。2020年11月教育部学位中心发布了《第五轮学科评估工作方案》,指出学科评估将进一步聚焦立德树人,突出诊断功能,强化分类评价,彰显中国特色,重在人才培养质量,破除"五唯"顽疾。上文提到,从第四

---

[1] 刘振天、俞兆达、陈恩伦、石定芳、王智超、田铁杰、王鹏炜:《新时代学科评估改革的新思维(笔谈)》,《吉首大学学报(社会科学版)》2021年第1期。

轮学科评估开始,我国的学科评估已经开始在价值取向方面有所反思,开启了转型的尝试。许多学者在分析过往学科评估的基础上指出,从第四轮学科评估开始,学科的价值取向呈现出从学术导向到学术导向、社会需求导向为主再到学术导向、社会需求、人才培养导向并重的转变。①但是,当前的学科评价的价值取向转型主要基于政府的政策指引,具体表现在学科评价指标权重的调整或数据采集办法的变化,未能从根本上走出绩效考评的藩篱。我们认为,要实现学科评价价值取向的根本转变,需要回归到对学科建设、学科组织的认识和理解上来,深入思考学科评价—学科建设—学科组织的逻辑关系。

学科评价与学科组织的关系,即"以评促建"为广泛认知;而学科建设与学科组织的关系方面,即"学科建设主要是建组织"的观点也得到了学界的广泛认同。但是由此衍生的更进一步的问题是,"学科建设如何建组织"以及"学科建设要建成怎样的组织"? 这个问题是联系学科评价、学科建设及学科组织的关键,是三者逻辑关系的源头问题,也是学科评价的核心价值所在。直到今天,我们学科建设的重心或主要形式仍然是组织要素(如人、财、物等)的投入,对学科组织的运行状况及能力发展关注的缺失导致学科建设投入越多,造成的浪费也越多,学科装备与学科战斗力相去甚远。这正是学科建设深层次问题,要解决这一问题,发挥学科评价的导向作用,必须在学科评价中形成"能力取向"的核心价值观。

---

① 周合兵、陈先哲:《新时代学科评估价值导向与学科建设逻辑转向——基于 X 大学三个学科的案例研究》,《教育发展研究》2021 年第 7 期。

三、基于能力取向的大学学科评价变革

经济学家理查德森在约翰·霍普金斯大学教授安蒂斯·潘罗斯（Edith Penrose）企业内在成长论的基础上，首次提出了"企业能力"概念[①]，并成为研究企业竞争力的重要视角，而后逐渐形成了企业资源理论、企业核心能力论、动态能力论等流派。在政治学界，在阿尔蒙德的结构功能主义理论的影响和推动下，政府能力和国家能力的概念也受到了越来越多的关注，并成为政治学和行政学研究中的重要视角。在1995—2005年的十年间，国家能力和政府能力研究成为我国学界的一个热点话题，有关国家能力和政府能力的内涵、意义、结构等问题引发了热烈的讨论。

在高等教育领域，关于学科能力的专门研究相对较少，还未形成系统性的理论体系，也尚未引起学术界的广泛关注。仅有刘云等学者在总结国内外有关科学能力理论与实证研究的基础上，提出学科科学能力主要包括学科科学投入和产出能力。其中，投入能力包括科研队伍、科研经费、仪器与设备、图书与情报、学科科学活动结构与学科科学教育，而产出能力包括科研成果、科学论文与专著、专利、技术贸易。[②] 浙江大学的刘权、邹晓东认为，学科核心能力是学科中经过长期积淀而形成的，蕴涵于特定学科内质中，能使该学科持续发展并在竞争环境中长时间取得主动的

[①] George B. Richardson, "The Organization of Industry," *Economic Journal*, 1972, Vol. 82, pp. 883–896.

[②] 刘云、阿德棉、陈玉祥：《学科科学能力的评价问题研究》，《科学管理研究》1994年第3期。

一种能力。学科能力以独特性、整体性、价值性和持续性为特征，学科文化、知识、人力资源、组织和创新这五者是学科核心能力的关键要素。[①] 王传毅等人基于知识生产视角从成果生产力、资源竞争力和团队支撑力三方面构建指标体系来反映学科的可持续发展能力。[②]

相比学科能力，关于学科竞争力的研究更为多见。竞争力的概念是最近 20 年才提出来的。研究者们对竞争力的表达虽各不相同，但也不乏有相似之处，如他们都将竞争力理解为一种能力。在西方工业国家的研究中，竞争力的概念起初是以国际竞争力的方式进入研究领域的。竞争力研究方面最具代表性的是美国学者波特，他从产业经济方面着手，对产业竞争力进行定义，他认为："一个国家在某一产业的国际竞争力，是指一个国家是否能够提供一个优良的商业环境，让该国的企业在国际竞争中获取竞争力量。"经济合作与发展组织（OECD）将国际竞争力理解为："在公平和自由的市场状况下，一个国家提供的服务与商品不仅能够满足国际市场的需求，而且又可以在较长的时间内保障与提高本国公民的实际收入水平的能力。"可见竞争力也是组织的一种能力，确切的说竞争力是组织能力的集合，因此关于学科竞争力的研究也可以看做是对学科能力的研究。周进认为学科的竞争力也就是学科发展的源动力与潜在动力，是学科在获取竞争优胜方面因作为竞争的主体而具有的能力，而这种能力的大小则取

---

① 刘权、邹晓东：《大学学科核心能力初探》，《辽宁教育研究》2004 年第 2 期。
② 王传毅、程哲、王宇昕：《学科可持续发展能力评价的指标体系构建：基于知识生产的视角》、《学位与研究生教育》2020 年第 3 期。

决于学科所拥有的资金数量、设备数量、学科梯队是否合理以及学科带头人的综合能力。① 尽管之后的学者对于学科竞争力的理解有着不同的表达,但是也都基本上认同了周进提出的能力观,将学科竞争力理解为学科在竞争过程中体现出来的能力,这也更符合我们对学科组织能力的认知。

在此基础上,众多研究也都支持了组织能力对组织绩效具有正向影响。无论是在企业能力、国家能力还是学科能力的研究中,都认同组织能力对组织获取竞争优势,组织提升绩效具有重要的作用。美国法律社会学研究代表人物菲利普·萨尔尼科(Philip Selanick)在对管理过程中领导行为的社会分析中首次提出组织能力的概念,他认为能够使一个组织比其他组织做得更好的特殊物质就是组织的能力或特殊能力。战略管理专家埃尔弗雷德·钱德勒(Alfred D. Chandler, Jr.)则认为组织能力是组织持续竞争优势的源泉和扩张的动力。他认为企业内部这些"组织化"的资源或能力是第二次工业革命以来各产业中巨型企业获得高盈利绩效的深层原因。② 动态能力理论的提出者大卫·蒂斯(David Teece)则指出在信息化时代和技术迅速变革的年代,环境迫使企业提供组织能力,因为组织能力是企业发展的驱动力,而组织动态能力能够为组织带来持续的创造力,并使组织保持持续的适应性。③ 由此,我们可以认为对于学科组织而言,学科能

---

① 周进:《重点理工大学的转型》,《华中科技大学出版社》2002年第1版

② 埃尔弗雷德·D. 钱德勒:《企业规模经济与范围经济——工业资本主义的原动力》,《中国社会科学出版社》1999年版。

③ D. J. Teece, "Explicating dynamic capabilities: The nature and microfoundations of (sustainable) enterprise performance," *Strategic Management Journal*, 2007, 28 (13): 1319–1350.

力同样是学科组织获取竞争优势的来源。如果说当前的学科评价主要价值在于呈现学科的水平,那么未来的学科评价的价值应在于有效提高学科的能力。学科评价应致力于寻找影响学科水平的因素,将核心内容放在学科能力的评价上,以此来发现学科能力存在的问题和缺陷,并且预测学科发展的潜力和趋势,从而更科学的引导学科建设,帮助大学及学科在学科建设中将重心转移到提高学科能力上。

第四节　以评促建:大学学科评价的目的意义

一、以评促建:学科评价的根本旨归

"以评促建"是暗含在学科评价与学科建设之间的一项基本原则。[1] 对大学学科建设而言,学科评价的价值定位与学科建设的内涵应该是统一的。学科评价的意义在于对标某一"标准",准确把握学科发展的客观态势,明确学科存在的优势与不足,目的在于为学科建设提供决策支撑,激发学科主体建设的内生动力,不断提升学科的质量与效能,实现内涵式发展。同时,学科评价是学科建设的"指挥棒",可以强化和提高学科对人才本位、学术本位、社会本位的发展意识。根据学科组织生命周期理论,在学科建设的初期,学科水平随资源的投入而不断提升,若学科的发展理念、内在价值、学术影响力不能与时俱进,其边际效应

---

[1] 武建鑫、周光礼:《世界一流学科:"以评促建"何以可能——基于系统科学的分析》,《国家教育行政学院学报》2016 年第 11 期。

则会不断递减。在这一阶段,学科评价与学科建设的双向信息反馈可以促进二者协同支撑发展。因此,学科评价指标体系有其存在的特定价值,通过学科指标体系评价,掌握自身发展与世界一流的差距,能够为学科建设指明道路,从而有利于提升学科建设的科学性和有效性。

为了进一步提升大学水平,建设世界一流学科,2015年8月,国务院印发《统筹推进世界一流大学和一流学科建设总体方案》,明确指出要建立健全绩效评价机制,积极采用第三方评价,提高科学性和公信度。在相对稳定支持的基础上,根据相关评估评价结果、资金使用管理等情况,动态调整支持力度,增强建设的有效性。由此可见,"以评促建"以其认知逻辑的正当性和有效性获得了政府和办学者的认可。与此同时,世界一流学科建设对发挥学科评价"以评促建"的作用也提出了更高的要求。然而,"以评促建"在学科建设过程中仍然存在诸多问题,比如由于学科评价本身的局限未能准确反映学科真实状况,指导效果大幅削减;学科建设者深受绩效主义驱动,有组织地推动学科在指标上的进步,而无暇顾及学科组织的可持续发展。我们认为,要确立学科诊断思维,正如有学者所指出的,"鉴于定标评价的必要性和现有评价标杆的缺失,学科评价应将自身定位于诊断基础上的高标靶向型评价,坚持高标准,实施有效诊断,加强比较和分析,深度了解彼此差距,进而作出科学分析,开出高效'药方'"。[1]

---

[1] 朱明:《现代大学学科评价的审视与审思》,《高教探索》2016年第11期。

二、学科诊断:学科评价的价值提升

21世纪以来,诊断技术被运用到组织研究中,出现了"组织诊断"的概念,主要应用于企业组织诊断。企业诊断也被称为"企业咨询",主要通过专业的企业评估人员对企业进行调查诊断,判断企业经营管理过程中存在的问题并提出解决方案。日本学者广漱有田将企业诊断定义为:"企业诊断是研究者对企业所处的组织环境及组织能力所作出的综合全面的评价。通过综合评价得出的结果,对企业的产品及整体战略制定全面的竞争策略,从而使企业完成转型升级,使企业更好应对市场竞争。"① 我们可以在此基础上将学科诊断简单定义为:"对学科组织产出、学科组织能力及学科所处的环境作出综合的诊断评价,并在此基础上对学科建设的路径提出实质性意见,帮助大学进行有效的学科建设,以提升学科组织的知识产出能力,从而提升学科的竞争力。"

伯顿·克拉克在《高等教育新论——多学科的研究》一书中有这样的论述:"当我们把目光投向高等教育的'生产车间'时,我们所看到的是一群群研究一门门知识的专业学者。这种一门门的知识称作'学科',而组织正是围绕这些学科建立起来的。"也就是说,学科组织是知识生产的车间。因此,这个车间的产出水平取决于这个"车间"的运行效率,与这个"车间"的运行水平息息相关。由此可以认为现代大学的学科概念具有二元性,即形而上的知识形态和形而下的组织形态,学科建设因而也应有两

---

① 广漱有田:《现代企业经营诊断》,机械工业出版社2007年版。

种内涵：其一是一门门学科在知识上的增进，即学科知识体系的完善；其二是作为不同学科要素构成的组织的建设，以提升学科组织的知识生产能力为目的。要提高学科建设的成效，不但要关注学科这个细胞的功能发挥好不好，也要关注细胞组织本身的健康水平。要以提高学科组织能力为基础，建立学科产出的质量保障体系，从而科学实现学科产出水平的质的提高。从这个角度而言，学科诊断既对学科组织状况进行科学判断，也回应学科组织如何建的诉求。

尽管当前关于学科诊断还没有明确的概念和理论研究，但在实践中许多国外大学其实一直在进行诊断式的评价活动。美国许多高校设有院校研究办公室一类的机构，内中有数位至数十位不等专事"院校研究"的专业人员和辅助人员，他们的岗位职责就是研究本校的校情、校务，包括建设学校基本数据库（院校研究办公室一般都兼作学校数据中心）、分析研究学校教育教学及管理工作中出现的问题并提出解决方案、撰写学校年度报告、应对评估和问责机构的要求。[①] 正是这种高效率、专业的内部评价帮助美国大学从容应对方方面面的各种评价。从实质上说，这种内部评价活动正是诊断式评价。

与学科排名主要评价学科的现状不同，学科诊断不仅要判断现状，而且要指出其中的问题，找出问题背后的原因并给出解决问题的方案。与学科排名进行一揽子评价不同，学科诊断是具体情况具体分析，需要专门的诊断机构（或团队）进入学科进行实

---

① 陈学飞：《中国式学科评估：问题与出路》，《探索与争鸣》2016年第9期。

地调查研究，不仅要掌握学科产出水平，还要掌握学科组织因素水平及能力水平，了解学科组织的内外部环境，作出综合判断给出综合报告，"一千个学科应有一千个不同的诊断报告"。与学科排名相比，诊断式学科评价具有鲜明的咨询特征。除此之外，与学科排名中大学及学科处于被动地位不同，在学科诊断中大学及学科处于主动地位，可根据自身最关心的问题、最重视的问题，或者回应外部评价的结果，对学科诊断提出诉求，定制学科诊断报告，具有更强的自主性和灵活性。但我们并不是否定学科排名，学科排名有其独特的优势和作用，只是将其作为学科建设的目标和导向是显然不正确的。科学的学科建设不仅需要了解学科的现状，更要深入分析现状背后的问题及其成因，并有针对性地解决问题才能真正意义上的提高学科水平，学科排名与学科诊断和而不同，只有相辅相成才能共同促进学科建设。

第三章
大学学科能力评价指标体系的建构

第一节 学科评价指标体系构建中的国际经验借鉴

学科与大学评估在实践领域具有悠久的历史,也相应地积累了很多经验,对大学学科能力的评价应当吸收前人探索中所取得的这些宝贵经验,同时针对现有评估中存在的难点与薄弱点,提出有效的改进策略。本研究中,选取了国内外历史较为悠久或者公信力较强的英国《泰晤士高等教育》学科排名、《美国新闻与世界报道》学科排名以及我国新兴的软科(ARWU)学科排名为例,对其评价指标体系与评价方法进行剖析,从中寻找有益的经验借鉴。

一、国际知名学科评价体系的指标设计概述

(一)ARWU 学科领域排名指标体系

软科世界一流学科排名(ARWU-Subjects)于 2009 年由上

海软科教育信息咨询有限公司首次发布,目的是分析我国大学在世界大学体系中的位置。由于评价方法的客观、透明和稳定,因此得到了国际上的广泛认可。2019年,该排名覆盖54个学科,涉及理学、工学、生命科学、医学和社会科学五大领域,主要指标有论文总数、论文标准化影响力、教师获权威奖项数、国际合作论文比例、顶尖期刊论文数,其数据源为 Web of Science 和 InCites 数据库,不同学科在共同指标的基础上采用不同指标权重系数(表3.1)。①

表3.1 ARWU 世界一流学科排名的指标构成及其统计方法 ②

指标定义	统计方法
论文总数（PUB）	论文总数指标用于测量被评价大学在相应学科的科研规模。指过去5年被 InCites 数据库相应学科收录的 Article 类型的论文数。一所大学的论文根据所发表的期刊的学科分类（Web of Science categories）被划分到相应学科。
论文标准化影响力（CNCI）	CNCI 指过去5年被 InCites 数据库相应学科收录的 Article 类型的论文的被引次数与同出版年、同学科、同文献类型论文篇均被引次数比值的平均值。如果 CNCI 等于1,表明该组论文的被引表现与全球平均水平相当,小于1则反映论文被引表现低于全球平均水平,大于1表明论文被引表现高于全球平均水平。
国际合作论文比例（IC）	国际合作论文比例用来测量被评价大学在相应学科的国际合作程度。该指标统计过去5年被 InCites 数据库相应学科收录的 Article 类型的论文中有国外机构地址的论文比例。

① 余仕凤:《国际学科排名指标体系及中国学科格局分析——基于世界大学学科排名数据》,《上海教育评估研究》2017年第6期。
② 《排名方法:2021世界一流学科排名》,https://www.shanghairanking.cn/methodology/gras/2021。

续表

指标定义	统计方法
顶尖期刊论文数（TOP）	指过去 5 年在相应学科顶尖期刊或会议上发表论文的数量。顶尖期刊指通过软科"学术卓越调查"得到的各学科顶尖期刊或影响因子位列前 20% 的期刊。"学术卓越调查"共选出 45 个学科的 134 本顶尖学术刊物和计算机科学与工程学科的 17 个顶尖学术会议。"学术卓越调查"结果中未覆盖的学科的顶尖期刊取自各 Web of Science 学科内影响因子处在最高 20% 的期刊，根据 2017 版《期刊引证报告》（*Journal Citation Report*）公布的期刊影响因子判断。该指标只统计类型为研究论文（Article）的文献。药学学科仅得到 1 本顶尖期刊且该期刊收录论文多数为综述（Review）类型，因此药学顶尖期刊文献类型同时考虑研究论文（Article）和综述（Review）。
教师获权威奖项数（AWARD）	指教师 1981 年以来获得本学科最权威的国际奖项的折合数。本学科最权威的国际奖项通过软科"学术卓越调查"得到。"学术卓越调查"共选出 23 个学科的 26 项国际权威学术奖项。奖项共享者的权重为获得奖金的比例。当一名获奖人同时署名两个单位时，各计 0.5。为了更客观地反映一所大学的学术表现，不同年代的获奖者被赋予不同的权重，每回推十年权重递减 25%，如 2011—2017 年的获奖者的权重为 100%，2001—2010 年的权重为 75%，1991—2000 年的权重为 50%，1981—1990 年的权重为 25%。生物学、基础医学、临床医学和药学学科均选出"诺贝尔生理学或医学奖"作为本学科权威奖项。该奖项的获奖人按照获奖成果的研究领域被划分到相应学科，一项获奖成果分属于多个学科时，每个学科各统计 1 次。

（二）THE 学科排名指标体系

THE 世界大学学科排名是由《泰晤士高等教育》每年发布的各学科领域世界高校排行榜，从 2004 年开始发布世界大学排名，此后，除了发布世界大学排名外，也对 5 大门类 34 个学科进行评价。THE 的排名指标体系为顺应发展一直处于变化的状态，先后与 QS、汤森路透集团、爱思唯尔合作,从 2011 年起 THE 指标基本保持稳定。这一评估指标体系因设置较为全面,重视学术科研能力而著称,具有广泛的影响力,其主要指标有教学、研究、论文引用率(学术影响)、产业收入、国际化程度。数据源为公开数据、学校填报、问卷调查以及爱思唯尔的 Scopus 数据库(表 3.2)。①

表 3.2 THE 学科排名指标构成及统计方法 ②

一级指标	权重	二级指标	数据统计
教学	30%	教学声誉调查	通过问卷调查,从企业雇主角度评价毕业生和教学质量
		师均在册学生数	注册学生数除以教学人员数
		博士与学士学位授予比例	学校授予的博士学位数与学士学位数之比
		博士学位授予数与教学人员比例	学校授予的博士学位与教学人员数之比
		师均收入	学校收入除以教学人员数
研究	30%	学术声誉调查	通过问卷调查,从企业雇主角度评价毕业生和教学质量
		师均研究经费	研究经费除以教学人员数
		师均学术论文量	学校被收录的论文除以作者数
论文引用	30%	研究影响力	学校近 5 年被收录的论文被引用量,通过标准化方式进行计算
国际化	7.50%	国际教师比例	国际教师数除以国内教学人员数
		国际学生比例	国际学生除以国内学生
		国际科研合作比例	与国际作者共同发表的研究论文量除以总论文量,接着除以基准
产业收入	2.50%	师均产业收入	产业收入除以教学人员数

---

① 王战军、瞿斌:《美国、英国大学排名及特点》,《科研管理》,2001 年第 5 期。
② QS INTELLIGENCE UNIT. QS World University Rankings by Subject. [EB/OL][2020-03-06]

(三)US News 学科排名指标体系

美国新闻与世界报道公司 1983 年首次发布美国国内大学排行榜,是世界范围内最早开始的国内大学排名。2014 年 10 月,US News 与汤森路透公司合作,首次发布了全球最佳大学排名(Global Best University Rankings),且对 22 个学科进行排名,该排行榜重视学术科研能力,主要依据客观数据,数据来自问卷调查和 InCites 数据库。由于各学科学术产出存在差异性,因此 US News 将 22 个学科分为艺术与人文、软科学、硬科学三大类进行评价。各学科体系分类不同,采用的指标与权重也略有不同。其主要指标包括全球学术声誉、区域学术声誉、论文总数、书刊总数、会议论文、标准化论文引用影响力、论文总被引数、前 10% 高被引论文数、前 10% 高被引百分比、国际合作论文数、国际论文合作比、前 1% 高被引论文数、前 1% 高被引百分比等 13 个指标(表 3.3)。

表 3.3 US News 学科排名指标构成及统计方法

指标	权重	数据统计
全球学术声誉	12.50%	近 5 年对该学科在全球学术声誉调查的结果中全球最佳大学的整体情况。
区域学术声誉	12.50%	近 5 年该学科在某一地区学术声誉调查的结果中全球最佳大学的整体情况。这一指标显著增加了排名的国际多样性。US News 是唯一使用这以指标的全球排名。
论文总数	10%	衡量大学总体研究产出的指标,基于以该大学署名并发表的高质量、高影响力的综述、文献、报告等学术产出总数,其与大学规模及学科关注度密切相关。
书刊总数	2.50%	在社会科学、艺术与人文学科领域,书刊是重要的出版物,能更好地反映社会科学、艺术与人类大学的实力,是论文总数指标的重要补充。
会议论文	2.50%	在工程与计算机科学领域,学术会议是学术交流的重要渠道,代表了还未成文或出版的重要研究突破,是论文总数指标的重要补充。

续表

指标	权重	数据统计
标准化论文引用影响力	10%	反映大学研究的总体影响,由总引用数除以论文总数得出,与大学的规模及校龄无关。对结果的归一化处理克服了研究领域、出版年限以及文献类型的差异,被认为是衡量研究绩效的核心指标之一。
论文总被引数	7.50%	衡量大学的学术研究影响,计算方法由论文数排名因子乘以标准化论文引用影响因子,消除了学科领域、出版年限以及文献类型的差异。
前10%高被引论文数	12.50%	在学科领域位于全球前10%高被引论文的数量。由于高被引论文的数量依赖于大学的规模,被认为是大学产出高水平研究成果的强有力的指标。
前10%高被引百分比	10%	全球前10%高被引论文数量占论文总量比例,不依赖大学规模的,是衡量大学产出的高水平研究成果的指标。
国际合作论文比	5%	国际合作论文数,是一个数量指标,反映了学校吸引国际合作者的学术产出。
国际论文合作指数	5%	指国际合作论文占论文总量比例除以大学所在国家国际合作论文的比例,是一个质量指标,反映了学校吸引国际合作者的实力。
前1%高被引论文数	5%	全球排名前1%高被引论文的数量。
前1%高被引百分比	5%	全球排名前1%高被引论文的论文数量与发表论文总数的比例。

二、学科评价指标体系构建中的经验与启示

学科评价指标体系的科学性主要在于排行体系的指标设计与数据处理。在这方面,上述评价体系有五方面的共性。其一,坚持指标体系的动静结合。一方面,稳定性的指标体系反映了评

价目的的稳定性,也反映了大学功能的稳定性,促进了学科的可持续性发展;另一方面,不同时期社会状况不同,对学科的要求有所不同,因此对学科的评价也会不同,而学科本身也在发生变化。学科排名能够也必须跟随学科的变化而动态地反映各种变化,从而适应社会发展对高等教育提出的新要求。[①]其二,保证指标选取的科学性。在诊断性评价的基础上,在指标的选取方面,要注重指标间的相互独立性、代表性,注意指标的可比性与时效性,如采用国际通适的相对指标以避免规模效应的直接影响,利用综合性指标从输入、过程和输出等环节对学科水平进行多角度度量。[②]其三,保证权重的合理性。权重的确定与评价对象和目的紧密相关。"大多数人都认为,权重分配的主观性和随意性是排名方法中的根本性缺陷。"[③]在评价指标体系构建中要积极通过德尔菲法、层次分析法等方法确定合理权重,保证排名结果的信度和效度,权重设置要体现引导性、动态性。其四,保证数据来源的可靠性。完整可靠的数据是保证学科评价信度的关键。目前国际学科排名数据源多来自四个渠道,即学校自报的数据、政府公布的公开数据、专门网站公布的数据,以及一些公司的专门数据库。在统一标准的基础上利用多种方式进行不同数据的采集,且对原始数据进行专门的审核与公开,一定程度上可以提升数据源的全面性、准确性和可靠性。其五,保证评分标准的科学

[①] 朱明:《大学学科评价的审思》,《高教探索》,2016 年第 11 期。
[②] 朱明、杨晓江:《世界一流学科评价之大学排名指标分析》,《高教发展与评估》2012 年第 2 期。
[③] 曾强、赵公民、俞立平:《世界大学评价比较及对中国双一流大学评价的启示》,《情报杂志》2019 年第 3 期。

性。评分标准包括指标的评价标准和数据的处理方法。前者是指对所要评价的某种属性或某个方面质的临界点在量上的规定,多数排名中所涉及的同行评议、声誉评价等,更需要确定评价标准,否则无法进行科学的横向对比。而用科学方法对可靠的原始数据进行处理,评价的结果才有可能科学。

除此之外,评价主体、评价目标、评价方法的科学性也关系到学科评价指标体系构建的科学性。从评价主体来看,要培育多元化的学科评价主体。国际学科评价主体以社会中介机构为主,包括学术组织、新闻媒体、民间组织、私人团体等,偏向于为学生择校、资源配置、信息咨询、管理服务等提供支持。多元化的学科评价主体有利于推动社会各界积极参与学科评价,促进学科评价的广泛开展和评价体系的不断完善。

从评价目标来看,上述学科评价项目基本没有脱离以绩效考评为目的的终结性评价范畴。在教育评价学中,与终结性评价相对的是发展性评价。"(发展性)评估行为的最后产出并不是对'事情是什么'、'事情如何进行'以及事物的某种'真实'状态进行描述,而是提出有意义的解释。"[1]学科评价不仅应当回答学科评价对象学术能力强弱、生产效率高低、社会影响大小等实然性问题,还应该站在学科建设主体的角度尝试回答"为什么""怎么办"等问题,使得学科评价对学科建设本身产生积极的促进作用。

从评价方法来看,首先要综合采用客观数据与主观评判的方

---

[1] 古贝、林肯著,秦霖等译:《第四代评估》,中国人民大学出版社2008年版。

法。定量数据强调的是对教育目标和成果的评价，定性数据强调的是对教育过程和价值倾向的评价，单纯以定性数据或定量数据进行大学评价都会存在偏颇，难以客观、公正。因此，从提高评价结果的准确性、完整性的角度，开展学科评价有必要在量化评价的基础上引入辅助性的定性评价指标。其次要遵循分类评价的理念。一方面，不同学科的评价指标体系应该结合学科差异性而有所侧重。学科不同，人才培养模式、科研成果等方面都有较大差异。指标权重的设计应考虑各学科的差异，结合不同学科领域的不同特点进行指标赋权，增强评价指标的效度。另一方面，通过加强对学科分类体系的研究，建立统一标准，采取分步走的战略，逐步建立与国际接轨且彰显中国特色的学科分类体系，推动交叉研究发展，提高中国评价在国际上的影响力。

综上所述，只有结合学科评价的国际经验，从评价内容、主体、目标、方法等方面推动学科评价体系的建立与完善，才能减少学科可排名性与复杂性间的矛盾影响，推动评价指标体系在公众质疑中走向细致化，增强评价结果的公信力。

第二节 学科评价指标体系构建的操作性原则

一个科学合理的评价指标体系在结构上应当达成组成要素全面完整、概念逻辑清晰、框架层级分明、操作性强、功能衔接等标准，在构建大学学科能力评价指标体系时，除遵循一般评价指标体系所遵循的整体性、科学性、稳定性、协调性等普遍性原则之外，还需要在操作层面特别体现以下原则。

一、参与主体的多元化

学科评估主体的多元化指的是不同利益相关者共同参与学科评估活动。当前，主体多元化已经成为国际高等教育评估领域的一个重要趋势，其目的是要构建由政府、大学、社会中介、新闻媒体等多个主体组成的评估体系。具体到学科评价指标体系的构建环节，参与主体多元化主要通过以下途径得以落实：第一，指标的评价主体多元化。其关键在于吸纳学科建设的各个利益相关主体进入评价环节，纠正学科评价过度依赖客观数据的实践偏差，适当吸纳涉及利益相关主体的主观评价指标，使得评价能够深入到客观数据无法涵盖的范围，从而建立一个更具客观性、公正性、全面性的学科评价体系。第二，指标体系的评价尺度多元化。评价从本质上来说是客体与主体之间价值关系的体现，价值关系是以主体尺度为依据的关系内容。多元学科评价就是不同的主体基于自身的价值尺度来审视学科的建设和发展水平。评价尺度多元化表现为指标体系的多样化，通过构建不同指标体系从不同的利益主体出发，基于不同利益主体的价值取向、不同的效用目标函数来审视学科的质量，诊断学科建设中存在的问题。

二、学科边界的确定性

学科评价有特定的边界，这边界是由大学学科组织的边界所决定的。大学在确立学科组织的边界时要遵循以下逻辑：学科是大学的学科，是知识分类体系，这意味着学科评价的对象只能是作为大学基层学术组织的学科。如果不能同时把握这两条逻辑,学科评价的对象就会模糊分散。现实当中,这样的现象并不少见。在参与学科评价时,尤其是教育行政部门组织的学科评估时,一些大学为了排名靠前,往往进行所谓学科资源的整合,围绕某个优势学科,要求其他相近学科配合提供材料,起到锦上添花的作用,以巩固强化优势学科与其他大学同类学科竞争的优势地位。这种以应付评估为目的的整合充其量只是纸面意义上的整合,而在此基础上形成的评价结果自然不能反映学科的真实状态。

三、指标权重的动态性

如同其他组织一样,学科组织的成长也具有一般组织的特性,表现出组织的生命特征与成长周期。大学学科组织的生命周期可划分为生成期、生长期、成熟期与蜕变期四个阶段。这样的划分是为了更清楚反映组织在各个不同生命阶段所具有的共同特征,并以此为基础,确定处于不同生命阶段组织的发展策略。学科组织生命周期理论隐含了如下前提:各个阶段学科发展面临的主导问题和与各个发展阶段相匹配的学科文化是有区别的。学科评价指标权重的动态性正是源于这一前提,它意味着不能以同样的标准衡量处于不同发展阶段的学科组织。由于不同发展阶段的学科组织面临不同的主导性问题,因此各项指标的权重应对应学科组织的成长阶段予以调整。这无疑增加了学科评价指标体系设计的难度,但从服务学科诊断的目的而言又是必要之举。

四、评价结果的导向性

如果能够准确地把握学科作为大学知识劳动组织的属性，我们就可以基于组织诊断的视角，从更宽广的视野看待学科评价。学科评价不仅评价产出成果的学术水平，还可以评价学科战略目标的清晰度、学科组织结构的合理性、学科文化与制度的影响力等。总之，学科评价应当是一种综合评价，除了鉴别、比较功能外，还要承担预测功能、诊断功能。这样，学科评价的结果才能更好地服务于政府或大学的学科建设决策。一旦学科评价被赋予了组织诊断的功能，就不应当只是停留在事实判断的层面，只是评价各学校高等教育学科的产出孰高孰低。从学校学科建设的战略布局角度，学科评价还要基于学校整体的视角，提供关于哪些学科应当重点发展、哪些学科应当布点扶持等决策依据。学科布局需要与高校的类型、能力、特色有效对接，因此学科评价应当站在特定学校的立场上作出相应的价值判断，体现必要的价值导向。

第三节　基于体用结合的学科能力评价指标体系的建构

根据前文所构建的学科能力分析框架，我们把学科能力的构成分为内蕴力、自觉力、外显力三个方面。其中内蕴力与自觉力是学科能力的内在基础，反映的是学科组织的本体状态；外显力是学科能力的外在表现，反映的是学科组织实际发挥的功用。内蕴力、自觉力是因，外显力是果。基于这一基本分析框架，我们可以构建出体用结合的学科能力评价指标体系。

本研究首先基于内蕴力、自觉力、外显力的基本框架,结合课题组多年来对大学学科组织的研究积累,初步设计学科能力评价指标体系。在此基础上,运用德尔菲法对来自高等教育领域的多位专家进行了两轮问卷咨询,来确定指标的关键内容。相关专家主要有两类来源:一是国内大学学科组织发展与评价方面的专家学者,二是具有学科建设、学科评价的丰富实践经验的管理人员。我们主要采用现场发放纸质问卷的方式进行两轮专家咨询,根据筛选标准,先对均值<3.5或变异系数>0.25的指标进行剔除,再根据计算所得的界值并结合专家意见,对原指标进行删减、整合或添加,在数据整理完成后,及时反馈给专家。第二轮咨询中,对于各指标的评价专家意见趋于一致,结束本次专家函询,并根据专家反馈意见对评价指标体系作进一步修改和完善,并最终确定。

一、学科内蕴力的评价指标

组织具有不同的有形和无形要素,这是组织实力的体现。这些要素可以转变成独特的能力,这是组织保持持久活力的源泉。学科是大学的细胞,作为一种学校内部的组织形态,学科的要素总量体现了其整体实力。学科的内蕴力可从资源、制度和声誉三个角度来理解。

(一)资源

学科资源是体现学科内蕴力的核心,同时也是反映学科实力的重要指标。一个好的学科的发展必须有良好的资源,同时还具备源源不断吸收资源的能力。学科资源主要包括科研经费、学科平台、学科资产以及师资队伍。

科研经费 学科发展离不开物质资源的保障,科研经费是学科发展最基本、最重要的物质资源。学科必须有稳定的经费来源,这是开展科研活动的基础。在高等教育竞争日益激烈的今天,只有同时与外部相同的学科中要有优势,才能获得更多的经费支持,在竞争中才能有竞争力。不管是教育学生、聘用教师、科学研究,还是保证大学组织内部各部门的正常运转,均离不开资金的有效支持。历史的经验表明,一流的学科必然拥有一流的经费支持。

学科平台 高校学科平台包括人才培养平台和科研平台,是学校办学特色和办学水平的重要体现。人才培养平台作为本科教育和研究生教育的组织单位发挥人才培养作用。科研平台指以高校为依托或设立在高校的、以开展科学研究为目的的各类型、各层次的科研机构,例如能体现其学科人才培养平台实力的指标有是否为硕士点、博士点,是否入选重点建设计划,而体现学科科研平台水平的指标有是否有国家实验室或工程中心、是否为人文社科重点研究基地等。优势学科平台集聚了科研经费、人才优势和创新能力,为高校师资队伍建设、科研创新和人才培养质量提升提供了基础保障。

学科资产 学科资产主要指以往经费投入所保存的固定资产,包括场地、设备等。学科发展壮大的过程,往往也是学科资产积累的过程。而学科资产积累雄厚,意味着学科科研教学硬环境得到较好保障,有利于学科成员专心投入展人才培养、科学研究等核心工作,也有利于吸引高水平师资与高层次学生。

师资队伍 师资队伍的整体水平是学科发展水平的集中反

映。一所大学或一个学科,只有拥有一批有名望、有实力的教授、学者,才能为提高办学质量和水平提供坚实的基础,从而吸引到优秀学生,并培养出优秀人才,也只有这样创造突出的成果。师资队伍建设的核心是高层次人才尤其是学科带头人的培养和选拔。合理的师资队伍结构是学科建设的有效保障,也是学科群体优势得以发挥的有力支撑。一个优秀的学科,师资队伍需要兼顾数量与质量,要有一定数量的专任教师,同时还要具备拔尖人才或拔尖团队。

(二)制度

学科是由学者构成的知识劳动组织,学科制度是协调成员关系、保障学科目标达成的重要基础。学科制度通常是在学科发展过程中逐渐形成、学科内部人员自觉遵守的规范。制度的优越是无法直接用外显的数据来衡量的,但辉煌成绩的背后必然离不开良好的制度,制度与学科发展是否匹配是彰显学科内部实力的很好体现。学科要有良好的制度保障,这是现代大学组织演变的历史要求,也是建设高水平大学的现实需求。一个学科若没有好的制度,即使曾经强极一时,但随着曾经带头人及核心成员的老去,也可能由盛转衰,但凭借制度的规范性、科学性及相对稳定性,可以帮助学科在以往的基础上沿袭学科优良传统,打造稳定的、持续发挥作用的学科文化。

(三)声誉

相较于制度这种内部评价,学科声誉是一种外部评价。学科声誉是外部对该学科的一种印象,包括社会群体对该学科的印象、同行对该学科的认可度。声誉是一种无形资产,是学科吸收、运用外部资源的有效工具。而声誉也正是学科发展积淀，为社会贡献后遗留下的产物。老牌学科利用声誉持续发展，新兴学科积累声誉蓬勃发展，声誉既是衡量学科外部影响力的重要指标，也是学科苦心发展所追求的目的。

二、学科自觉力的评价指标

梁漱溟先生曾说过，自觉是人类最可宝贵的东西，人类优越的力量正是来源于自觉。作为组织的大学学科也是如此，与学科客观、静态的内蕴力不一样，大学学科自觉力强调的主要是学科为实现自我价值和使命所呈现的自我意识、自我驱动和自我行动的主观能量。学科的自觉力是学科对自身存在的意义、目的、价值的正确认识和取向以及在此基础上的实践活动。学科的内蕴力到底能在多大程度上被释放出来，并最终转化成实实在在的能力和成效，从根本上来说取决于学科的这种自觉力。

（一）使命自觉

学科的使命自觉体现在学科的自我定位与战略规划上，就是对自身使命自始至终的强烈自我意识和自我要求。学科在明确自身的使命后，为了达成使命，将认知转化为行动，充分发挥自身的主观能动性，积极作为，主动担当，这是一个学科迈向成功的基础。而使命自觉主要体现在学科使命、学科战略规划以及学科研究方向三个维度。

学科使命　　学科使命体现了学科组织存在的理由。具有使命自觉的学科往往具有远见与定力，清楚自己的短期和长期目标任务。学科不应该随心所欲，只做自己想做的，一个成熟的学科应该有所担当。学科的使命应与学校的使命相契合，与社会的需求相适应。明确的学科使命会让学科的发展少走弯路，具有辨识度的学科使命可以培育学科特色。

学科战略规划 学科战略规划是对学科使命的具体落实。学科战略规划是学科未来一段时间内基本的、全局的目标、方针、任务的谋划，学科的发展往往围绕战略规划开展实施，战略规划所制定的大方向、总任务会决定学科未来发力的主要方向，因而意义深远。好的学科战略规划应该是清晰的，为学科未来发展指明方向。

学科研究方向 学科研究方向是一个学科主要集中力量探索的领域。成熟期学科组织一般都拥有多个稳定的研究方向。调查结果显示，82.61%的成熟期学科组织的研究方向数量在4个以上，通常理工科类的学科组织研究方向可以达到5-8个，而人文社科类的学科组织研究方向一般在3-5个；仅有14.13%的成熟学科组织的研究方向数量为3个。学科稳定研究方向的数量能体现一个学科是否成熟，是否具备整合各种学术资源的能力，但同时我们也应该考察学科各个研究方向之间的凝练度。

（二）组织自觉

学科的组织自觉是指其对学科组织特性的坚守和对学科组织结构、组织方式合乎理性与使命的选择。学科作为学术组织，有着自身独特的组织逻辑。这就要求学科自觉基于自身的内在逻辑选择组织结构与形态，明确规范学科内部不同组织的目标。学科的组织自觉，学科应该克服行政化的组织冲动，组织应以学术为重，充分发挥基层学术组织的作用，同时保持与政府组织、企业组织适度的距离,避免衙门化与商业化。

组织化程度 学科组织化程度即学科组织的发展程度和组织体系的严密程度,以及个人被纳入到学科组织中的程度。学科组织化程度能够衡量组织成员之间的联系紧密与否以及成员对于组织的归属感与认同感。学科组织化程度主要体现在科学研究过程中学科成员间的合作密切度,组织化程度高,就能促进成员之间的合作,培养团队精神,完成学科使命。

组织结构 组织结构是组织的全体成员为实现组织目标,在管理工作中进行分工协作,在职务范围、责任、权利方面所形成的结构体系。无论哪一个组织,内部的结构对于组织功能的发挥影响重大,合理的组织结构能够让组织运行更加顺畅、高效。我们观测学科组织结构,从静态角度主要考察学科整体与各研究方向的关系、各研究方向内部的横向结构,从动态角度主要考察学科内部的决策运行机制。

(三) 文化自觉

文化自觉是自觉力的重要内容。文化这种无形的力量比其他硬件和财力对大学发展的意义要大得多,它对价值导向、情操陶冶、心理建构、行为约束和集体凝聚意义重大。学科长期发展,会遗留下各种成果,会遗留下学科成员的故事,长此以往,慢慢沉淀下的便是学科的文化,督促后人不断开拓学科事业,将前人的成果再往前推一步。

一流学科需要一流的软实力,学科精神与文化是学科软实力的重要方面,本研究主要从学科精神传承的角度评估学科的文化自觉。学科精神是学科长期发展过程中慢慢沉淀而成的产物,不同学科的学科精神具有明显的个性特征。学科精神是否清晰,学科精神是否影响到学科成员的日常行为,这是判断学科文化自觉程度的主要依据。

三、学科外显力的评价指标

学科的外显力是内蕴力和自觉力的最终呈现,是学科价值的实现方式。学科的内蕴力不管有多大,学科的自觉力不管表现如何积极主动,但如果不能在认识世界和改造世界的实践中产生积极的效果,不能推动经济社会发展和科技创新,那么学科的能力也就失去了现实的意义。

(一)人才培养支撑力

人才培养是大学最主要的职能,而真正落实人才培养的是学科,人才培养质量是体现学科外显力的核心指标,好的学科必然会源源不断地向外输送优秀的人才,为社会服务。

本科生课程　学科组织的重要职责是为本科专业培养提供相应课程,这也是衡量学科能力的重要维度。我们从数量与质量两个维度进行衡量为本科生提供的课程水平:课程方面,主要关注学科能提供的课程数量,尤其是其中各类精品课程(一流课程)的数量;在教师方面,主要关注各类教学名师的数量。

研究生招生　现阶段我国本科生教育更多的是培养学生的人文素养与基础的专业教育,而研究生阶段则更加强调专业教育,培养学生科研能力。学科的研究生招生情况能够一定程度反映学科的影响力和社会的认可度,从报录比、招考比例可以清晰地反映学科的招生情况,也一定程度上可以反应学科的实力。

研究生培养 与本科生的培养直接相关的是学院或系,研究生的培养则与学科直接相关。研究生培养的水平也能折射该学科的实力,而衡量研究生培养水平的指标有招生数、省级优秀学位论文数、挑战杯优秀指导教师等。

(二)科学研究创新力

创新是引领发展的第一动力,是建设现代化经济体系的战略支撑。一所大学的水平和能力在很大程度上取决于其科学研究的创新能力,一流的大学必须有一流的科学研究创新能力,而科学研究的重任是由大学内各个学科所担当的。目前尽管我国高水平大学的论文数量、科研经费投入已位居世界前列,但研究的创新性尤其是具有原创性和重大影响力的成果依然不足,科学研究的创新能力与世界一流大学相比依然有不小的差距。在现阶段,我国科学的科学研究创新力也显得格外重要。

标志性成果的影响力 真正的世界一流学科应该解决世界一流难题,而不是做其他学科也能完成的事情。真正最体现一个学科实力的无疑是标志性成果的影响力,如果一个学科有一项闻名于世的标志性成果,其他的荣誉与成果甚至无需多述,它必然是顶尖的学科。标志性成果也是各学科的永恒追求。标志性成果也可以从是否获得国家自然科学奖、国家科技进步奖、国家技术发明奖以及教育部人文社科奖来衡量。

代表性论文篇均被引数 论文被引次数是衡量科研文献被其他机构认可的标志。论文是科研的副产品,论文早期的作用就是用于同行交流。因此,我们也不以论文数量为标准,而以论文的质量为标准,被引数能较好地反映论文的认可度与影响力。在学科评价中,我们可以由各学科自主提供最具代表性的若干篇论文进行统计,计算篇均被引数,与其他同类学科进行比较。

师均纵向科研经费　师均纵向科研经费反映教师获取纵向课题的情况,一定程度上也能反映教师的科研水平。纵向课题由政府拨款,侧重前瞻性理论研究,任务指标偏向论文、专利,比较有利于反映学科的科研水平。师均的概念可以让不同规模的学科团队比较更加公平,但是评价的难度在于数据的获取难度大。

专利授权　专利授权是衡量理工类学科研究水平的一个重要指标,对其进行评价要重质量而不片面追求数量,可以以合同金额作为观测点,但获取较为全面的数据也较为困难。

(三) 社会服务贡献力

认识世界的目的在于改造世界,知识发现和技术发明的价值在于在多大程度上转化成为实实在在的成果,在多大程度上推动了经济社会和科技的进步。服务于国家、社会发展需求,是大学能力的重要标志。产业结构转型升级的主要动力离不开大学社会服务贡献能力的建设,可以毫不夸张地说,大学能否引领高新技术产业、战略性新兴产业的发展,培育和孵化高成长创新型企业,能否成为国民经济、区域经济发展的源泉,不仅关系到大学社会服务贡献能力的高低,更关系到大学贡献国民经济、区域经济"造血"能力的高低。

产业贡献　学科的社会服务贡献力首先体现在它所直接相对应的行业、产业,能否通过将知识技术成果转化为应用,投入至市场。对于学科而言,我们主要考察技术成果的转化率,也可以通过横向经费的统计也能反映学科对于产业的贡献。部分学科的价值也体现在对于某个行业、产业的变革,通过技术的发展,促进对应行业的发展。

支撑国家战略 世界一流的学科必然要将解决在自身领域内国家战略中面临的困难,这也是提出世界一流学科的意义。我们可以从该校是否入选 CTTI 高校智库百强来衡量该指标,同时也要注重该学科是否获取 973、863(即国家重点研发计划)、重大招标等项目。

行业影响 学科对于行业的影响,可以看出该学科在相对应的行业是否具有影响力,一个强势的学科必然会影响到对应行业的众多方面,例如该学科的技术、专利是否在该行业内被广泛使用,又如学科的代表人物是否在对应的行业协会内就任重要职务。

(四)文化传播引领力

大学是传承人类文明、建设先进文化的重要基地,在文化传承、传播和引领方面发挥着不可替代的作用。具体到学科组织,则应该发挥专业所长,面向公众进行科普引导。例如新冠肺炎疫情期间,中国工程院院士、广州市呼吸疾病研究所所长钟南山每每在群众惊恐、不安之时,在媒体前用科学严谨的语言解答群众的疑问,安定群众的情绪,这是一个科研工作者带给群众的影响。不同的学科在其领域内面临社会问题,也应该在关键时刻解答疑问,提供意见,来稳定社会秩序。因此本研究主要从公众影响的角度衡量文化传播引领力。

(五)国际交流行动力

构建人类命运共同体,共创人类社会美好未来,已成为世界各国对构建新型国际关系的共同期盼,这对高等教育国际交流与合作提出了新的要求。对大学自身来说,在资源全球流动的今天,也只有拥抱世界、放眼全球,才能获取优质资源,才能与国际先进理念和经验接轨,从而有效增强竞争力。"双一流"建设的目标,归根结底是需要通过与世界高等教育的比较、合作和交流才能达成的。

国外访学　国外访学是学科与国际交流的主要形式之一,能够一定程度上反映学科国际化的程度。我们可从教师、学生两个维度出发,统计到国外访学的人数与访问学校的层次水平。

科研国际合作　科研国际合作能够发挥各国优势,解决世界难题。同一学科内,世界各国的同行间都有自身的专长,也有自身的短板,国际的科研合作,能够取长补短,共同开拓学科新纪元。我们可以考察国家自然科学基金国际合作项目数、是否入选高等学校学科创新引智基地(111计划)等。

国际核心期刊论文数　论文发表最早的目的是用于同行之间的交流,而国际核心期刊论文数能够反映学科参与国际间同行交流的程度。我们可以对科睿唯安 InCites 数据库、Web of Science 数据库的论文进行统计。

国际会议　参与国际会议是能够同国际同行间直接面对面交流,是提升学术水平的一种良好方式,同时也能将学科的观点同国际同行分享,不断完善。

留学研究生培养　学科间的国际交流也包括留学生的人才培养,留学生的人才培养质量较难衡量,该指标较侧重对于留学研究生数量的统计。从我国留学生培养现状出发,本研究倾向于以学术型留学研究生培养规模作为衡量留学生培养质量的主要观测点。

表 3.3　学科能力评价指标体系的基本框架

	一级指标	二级指标	三级指标
学科能力评价指标体系	内蕴力	学科资源	科研经费
			学科平台
			学科资产
			师资队伍
		学科制度	内部制度
		学科声誉	外部评价
	自觉力	使命自觉	学科使命
			学科战略规划
			学科研究方向
		组织自觉	组织化程度
			组织结构
		文化自觉	学科精神传承
	外显力	人才培养支撑力	本科生课程
			研究生招生
			研究生培养
		科学研究创新力	标志性成果影响力
			代表性论文篇均他引次数
			师均纵向科研经费
			专利授权
		社会服务贡献力	产业贡献
			支撑国家战略
			行业影响
		文化传播引领力	公众影响
		国际交流行动力	教师国外访学人次
			科研国际合作开展
			高影响力国际期刊论文数
			主办国际会议场次
			学术型留学研究生培养人次

综上所述，本研究基于对大学学科能力的内涵、外延的理解，构建了学科能力评价指标体系基本框架（表3.3）。这一框架充分体现了"体用结合"的思路，在指标设置中除了包含常见的产出性指标外，还增设了用以衡量学科组织本体发展状态的观测指标，以便更好地实现评建结合的目的。

第四章
大学学科能力评价指标体系的应用
——以 Z 省地方高校一流学科（A 类）为例

第一节　Z 省地方高校一流学科（A 类）整体发展状态评价

一、评价方案设计

在国家推进世界一流大学和一流学科建设的总体布局下，Z 省于 2016 年正式推出"十三五"省一流学科建设计划，以取代原有的省重点学科建设计划。一流学科建设的总体目标是：到 2020 年，力争全省高校有 40 个以上的一级学科进入全国前 10%、100 个以上的一级学科进入全国前 30%；50 个学科进入全球 ESI 排名前 1%，部分学科进入全球 ESI 绝对排名前 500 名，并力争省属高校在全球 ESI 排名前 1‰取得突破。方案确定具体建设任务包括：凝炼一流学科方向，培养一流拔尖人才，集聚一流师资队伍，产出一流科研成果，提高学科国际化水平。截至2020年12月，"十三五"Z省一流学科建设周期已满，学科建设的总体成效如何？入选学科的整体发展状态怎样？本节拟用上一章确立的学科能力评价指标体系，对"十三五"Z省一流学科A类群体开展面上评价。

由于上一章所构建的学科能力评价指标体系中包含部分主观评价类指标，如学科制度、学科声誉、使命自觉、组织自觉、文化自觉等二级指标，这类指标主要依靠学科成员等相关主体实施主观评价赋分获取，而无法通过公开数据直接获取，因此不适合以横向比较排名为目的的评价形式。从大规模横向比较的可操作性角度出发，学科评价指标的选取要兼顾数据采集成本与指标覆盖完整性，在研究过程中，将上述二级指标剔除后，形成简化版学科评价指标体系（表4.1），该指标体系由内蕴力与外显力两项一级指标构成，同时在三级指标及相应观测点的选择上，尽可能采用数据获取难度较低、数据权威性较高的项目。此次评估中，根据本研究团队对学科能力的来源与表现方式的基本判断，对相关指标进行赋权。指标权重主要体现本研究团队的评价导向，总体均衡配置，相对突出现实贡献与人才培养能力（用于不同评价目的时，权重可根据需要调整，以体现评价的导向性）。这一简化版学科评价指标体系主要适用于以比较排名为目的的学科评价类型，但由于剔除了学科能力的内生性影响指标，该评价指标体系不具备学科发展诊断功能。

表 4.1 基于比较排名目的的学科能力评价指标体系

一级指标（权重）	二级指标（权重）	三级指标及数据观测点		
内蕴力（50%）	学科资源（50%）	重点实验室或工程中心数量（10%）	国家级（10%）	有或无
			省部级（4%）	有或无
		人文社科重点研究基地数量（10%）	教育部（10%）	有或无
			省部级（4%）	有或无
		学位点数量（10%）	博士（10%）	有或无
			硕士（4%）	有或无
		入选重点建设计划情况（20%）	国家一流学科（20%）	是或否
			省重点建设计划（10%）	是或否
外显力（50%）	人才培养质量（5%）	人才培养突出成果（5%）	近2年指导学生获得挑战杯国家奖（2%）	统计人数
			近3年省级优秀学位论文总数（3%）	统计篇数
	科学研究创新力（25%）	标志性成果影响力（19%）	近3年获国家级一等奖及以上（10%）	统计项数
			近3年获国家级二等奖（6%）	统计项数
			近3年获国家级三等奖（3%）	统计项数
		教师学术影响力（6%）	本年度入选爱思唯尔中国高被引学者榜单人数（6%）	统计人数
	社会服务贡献力（15%）	支撑国家战略贡献力（15%）	近3年主持国家重点研发计划项目数、国家社科重大招标或教育人文社科重大攻关课课题数（15%）	统计项数 统计项数

续表

一级指标（权重）	二级指标（权重）	三级指标及数据观测点	
外显力（50%）	国际交流行动力（5%）	科研国际合作的开展（5%）	近3年国家自然科学基金国际合作项目数（3%）	统计项数
			是否入选高等学校学科创新引智基地（111计划）（2%）	是或否

基于上述评价指标体系,本研究以入选Z省一流学科建设A类学科的78个地方高校学科为对象①,所有相关数据均通过学校官网或相关政府部门官网查找获取,数据统计周期以近3年（2018—2020）为界。考虑到由于学科类型不同,各项指标数据会有较大差异,为了增加学科间的可比性,以下分析按照人文社科、理工农医两大类分别展开,其中人文社科类学科共计27个,理工农医类学科共计51个。

二、Z省地方高校理工农医一流A类学科发展现状评估

纳入此次评估的共有来自16所地方高校的51个学科（表4.2）,评估中依据表所列指标体系,对各学科相关数据进行人工采集,按照内蕴力、外显力两大一级指标对结果进行分析比较。

---

① 该省另一所教育部直属的Z大学共有20个学科入选Z省"十三五"一流学科建设(A类),主要为国家一流学科,学科层次与水平大幅领先其他地方高校A类学科,因此本研究仅针对地方高校A类学科群体。

表 4.2　Z 省地方高校理工农医一流 A 类学科名单

所属学校	学科名称
GY 大学	机械工程、生物工程、药学、材料科学与工程、化学工程与技术、控制科学与工程、环境科学与工程、计算机科学与技术
NL 大学	林学、林业工程、生态学
ZYY 大学	中医学、中药学、中西医结合
YK 大学	医学技术、药学、生理学
WZ 大学	化学
Z 师范大学	化学、物理学、心理学、数学、生物学、软件工程
HY 大学	海洋学、水产学
DZKJ 大学	电子科学与技术、计算机科学与技术、控制科学与工程、数学
LG 大学	纺织科学与工程、机械工程、材料科学与工程、化学、数学
JL 大学	仪器科学与技术、控制科学与工程
GS 大学	食品科学与工程、统计学
W 学院	生物工程
H 师范大学	化学、生物学、心理学、数学
N 大学	信息与通信工程、水产学、电子科学与技术、力学、物理学
CJ 大学	统计学
CM 学院	信息与通信工程

（一）内蕴力一级指标整体表现

内蕴力指标主要反映学科发展过程中的平台要素支撑情况，相对于人文社科类学科，理工农医类学科在平台要素支撑方面主要关注各类实验室或工程中心建设情况、硕博士学位点建设情况以及入选政府重点学科建设计划情况等方面。

重点实验室或工程中心　在上述 51 个学科中,有国家级重点实验室或工程中心的学科有 10 个,有省部级重点实验室或工程中心的学科有 23 个。将国家级重点实验室或工程中心指标赋值 10 分,省部级重点实验室或工程中心指标赋值 4 分,在此项三级指标中，所有学科可归为三档：第一档得分10分，共有10个学科，占比为19.6%；第二档得分4分，共有23个学科，占比为45.1%；第三档得分为0，共有18个学科，占比为35.3%（表4.3）。总体上，有66%的学科建有省部级以上重点实验室或工程中心，其中GY大学有三个学科（机械工程、生物工程、药学）建有国家级重点实验室或工程中心，此项指标在15所学校中整体表现最优。

表4.3 重点实验室或工程中心指标各学科分布情况

层次	学科
第一层次（10分，建有国家级重点实验室或工程中心）	GY大学机械工程、生物工程、药学；NL大学林学、林业工程；ZYY大学中医学、中药学；YK大学医学技术；Z师范大学化学；HY大学海洋学
第二层次（4分，建有省部级重点实验室或工程中心）	GY大学材料科学与工程、化学工程与技术、控制科学与工程；DZKJ大学电子科学与技术；W大学化学；医科大学药学；Z师范大学物理学、生物学；HY大学水产学；LG大学纺织科学与工程、机械工程、材料科学与工程、化学；JL大学仪器科学与技术；GS大学食品科学与工程；W学院生物工程；H师范大学化学、生物学、心理学；N大学信息与通信工程、水产学、电子科学与技术、力学
第三层次（0分，无省部级以上重点实验室或工程中心）	GY大学环境科学与工程、计算机科学与技术；DZKJ大学计算机科学与技术、控制科学与工程、数学；NL大学生态学；ZYY大学中西医结合；YK大学生理学；Z师范大学心理学、数学、软件工程；LG大学数学；JL大学控制科学与工程；GS大学统计学；CJ大学统计学；H师范大学数学；N大学物理学；CM学院信息与通信工程

学位点 在上述51个学科中，具有博士学位授予权的单位有29个，共50个学科具有一级学科硕士硕士学位授予权。将博

士学位指标赋值10分,硕士学位指标赋值4分,在此项三级指标中,所有学科可归为三档:其中第一档得分为10分,共有29个学科,占比为56.9%;第二档得分为4分,共有21个学科,占比为41.2%(表4.4)。总体上,在学位点建设方面,各个学科普遍具有一定的条件基础,接近六成学科具有博士学位授予权,为开展科学研究与人才培养提供了较好的支撑条件。

表4.4 学位点建设指标各学科分布情况(理工农医)

层次	学校学科
第一层次(10分,具有博士学位授予权)	GY大学化学工程与技术、环境科学与工程、机械工程、计算机科学与技术、控制科学与工程、生物工程、药学;DZKJ大学电子科学与技术、计算机科学与技术、控制科学与工程;NL大学林学、林业工程;ZYY大学中医学、中药学、中西医结合;医科大学药学、生理学;Z师范大学化学、心理学、数学、物理学;LG大学纺织科学与工程、机械工程、材料科学与工程;GS大学统计学、食品科学与工程;N大学信息与通信工程、水产学、力学
第二层次(4分,具有硕士学位授予权)	GY大学材料科学与工程;DZKJ大学数学;NL大学生态学;YK大学医学技术;W大学化学;Z师范大学生物学、软件工程;HY大学海洋学、水产学;LG大学数学、化学;JL大学仪器科学与技术、控制科学与工程;CJ大学统计学;W学院生物工程;H师范大学化学、生物学、心理学、数学;N大学电子科学与技术、物理学

入选重点建设计划情况 由于本次评估剔除了Z师范大学相关学科,因此在剩余51个学科中,仅有N大学力学学科入选国家一流学科建设计划,其余50个学科均入选省级一流学科建设计划。因此,在此项三级指标中,N大学力学学科得分为20,其余学科均为10分。此项指标也反映出Z省地方高校学科整体发展水平在国内还较落后,有实力冲击国家一流水平的学科较少。

（二）外显力一级指标整体表现

学科的外显力是学科能力的最终呈现，是学科组织的知识生产活动在认识世界和改造世界的实践中所产生的积极效果，学科外显力表明学科组织在推动经济社会发展和科技创新等方面所发挥的作用大小。在本次评估中，学科外显力由人才培养质量、科学研究创新力、社会服务贡献力、国际交流行动力四项二级指标构成。

人才培养质量　　人才培养质量主要以两类成果衡量，一是近2年指导学生获"挑战杯"大学生课外科技作品大赛国家奖次数；二是近3年指导学生或省级优秀学位论文总数，该项指标在赋分时将得奖频次最高的学科计满分，其他学科按比例赋分，两项合计满分5分。总体上，该指标GY大学机械工程学科得分最高，为4.3分，该学科近2年指导学生获"挑战杯"大学生课外科技作品大赛国家奖2次（在所有学科中最多），近3年获得省级优秀学位论文5篇（所有学科中Z师范大学数学学科最多，共7篇）。此外，共有12个学科此项二级指标得分为0，显示学科发展对于人才培养的支撑作用发挥不够充分。

科学研究创新力　　科学研究创新力主要从标志性成果影响力与教师学术影响力两个维度评价，其中，标志性成果影响力主要以科研成果获国家奖次数衡量，教师学术影响力以入选爱思唯尔中国高被引学者榜单人数衡量。在标志性成果影响力方面，上述51个学科中，没有学科获得过国家三大奖一等奖，因此此项指标总分10分中，实际最高得分为6分，共有6个学科获1次二等奖，分别是GY大学化学工程与技术学科、NL大学林学学科、

LG大学纺织科学工程学科、GS大学食品科学与工程学科、H师范大学生物学学科、YK大学药学。其余45个学科则无国家三大奖获奖记录。在教师学术影响力方面,以本年度入选爱思唯尔中国高被引学者榜单人数为依据进行赋分。上述51个学科中,Z师范大学数学学科共有两人入选高被引者榜单,为全部学科中最高,赋予满分5分;N大学物理学学科、N大学水产学科、N大学信息与通信工程、H师范大学数学学科、Z师范大学化学学科并列第二,各有一人入选,分别获得赋分2.5分;其余45个学科此项指标为0分。

社会服务贡献力　理工农医类学科在社会服务贡献力方面,主要依据近3年主持的国家重点研发计划项目数进行评价,主持相关重大课题数目越多,说明该学科在支撑国家战略方面贡献越大。经统计,GY大学的药学学科、HY大学的海洋学科主持项目最多,为2项,得分最高,赋分满分15分;其次是GS大学的食品科学与工程学科,GY大学的环境科学与工程学科、机械工程学科、生物工程学科、HY大学的水产学科、海洋学科,H师范大学的生物学学科,NL大学林学,各主持1项,得分7.5分。此外其余41个学科此项指标为0分。

国际交流行动力　国际交流行动力方面,主要依据近3年承担国家自然科学基金国际合作项目数与入选教育部高等学校学科创新引智基地(111计划)情况作为评价观测点。在近3年获国家自然科学基金国际合作项目数方面,得分最高的是GS大学的统计学学科,共计合作项目3项,赋分满分3分;其次是DZKJ大学的电子科学与技术学科、计算机科学与技术学科,N大学的电子科学与技术学科、力学学科，各合作一项，各赋分1分。在入选教育部高等学校学科创新引智基地（111计划）方面，共计包括GY大学的药学学科，DZKJ大学的控制科学与工程学科，NL大学的林学、生态学和林业工程学科，Z师范大学的化学、数学学科，N大学的信息与通信工程、水产学科等在内的9个学科入选，占所有学科总数的17.6%，上述学科此项指标各得2分。综合考察上述两项指标的得分情况，Z省理工农医类一流A类学科在参与国际学术交流方面尚有较大的提升空间。

（三）评估结果

综合上述各项指标的得分情况，可以获得各学科总得分，根据得分情况将上述51个学科分为四个梯队，第一梯队学科得分在40分以上，共计6个学科，按照本研究构建的评估标准，这些学科能力特别突出；第二梯队学科得分在30—40分之间，共有10个学科；第三梯队学科得分在20—30分之间，共有25个学科；第四梯队学科得分在20分以下，共有10个学科（表4.5）。

表4.5 Z省地方高校理工农医一流A类学科评估得分分布情况

梯队	学科名称
第一梯队 （40分以上）	NL大学林学、GY大学药学、GY大学机械工程、GS大学食品科学与工程、GY大学生物工程、Z师范大学化学
第二梯队 （30—40分）	N大学力学、NL大学林业工程、LG大学纺织科学与工程、ZYY大学中医学、ZYY大学中药学、GS大学统计学、H师范大学生物学、海洋大学海洋学、Z师范大学心理学、YK大学药学
第三梯队 （20—30分）	GY大学控制科学与工程、N大学信息与通信工程、N大学水产学、GY大学化学工程与技术、Z师范大学物理学、LG大学材料科学与工程、GY大学材料科学与工程、GY

续表

梯队	学科名称
第三梯队 （20—30分）	大学环境科学与工程、HY大学水产学、DZKJ大学控制科学与工程、Z师范大学数学、LG大学机械工程、DZKJ大学电子科学与技术、DZKJ大学计算机科学与技术、YK大学医学技术、JL大学仪器科学与技术、LG大学化学、H师范大学化学、H师范大学数学、W大学化学、N大学电子科学与技术、ZYY大学中西医结合、YK大学生理学、GY大学计算机科学与技术、Z师范大学生物学
第四梯队 （20分以下）	H师范大学心理学、N大学物理学、W学院生物工程、JL大学控制科学与工程、DZKJ大学数学、NL大学生态学、LG大学数学、CJ大学统计学、Z师范大学软件工程、CM学院信息与通信工程

注：上表中同一梯队学科按得分由高到低顺序排列。

三、Z省地方高校人文社科类一流A类学科发展现状评估

纳入此次评估的共有来自12所地方高校的27个学科（表4.6），同样依据表4.1所呈现的指标体系，对各学科相关数据进行人工采集，按照内蕴力、外显力两大一级指标对结果进行分析比较。

表4.6　地方高校人文社科一流A类学科名单

所属学校	学科名称
GY大学	应用经济学、工商管理
GS大学	应用经济学、工商管理、管理科学与工程、外国语言文学
MS学院	艺术学理论、美术学、设计学
Z师范大学	马克思主义理论、中国语言文学、中国史学、教育学、政治学
H师范大学	中国语言文学、外国语言文学、艺术学理论、公共管理
N大学	法学、应用经济学
W大学	中国语言文学

续表

所属学校	学科名称
CM 学院	戏剧与影视学、新闻传播学
LG 大学	设计学
YY 学院	音乐与舞蹈
JL 大学	管理科学与工程
CJ 大学	应用经济学

（一）内蕴力一级指标整体表现

内蕴力指标主要反映学科发展过程中的平台要素支撑情况，人文社科类学科在该项一级指标上主要考察省部级以上人文社科重点研究基地建设情况、硕博士学位点建设情况以及入选政府重点学科建设计划情况等。

人文社科重点研究基地与重点实验室建设情况　上述 27 个学科均未建有教育部人文社科重点研究基地，其中 GY 大学应用经济学与工商管理、GS 大学工商管理与应用经济学、H 师范大学艺术学理论与中国语言文学、N 大学应用经济学与法学、W 大学中国语言文学、Z 师范大学中国语言文学、CJ 大学应用经济学、JL 大学管理科学与工程、MS 学院艺术学理论等 14 个学科建有省级人文社科重点研究基地。此外，MS 学院艺术学理论学科、LG 大学设计学学科建有省部级重点实验室。该项指标具体得分情况见表 4.7。

学位点　在上述 27 个学科中，具有博士学位授予权的单位有 11 个，除传媒学院戏剧与影视学外，其余学科均具有一级学科硕士硕士学位授予权。将博士学位指标赋值 10 分，硕士学位指标赋值 4 分，在此项三级指标中，所有学科可归为二档：其中第一档得分为 10 分，共有 11 个学科，占比为 42%；第二档得分为

4分,共有15个学科,占比为55.6%;第三档得分为0,共1个学科(表4.8)。总体上,在学位点建设方面,各个学科普遍具有一定的条件基础,但与理工农医类学科相比,人文社科类学科中具有博士学位授予权的比例明显偏少。

表 4.7　人文社科重点研究基地与重点实验室各学科分布情况

层次	学科
第一层次(10分,建有教育部人文社科重点研究基地或国家级重点实验室或工程中心)	无
第二层次(4分,建有Z省人文社科重点研究基地或省部级重点实验室或工程中心)	GY大学应用经济学和工商管理、GS大学工商管理和应用经济学、H师范大学艺术学理论和中国语言文学、N大学应用经济学和法学、W大学中国语言文学、Z师范大学中国语言文学和教育学、CJ大学应用经济学、JL大学管理科学与工程、MS学院艺术学理论、LG大学设计学、CM学院新闻传播学
第三层次(0分,无Z省人文社科重点研究基地或省部级重点实验室或工程中心)	GS大学管理科学与工程和外国语言文学,MS学院美术学和设计学,Z师范大学马克思主义理论中国史学,政治学、H师范大学外国语言文学、艺术学理论和公共管理,YY学院音乐与舞蹈、CM学院戏剧与影视学

入选重点建设计划情况　上述27个学科中,仅有MS学院美术学科入选国家一流学科建设计划,其余26个学科均入选省级一流学科建设计划。因此,在此项三级指标中,MS学院美术学科得分为20,其余学科均为10分。此项指标同样反映出Z省地方高校人文社科类学科整体发展水平在国内还较落后。

表 4.8 学位点建设指标各学科分布情况（人文社科）

层次	学校学科
第一层次（10分，具有博士学位授予权）	GY 大学应用经济学和工商管理，GS 大学工商管理、应用经济学和外国语言文学，MS 学院艺术学理论、美术学和设计学，Z 师范大学中国语言文学、中国史学和教育学
第二层次（4分，具有硕士学位授予权）	N 大学应用经济学和法学，W 大学中国语言文学，CJ 大学应用经济学，JL 大学管理科学与工程，LG 大学设计学，GS 大学管理科学与工程、Z 师范大学马克思主义理论和政治学、H 师范大学中国语言文学、外国语言文学、艺术学理论和公共管理，YY 学院音乐与舞蹈，CM 学院新闻传播学
第三层次（0分，无硕士学位授予权）	CM 学院戏剧与影视学

（二）外显力一级指标整体表现

与理工农医类学科评估指标基本相同，本次评估中的学科外显力同样由人才培养质量、科学研究创新力、社会服务贡献力、国际交流行动力四项二级指标构成。

人才培养质量　人才培养质量有两个观测点，分别为近 2 年指导学生获"挑战杯"大学生课外科技作品大赛国家奖数量和近 3 年指导研究生获省级优秀学位论文数量。在全部 27 个学科中，近 2 年指导学生获"挑战杯"大学生课外科技作品大赛国家奖的学科共计有 5 个（各获奖 1 次）。近 3 年获省级优秀学位论文的学科共计有 13 个，其中 MS 学院艺术理论学科获 4 次，W 大学中国语言文学、Z 师范大学中国语言文学和中国史、MS 学院美术学等学科各获 3 次（表 4.9）。

表 4.9 人才培养质量指标得分分布情况（人文社科）

层次	学校学科
第一层次（3分）	MS 学院艺术学理论、GS 大学应用经济学、N 大学法学
第二层次（2.25分）	W 大学中国语言文学、Z 师范大学中国语言文学和中国史学、MS 学院美术学
第三层次（2分）	Z 师范大学马克思主义理论、GS 大学工商管理、H 师范大学中国语言文学
第四层次（1.5分）	Z 师范大学教育学、MS 学院设计学
第五层次（1分）	GS 大学管理科学与工程、CJ 大学应用经济学、H 师范大学外国语言文学和艺术学理论

注：其余 11 个学科此项指标得 0 分。

科学研究创新力 科学研究创新力同样从标志性成果影响力与教师学术影响力两个维度评价，其中，标志性成果影响力主要以科研成果获国家奖次数衡量（由于人文社科领域没有国家级奖项，此处以教育部人文社会科学优秀成果奖代替），教师学术影响力以入选爱思唯尔中国高被引学者榜单人数衡量。首先，在标志性成果影响力方面，上述 27 个学科中，没有学科获得过教育部人文社会科学优秀成果一等奖，共有 9 个学科获二等奖，其中 H 师范大学外国语言文学、N 大学应用经济学各获 2 次（此项指标按满分 10 分赋分），其余 7 个学科按 6 分赋分。3 个学科获得 1 次三等奖（赋分 3 分）。其余 15 个学科则无国家奖获奖记录。其次，在教师学术影响力方面，以本年度入选爱思唯尔中国高被引学者榜单人数为依据进行赋分。上述 27 个学科中，本年度没有学者入选，因此此项指标均为 0 分（表 4.10）。

表 4.10　科学研究创新力指标得分分布情况（人文社科）

层次	学校学科
第一层次（10分）	H师范大学外国语言文学、N大学应用经济学、GY大学工商管理
第二层次（6分）	Z师范大学政治学、教育学、中国语言文学和中国史，JL大学管理科学与工程，GS大学管理科学与工程，H师范大学艺术学理论
第三层次（3分）	Z师范大学中国语言文学、CM学院戏剧与影视学、H师范大学中国语言文学

注：其余16个学科此项指标得0分。

社会服务贡献力　社会服务贡献力方面，主要依据近3年主持的国家社科重大招标、教育部人文社科重大攻关课题数进行评价，主持相关重大重点课题数目越多，说明该学科在支撑国家战略方面贡献越大。经统计，上述27个学科中，近3年主持国家社科重大招标或教育部人文社科重大攻关课题的学科有9个，其中H师范大学艺术学理论与中国语言文学学科各获两项（赋分15分）。此外其余18个学科此项指标为0分（表4.11）。

表 4.11　社会服务贡献力指标得分分布情况（人文社科）

层次	学校学科
第一层次（15分）	H师范大学艺术学理论和中国语言文学
第二层次（7.5分）	GY大学工商管理、Z师范大学中国史学和中国语言文学、H师范大学外国语言文学、JL大学管理科学与工程、CM学院戏剧与影视学、GS大学工商管理

注：其余18个学科此项指标得0分。

国际交流行动力　国际交流行动力方面，主要依据近3年承担国家自然科学基金国际合作项目数与入选教育部高等学校学科创新引智基地（111计划）情况作为评价观测点。在此2项指标中所有学科得分为0分。其中，教育部高等学校学科创新引智基地虽以理工农医类学科为主，但也有一定数量面向人文社科类学科，Z省地方高校人文社科类一流A类学科在此项指标上挂零，在一定程度上反映出学科国际化水平整体不高。

（三）评估结果

综合上述各项指标的得分情况，可以获得各学科总得分，根据得分情况将上述27个学科分为三个梯队：第一梯队学科得分在40分以上，共计3个学科，按照本研究构建的评估标准，这些学科能力特别突出；第二梯队学科得分在20—40分之间，共有18个学科；第三梯队学科得分在10—20分之间，共有6个学科（表4.12）。

表4.12 地方高校人文社科一流A类学科评估得分分布情况

梯队	学科名称
第一梯队（40分以上）	H师范大学中国语言文学、GY大学工商管理、H师范大学艺术学
第二梯队（20—40分）	Z师范大学中国语言文学、GS大学工商管理、H师范大学外国语言文学、MS学院美术学、JL大学管理科学与工程、Z师范大学教育学和中国史、N大学应用经济学、MS学院艺术学理论、GS大学应用经济学、GY大学应用经济学、MS学院设计学、GS大学管理科学与工程、N大学法学、CM学院戏剧与影视学、W大学中国语言文学、GS大学外国语言文学、Z师范大学政治学
第三梯队（10—20分）	CJ大学应用经济学、LG大学设计学、CM学院新闻传播学、Z师范大学马克思主义理论、H师范大学公共管理、YY学院音乐与舞蹈

注：上表中同一梯队学科按得分由高到低顺序排列。

四、评估结果分析与讨论

以上通过本研究所构建的学科能力评价指标体系（表 4.1）分别对 Z 省地方高校理工农医类、人文社科类一流建设（A 类）学科进行整体评价，并得出学科能力层次分布现状。通过本次评估，可以发现 Z 省地方高校一流建设（A 类）学科能力存在以下特点：第一，一流 A 类学科群体内部存在明显能力分化。按照最初的建设定位，一流 A 类学科旨在打造国内领先、国际先进的高水平学科。从建设期满后学科能力现状看，位于第一梯队的头部学科确实在整体或某方面达到了国内领先水平，但位于最末梯队的学科普遍上缺少国家层面的竞争优势，导致地方高校一流 A 类学科总体呈现"高原不高"的现象。第二，人文社科类学科的平台基础整体弱于理工农医类学科，主要表现在两个方面：理工农医类学科 58% 建有博士点，而人文社科类学科仅有 42%，差距明显；理工农医类学科共有 11 个国家级研究平台，人文社科类学科为 0 个。第三，学科的科学研究能力与人才培养能力尚未实现同步发展。科教融合、教研相长是提升学科创新能力的必然要求，但在本次评估中发现，在学科外显力的两项二级指标中，人才培养质量与科学研究创新力表现排名前列的学科较少重合，有的学科以科学研究见长，有的学科注重人才培养，实现两者同步高水平发展的学科较少。第四，学科国际化水平整体偏低。提高学科国际化水平是一流学科建设的目标任务之一，通过本次评估发现，在国际交流行动力指标上有得分的学科仅有 13 个，并且全部为理工农医类学科。一流 A 类学科要达到国际先进水平，必须更加积极参与国际科技合作。

第二节　Z 省一流学科 A 类建设学科的个案诊断评价
　　　　——以 G 大学 A 学科为例

一、基本思路与过程

尽管当下人们对于学科评价与排名的关注度日益提高,但现有学科评价实践存在目的单一、功能局限的普遍缺陷。多数学科评价都是出于比较排名的目的,主要评价学科的知识产出成果,是一种终结性评价。但知识产出成果本身只能反映过去,难以预估将来;它能彰显成绩与不足,但却不能揭示原因。因此,基于学校或者学科自身的立场,除了有兴趣知晓自身在同类学科中的相对位置之外,更加渴望发现其背后的内在决定因素,即学科组织本体层面的影响因素。这恰恰是当前学科评价存在的盲区,本研究针对这一现象,在"以评促建,评健结合"的基本思路下,构建"体用结合"的学科能力评价指标体系,有助于开展诊断式评价。

在开展了 Z 省一流建设（A 类）学科的面上评估后,本研究选取其中的 G 大学 A 学科为个案,应用上一章所构建的学科能力评价分析框架（表 3.3）,从内蕴力、自觉力、外显力等三个维度对该学科进行深入的个案剖析,对学科资源要素、学科理念战略、学科成果产出等作出综合的诊断式评价,从学科组织本体发展的角度,分析学科发展的优势与不足,对下一阶段的学科建设方向提出具体意见,以期达到"以评促建"的效果。

G 大学 A 学科始建于 1976 年,1981 年通过挂靠相近学科开始招收硕士研究生，1998年成功申请第一个硕士学位点，2011年实现了一级学科博士学位点的突破，2007年建立了博士后流动站；2005年创立了特种装备制造与先进加工技术教育部重点实验室，2008年设立了Z省特种装备制造与先进加工技术重点实验室。下属两个二级学科2004年双双入选Z省第一批重中之重学科，并以优秀成绩通过验收。2011年A学科入选Z省第一批一级学科重中之重学科，2016年入选一流学科建设A类学科，在全国第四轮学科评估中获得B+。学科现有教师176名（160名已获博士学位），其中教授等正高人员60名、博士生导师32名。

本次诊断评估主要由课题组成员、A学科所在学院领导、A学科及方向团队带头人合作开展。评估中首先由A学科先期提供参与第五轮学科评估的正式报告、近5年学科年度总结等材料；随后开展学科成员问卷调查，主要针对学科组织的使命自觉、文化自觉、组织自觉二级指标，由学科成员进行主观评价打分，共回收有效问卷40份，其中教授、副教授、讲师占比分别为27.5%、35%、37.5%。在此基础上，研究团队与所在学院主管领导与部分学科成员进行了个别访谈。根据上述评估原始材料，结合学科能力评价指标体系，形成具体的诊断评估报告。

二、A学科内蕴力分析

（一）学科资源

1.科研经费

（1）纵向项目经费

A学科在2016—2020年间，共获国家级科研项目107项，合同经费约1.16亿,单项最高经费达3618万元。其中,国家重点研发计划(项目)1项,国家重点研发计划(课题)9项,国家重点研发计划(子课题)5项,国家自然科学基金(国家重大科研仪器研制项目)1项,国家自然科学基金(重点项目)1项,国家自然科学基金(联合基金(重点支持项目))2项,国家自然科学基金(面上项目)44项,国家自然科学基金(青年科学基金项目)40项。在省级的科研项目中,合同经费超过百万的也有10项,单项最高合同经费达1200万元。在科研经费的总量上,A学科的科研经费呈现上升趋势。近5年,学科科研经费到款共计约3.5亿元,其中纵向经费约1.4亿元;师均科研经费到款约199万元,师均纵向科研经费到款约79.5万元。

总体上,A学科科研经费到款在Z省一流A类学科中居于领先地位,但是相较于国内相同顶尖学科年科研经费超过3亿,仍有不小的差距。另一方面,在纵向项目的层次上,高层次的项目较少,解决重大问题的能力偏弱,介入国家和Z省重大工程能力稍显不足。

(2)横向项目经费

A学科借助横向项目将自身的优势与国家战略、地方发展紧密结合,面向区域产业集群,服务制造业转型升级。与地方政府、企业共建了8个产业技术研究院,吸引20余位国外专家来华工作,联合突破一批共性技术,改造提升一批传统技术,并大量应用于汽轮机、航空发动机、医疗器械等高端装备与核心部件。服务企业500余家,解决重大技术难题300余项,提升经济效益超50亿。2016—2020年,立项企业委托项目1179项,到款总额约2.1亿,专利转化194件,服务地方的科研经费占学科总经费60%以上。获国家科技进步奖、省部级科技进步一等奖等科技奖励20余项、国家专利优秀奖2项。

总体上,A学科横向经费获取能力较为突出,将自身的发展与地方经济发展较为紧密结合,在自身发展的同时,为地方企业提供技术支持,解决了企业发展中碰到的众多问题,提升了企业的经济效益。在这一过程中,学科具备了较强的资源吸附能力,学科发展过程中已经具备自我"造血"能力。

2. 学科平台

(1) 科研平台

A学科拥有省部级以上科研平台8个,教育部重点实验室1个,其他校级科研平台6个。从拥有平台的数量和覆盖面来说,能适应A学科下不同研究方向的发展,能为各研究方向提供设备、技术支持,并且为促进学科会聚提供了条件。从科研平台的层次上来看,拥有省部级以上等高层次科研平台越多,越能吸引、聚集和培养一批优秀的学术人才,推动学科可持续发展。从这一角度分析,虽然A学科拥有一批较高层次的科研平台,覆盖了学科绝大多数的研究方向,但是缺乏国家重点实验室、国家工程研究中心等高层级研究平台的支撑。而第四轮学科评估中相同学科评分为A+的四个学科都拥有国家重点实验室,在此基础上承接了众多重大项目,产生了一系列标志成果。高层级科研平台的缺失让A学科的发展受到了一定的局限,不利于承接重大项目、产出具有重大影响力的标志性成果。

就主观认知方面看,学科成员总体上对学科提供的条件资源持肯定性态度,两项评价中肯定性观点占比均超过70%,但不同群体的态度有显著差别,如在讲师群体中,46.7%的学科成员对仪器设备方面的支撑作用持否定性评价。

表4.13 学科成员对学科平台条件资源的主观判断情况

评级 项目	完全符合	比较符合	基本符合	不太符合	完全不符合
办公场地能满足日常办公需要	30%	22.5%	32.5%	12.5%	2.5%
仪器设备配置能够满足我的项目研究需要	10%	32.5%	27.5%	27.5%	2.5%

(2)学位点

A学科1981年通过挂靠相邻学科开始招收硕士研究生,1998年成功申请第一个硕士学位点,2011年实现了一级学科博士学位点的突破,形成了本、硕、博三个层次的人才培养结构。发展至今,2016至2020年A学科平均每年在校博士生达127人,在校硕士生347.8人,已经具备了一定的规模(表4.14)。专任教师生师比达3.2∶1,硕士生导师生师比为5.9∶1,支撑研究生教育的师资也较为充裕。总体上,相关学位点已经能为学科发展提供稳定支撑。

表4.14 2016—2020年A学科在校生总数

年份	博士在校生人数	硕士在校生人数
2016	118	339
2017	131	340
2018	127	347
2019	130	348
2020	129	365

3. 学科资产

学科资产主要包括场地资源与教学科研设备等项目。其中教学科研设备方面，A学科现有在编固定资产设备共计5063件，设备资产总值约为2.561亿元，单件设备均值约5.057万元。其中归于科研用途的设备3106件，总值约为2.135亿元，占设备总值的比例为83.4%；归于教学用途的设备1957件，总值约为0.426亿元，占设备总值的比例为16.6%。单件设备价值最高的是铺粉式激光精密制造系统（SLM280 2.0），价值约451万元。另外，在学科场地资源方面，学科现有办公用房总面积约2.1万平方米，其中实验用房面积约1.5万平方米，折合人均实验用房面积约88.2平方米。

4. 师资队伍

师资队伍规模方面，根据本研究团队2007年针对国家重点学科的调查显示，自然科学类国家重点学科的平均人数在72人左右。[①] A学科目前共有专职教师及研究人员176人，与同类国家重点学科相比，在队伍规模上已经具有较高的竞争力。

师资队伍年龄结构方面，61岁及以上有4人，56—60岁20人，46—55岁36人，36—45岁77人，35岁以下39人，教师在36—45岁年龄段人数最多，占总人数的45.3%，56岁以上的教师24人，占14.1%（图4.1）。从A学科成员的年龄分布来看，呈现"两头小，中间大"的橄榄型结构，年龄分布较为合理。

---

① 宣勇：《大学变革的逻辑（上篇）》，人民出版社2009年版。

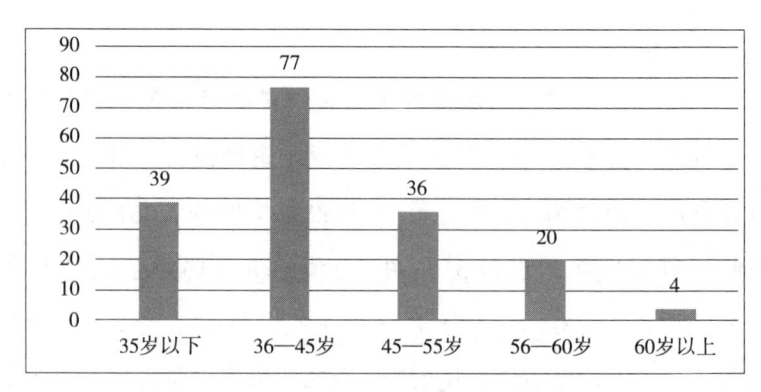

```
90
80         77
70
60
50
40  39            36
30
20                      20
10                            4
 0
   35岁以下  36—45岁  45—55岁  56—60岁  60岁以上
```

图 4.1　A 学科各年龄段教师人数分布图

在职称分布方面，正高、副高以及中级职称教师比例为 1∶1.1∶0.8，三类职称教师人数总体上较为平衡，教授、副教授能够担当主力。在年龄分布方面，46—60 岁教授占教授总量的 66.7%，45 岁以下的副教授占了副教授总量的 76.1%。总体上，A 学科师资队伍的职称分布较为合理，各类职称人员的年龄结构分布也较为合理，师资队伍未来具有较好的成长性，学科发展整体上不会出现人才断层的局面。

学缘结构方面 A 学科成员最高学位获得单位有 41 人来自浙江大学，占比 22.3%，39 人来自本校，占比达 22.2%（表 4.15）。相对来说，成员的学缘关系较为集中，源自浙大和本校之和已占据 44.5%，远远高于其他师资来源。从学缘结构合理化的角度出发，后续人才引进中应适当关注师资来源的多样化。

表 4.15　A 学科成员最高学历获得单位前五名分布

最高学历获得单位	浙大	G 大学	哈工大	清华	华中科大
人数	41	39	9	5	4
比例	23.3%	22.2%	5.1%	2.8%	2.3%

（二）学科制度

1. 成员内部激励制度

A 学科的相关奖励主要针对科研成果产出。根据 A 学科所在学院颁布的科技成果奖励培育计划，在高层次奖项，如国家自然科学奖一等奖、国家技术发明一等奖等方面，按所获国家奖金的 5 倍予以配套奖励，另以国家奖金的 5 倍予以配套资助；自然科学奖二等奖、国家技术发明二等奖，按所获国家奖金的 3 倍予以配套奖励，另以国家奖金的 2 倍予以配套资助。高层级奖项奖励较为丰厚，但获奖实属不易，高奖励对于学科成员也有一定的激励作用。在论文奖励上，被国际顶级期刊 Science、Nature、Cell 主刊收录奖励 50 万元，子刊 10 万元，被本校指定的 Top100 收录奖励 1.5 万元，ESI 热点 / 高被引论文奖励 5 万元。横向对比同一层次的高校，论文奖励处于中间水平。同时，A 学科也会根据不同获奖情况的级别相应地减免到款任务。总体而言，A 学科的科研奖励制度相对较为合理，对于激发成员的积极性和创造性有一定的作用。学科成员的主观评价也可以印证上述判断，尤为难得的是，学科成员对于激励制度效果的评价也非常正面，肯定性评价占比达到 90%。

表 4.16　学科成员对学科奖惩制度的主观判断情况

项目＼评级	完全符合	比较符合	基本符合	不太符合	完全不符合
学科针对成员履职表现制订了明确的奖惩制度	22.5%	30%	30%	12.5%	5%
成员对学科团队的贡献大小与所获得的回报成正比	15%	32.5%	42.5%	10%	0%

2. 公共事务协调分工

公共事务的分工是否合理会影响学科成员对学科组织的认同感,如果公共事务分工不公,组织中的成员就会慢慢失去对学科组织的认可,组织也将失去生命力。A 学科的公共事务主要在各研究团队内部进行分工,总体来说,分工相对合理,不存在分工失衡现象,部分成员将主要的精力都放在学科的公共事务上,但部分成员承担较多事务的现象也有存在。学科成员的主观评价方面,87.5% 的学科成员肯定学科团队成员之间能够实现分工协作,同时值得注意的是,42.5% 的学科成员认为学科运行中事务性工作占据自己过多精力,在本次调查中,这一项是否定性评价比例较高的项目。

表 4.17 学科成员对学科内部分工的主观判断情况

评级 项目	完全符合	比较符合	基本符合	不太符合	完全不符合
团队成员之间能够分工协作	25%	35%	27.5%	10%	2.5%
学科运行中的事务性工作有专人负责	12.5%	17.5%	27.5%	20%	22.5%

3. 学科内部学术活动的制度化

A 学科进行内部学术活动的方式有:Me 学术大讲堂青年科学家沙龙,主要由学科内部的青年学者作学术报告,学科内部的资深教师也会参与交流,并对青年教师提参考性意见;各研究方向内部探讨,由于 A 学科研究方向较多,不同研究方向间研究的差异较大,各研究方向内进行内部学术交流往往能起到更好的效果。从活动内容来看,A 学科内部学术交流的活动内容也较为贴近教师的需求,学科内资深教师也会传授青年教师申报项目、课题的经验,提升青年教师申报课题项目的成功率。学科成员的主观评价也在总体上肯定学科学术氛围,82.5%的学科成员认为学科内部学术氛围有利于自身发展。

表 4.18 学科成员对学科学术氛围的主观判断情况

项目 \ 评级	完全符合	比较符合	基本符合	不太符合	完全不符合
学科学术氛围有利于自身学术成长	25%	37.5%	20%	17.5%	0%

4. 主办学术活动频度

举办学术交流活动是学科成员进行学术交流、提升自我科研水平的途径。A 学科在主办学术活动上较为活跃,从 2017 年开始举办 Me 学术大讲堂至今已经举办了 209 次,平均一周至少举办一次,这为 A 学科成员提供了良好的学术交流平台。Me 学术大讲堂活动的主要内容包括相关领域研究的前沿问题、研究方法的介绍以及国家基金申请的专题,学术交流内容上满足了成员多样化、个性化的需求。从形式上看,邀请国内外领域内知名学者进行专题讲座有助于成员能够接触到学科研究的前沿,明确未来研究的方向;青年学者学术沙龙有助于青年教师在讨论中相互学习,发现自身研究的短板,完善研究内容。A 学科也经常举办领域内较高层次的国内外学术论坛、会议,例如,2020 年 A 学科举办了该领域的学会年会。举办高层级学术论坛可以让国内外专家集聚一堂,共同探讨领域内相关问题,并为学科成员提供展示研究成果的平台,进而也提升了 A 学科在学界内的影响力。高密度、高质量的学术交流活动使 A 学科成员能较好地抓住学术前沿,近些年在论文、科研成果、科研项目上取得了不小的突破。

就主观认知方面看,学科成员对前三个问题的肯定性评价占比都接近或超过85%,通过交叉分析进一步了解到,持否定性评价的学科成员基本都是具有高级职称的教师。我们推测,教师学术职业生涯达到一定高度后,对学术交流的范围与层次会有更高要求。第四个问题评分相较前三个略低,表明学科成员对学科学术交流氛围与效果整体满意,但期望能获得更多的政策支持(表4.19)。

表 4.19 学科成员对学科提供学术交流机会的主观判断情况

项目＼评级	完全符合	比较符合	基本符合	不太符合	完全不符合
学科团队成员定期开展学术交流与讨论	17.5%	45%	25%	7.5%	5%
与学界保持密切的交流联系	22.5%	42.5%	20%	15%	0%
与学界的交流联系为及时掌握学界动态提供了帮助	15%	45%	22.5%	15%	2.5%
能为对外开展学术交流提供实质性的政策支持	20%	32.5%	30%	15%	2.5%

(三)学科声誉

首先,在各类第三方学科评价中表现突出,A学科成果为Z大学工程学科进入 ESI 排名 2‰作出重要贡献,在全国第四轮学科评估中获得 B+ 成绩。其次,科研成果得到各方面肯定,近 10 年来以第一获奖单位和第一获奖人获得国家发明二等奖 1 项、国家科技进步二等奖 2 项、以第二承担单位获得国家科技进步二等奖 1 项,以第一获奖单位和第一获奖人获得教育部和 Z 省等省部级科技进步一等奖 6 项,获得军队科技进步奖 2 项,获得其他省部级科技奖励20余项。再次,在国内该学科领域重要活动中有身影、有声音。学科教师牵头承担中国工程院、自然科学基金委联合咨询项目(面向2035的高端装备制造业服务化发展战略研究),参与国家基金委机械设计与制造学科"十四五"规划、科技部先进制造领域"十四五"规划、中长期规划(2021—2035)的制定,承办2020年中国机械工程学会年会、第40届国际智能制造与设计大会(MATADOR)、第8届全国大学生机械设计大赛等30余次国内外会议与赛事,教师受邀在国内外学术会议作大会报告50余次;总共有40余位教师在国内外学术组织机构任职,学科带头人ZLB教授任国际机器人组织联盟主席,YJH教授获热处理领域"周志宏科技成就奖",全职聘任的国家级专家V.K.(乌克兰工程院院士、CIRP会士)获国家友谊奖,并受到李克强总理接见。

三、A学科自觉力分析

(一)使命自觉

1. 学科使命

学科使命的明晰度决定学科组织实现使命自觉的前提。A学科瞄准国家和区域重大发展需求,致力于打造区域特色鲜明、国内一流的高水平特色学科,抓住国家实施"中国制造2025"、Z省"两化融合国家示范区"建设和推进"机器换人"工程的契机,努力提升解决重大问题的能力和人才培养水平。A学科的学科使命较为明晰,立足于Z省,为地方的发展作贡献,同时在自身突出领域支撑国家战略，努力成为国内的一流学科。A学科所制定的学科阶段性任务也都是围绕这一学科使命而展开。

2. 学科战略规划

学科使命决定了学科的总体目标，而战略规划则是落实学科目标的路径安排，是学科使命自觉的实践表现。一般而言，学科战略规划主要取决于学科带头人的战略意识。学科带头人的战略意识主要体现在根据时代的发展与国家、地方发展需求把握学科组织的研究方向。A学科带头人在早年一直带领研究团队从事农业机械的研究，并取得了突出的成果。在2000年前后，他预见到未来工业机器人的前景，调整了团队的研究方向，致力于先进机器人技术的产业化应用，随着东部地区"用工荒"日益突出，工业机器人的应用前景越来越好，"机器换人"已成为劳动密集型企业解决用工问题，实现提质增效的重要出路。[①] 随着《中国制造2025》的正式印发，机器人成为重点发展的对象之一，也是我国实现智能制造突破的核心力量组成。A学科不仅可以支撑国家战略，也能不断促进学科的发展。正是A学科带头人的深谋远虑，预见工业机器人未来发展的前景，前瞻性地调整学科发展战略，使A学科赶上了智能制造时代的红利，A学科近些年快速发展与学科带头人敏锐的战略意识关系密切。

3. 学科方向设置

A学科在一级学科下共设有机械制造及其自动化、机械电子

---

① 周海鹰、王智明：《助力本土企业"机器换人"从"制造"走向"智造"》，《今日科技》2016年第12期。

工程、机械设计及理论、车辆工程、工业工程、船舶与海洋装备等6个二级学科，科研总体上围绕激光制造与增材制造、精密加工与微纳测试、机器人与自动控制、机械结构的强度分析与优化、专用装备与关键基础件形成5个研究方向展开。相应设有先进制造与现代设计技术、机械电子工程、车辆工程、工业工程、应用力学与机械强度、化工机械设计、微/纳米力学测试技术与应用等7个研究所，各研究所实现实体化运行。A学科在学科方向设置上兼顾国家与区域需求、学科优势特长，体现了较为强烈的使命自觉意识。

（二）组织自觉

1. 组织化程度

学科组织化程度直接体现为学科成员在知识生产过程中的合作紧密程度，组织化程度是学科能力的组织保障。本研究以该学科在任教师姓名以及所属单位G大学在中国知网进行检索，导出该研究所所有在知网上的期刊文章共2807篇，利用Ucinet6绘制该研究所内成员的论文合作网络（图4.2），图中线条仅显示作者间合作超过15次的情况，图中的几个核心节点基本对应目前各研究团队的负责人，说明各团队已经形成了较为稳定的合作关系。通过知网导出的作者数据，计算得该研究所在中国知网上发表的文章合作率为80.9%，合作度达0.74，可见A学科的科研合作较为紧密。另一方面，从近年来A学科的论著发表情况来看，A学科科研的核心力量仍然是50岁以上的学者，虽然年轻学者进步快速，但是与资深学者仍有不小差距。

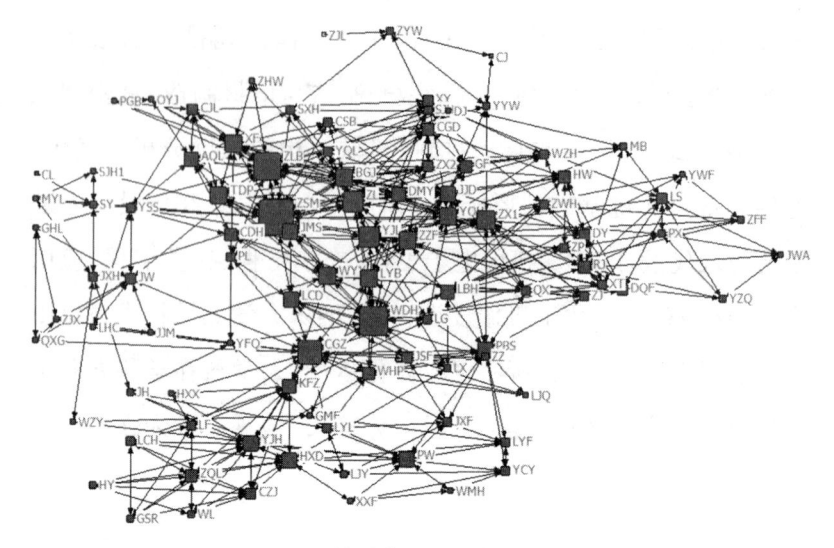

图 4.2　A 学科成员论文合作网络图谱

2. 组织结构

A 学科以研究所建制带动学科组织化运行，围绕各研究方向设有先进制造与现代设计技术、机械电子工程、车辆工程、工业工程、应用力学与机械强度、化工机械设计、微/纳米力学测试技术与应用等 7 个研究所，各研究所成为科学研究、人才培养、社会服务的直接承担者，学院基于整体战略将目标任务直接分解下达至各研究所。学科所有教师每人均有唯一的研究所归属，研究所同时也承担教师学术职业生涯开发的职责，通过定期举办各类学科沙龙等途径，在教学技能、课题申报、学术前沿跟踪等方面为教师提供辅导。在学科成员主观评价方面，在稳定的团队归属与明确的团队学术带头人方面，学科成员肯定性评价比例非常高，分别接近或达到 95%，说明 A 学科在学科组织化程度上已经达到较高水平。但相对而言，学科成员对于跨学科团队运行生态的否定性评价比例偏高,达到30%,显示学科各成员希望在抓学科团队建设的同时,更加重视营造灵活柔性的科研组织模式。

学科作为大学的基层学术组织,在组织运行方面要发扬学术民主管理,使得学科组织更具生机与活力。这方面从成员主观评价角度看(表4.20),82.5%的学科成员认同自身参与学科事务决策的权力具有保障,但在参与效果方面,40%的学科成员认为自身不能有效影响决策结果。

表 4.20　学科成员对学科组织结构的主观判断情况

项目＼评级	完全符合	比较符合	基本符合	不太符合	完全不符合
本人有稳定的研究团队归属	45%	17.5%	30%	5%	2.5%
研究团队有明确的学术带头人	42.5%	27.5%	25%	0	5%
学科能为我参与跨学科团队的项目研究创造条件	17.5%	22.5%	30%	20%	10%
重要决策的制订过程中有表达观点的机会	15%	22.5%	45%	7.5%	10%
能够对学科重要决策产生影响	10%	17.5%	32.5%	32.5%	7.5%

(三)文化自觉

学科文化是学科软实力的重要构成,一流学科不仅有一流师资、一流成果,更有一流文化。经过多年积淀,A学科已经形成较为稳定的学科文化,可以总结为"敦仁通变,以人为本,求实创新"。第一个词面向工科人,仁厚但要善于变通;第二个词面向教师职业,以人为本,要以学生为中心;第三个词面向学者,做学问要求实,同时敢于创新。A学科的历史沿革与所在大学密切相关,在20世纪六七十年代间,五年三迁,条件异常艰苦,但在这样的条件下,A学科仍然不断发展,铸就了顽强奋斗,敢于直面困难的精神。时至今日，A学科人仍然坚持以人为本，求实创新，做到敦仁通变，也保持了艰苦奋斗，直面苦难的学科优良传统。学科成员对于学科精神影响力的主观评价较为正面，超过87.5%的学科成员持肯定性评价（表4.21）。

表4.21　学科成员对学科精神的主观判断情况

项目＼评级	完全符合	比较符合	基本符合	不太符合	完全不符合
长期积淀的学科精神对自身有积极的影响	20%	37.5%	30%	12.5%	0%

四、A学科外显力分析

（一）人才培养支撑力

研究生招生生源方面，近五年，博士招生125人，硕博连读、申请审核制、本硕博一体化占比90%，报录比330%；硕士招生586人，推免生占比20%，报录比379%。部分生源来自浙江大学、哈工大、山东大学等国内知名高校。

近5年指导研究生获省级优秀学位论文共11篇，在所有Z省一流A类学科中位列前茅。指导学生参加学科竞赛共获各类奖项108项，其中"互联网+"国赛金奖1项、银奖1项，"挑战杯"课外学术科技作品竞赛一等奖1项、二等奖2项、累进创新奖1项。在指导学生参加国家级课外科技竞赛获奖数方面，A学科在所有Z省一流A类学科中排名第一。

在课程供给方面，A学科共开设博士生课程17门、硕士生课程20门（以上不含全校公共课），其中两门课程入选国家级精品课程。总体上，85%的学科成员认为A学科能很好地做到科学研究与人才培养相结合（表 4.22）。

表 4.22　学科成员对科教融合状况的主观判断情况

项目＼评级	完全符合	比较符合	基本符合	不太符合	完全不符合
科学研究与人才培养相结合	17.5%	27.5%	40%	10%	5%

（二）科学研究创新力

在标志性成果影响力方面，主要体现在以下研究领域：(1)复合能场激光制造技术研究，首创"超音速激光沉积技术"和"电磁场复合激光熔覆"两项技术被《中国大百科全书》收录，相关成果大批量应用于汽轮机、航空发动机等关键部件，引领激光复合强化领域的研究，获国家科技进步奖及省部级一等奖5项，其中1篇代表性论文发表于中科院大类一区TOP期刊，并获中国机械工业科学技术一等奖支撑论文；(2)超精密加工关键技术成果为国内外首创，中国轴承工业协会认为该项技术的成功应用对推动轴承行业高质量发展具有实质意义；一项成果获国家科技进步二等奖；(3)机械结构的创新设计及分析测试，为双稳态仿生结构变形机理、非接触驱动方式和智能结构设计等关键科学问题提供了解决方案，其中1篇代表性论文发表于中科院大类一区TOP期刊，IF16.6。

根据学科教师提供的110篇代表性论文进行检索，代表性论文篇均他引次数为13.9，他引次数排名前3位的论文被引次数分别为79、55、55。

近5年，学科科研经费到款共计3.5亿元，其中纵向经费1.4亿元，横向经费到款2.1亿元，师均科研经费到款199万元，师均纵向科研经费到款79.5万元。近5年，共实现专利转化194项，合同金额405万元。

（三）社会服务贡献力

在支撑国家战略方面，承担一批国家航天、航空、尖端武器等型号研发项目，提出并实现多项关键核心与原创性技术，打破国外技术封锁，批量应用于神舟及天宫系列载人航天工程、嫦娥系列、第四代歼XX、空警XX、鲲龙600等关键型号。在相关领域承担国家重点研发计划项目1项，主持国家重点研发计划课题9项，主持国家重点研发计划子课题5项。

在满足产业需求方面，近5年，立项企业委托项目1179项，到款总额3.5亿元，服务地方的科研经费占学科总经费60%以上。获国家科技进步奖、省部级科技进步一等奖等科技奖励20余项，国家专利优秀奖2项。在行业影响力方面，学科教师牵头承担中国工程院、自然科学基金委联合咨询项目（面向2035的高端装备制造业服务化发展战略研究）、参与国家基金委机械设计与制造学科"十四五"规划、科技部先进制造领域"十四五"规划、中长期规划（2021—2035）的制定。

上述客观表现与学科成员主观判断互为印证（表4.23），肯定性评价占比达到97.5%，显示学科成员对这一判断高度认同。

表4.23 学科成员对学科社会服务贡献力的主观判断情况

项目 \ 评级	完全符合	比较符合	基本符合	不太符合	完全不符合
科研活动能很好地服务于行业、社会发展	20%	40%	37.5%	0	2.5%

（四）文化传播引领力

A 学科作为理工类学科，在文化传播引领方面，主要面向在校学生，传递"机械铸就大国重器"的价值导向，通过"ME 大机械"等网络阵地，增强学生的使命感、责任感。此外，在抗击新冠疫情期间，学科教师权力协助行业企业开展复工复产，中国教育报和 Z 省卫视对学科团队在疫情期间助力地区产业复工复产进行了专项报道。学科成员对于此项指标的主观评价也非常正面，肯定性评价占比同样达到 97.5%。

表 4.24　学科成员对学科文化传播引领力的主观判断情况

项目＼评级	完全符合	比较符合	基本符合	不太符合	完全不符合
面向公众普及相关知识或参与公共话题讨论	17.5%	40%	40%	2.5%	0

（五）国际交流行动力

A 学科 170 名教师，拥有境外经历的有 99 人，占比达 58.2%（表 4.25）。y 由表 4.15 可以发现青年教师具有境外经历的比重更为突出，一方面随着学科条件提升，学科有条件让青年学者到境外深造；另一方面，学科在引入人才过程中也有偏向拥有境外博士学历的倾向。此外，A 学科与境外 58 所大学建立了合作关系，包括诸如东京大学、约翰·霍普金斯大学、普渡大学等世界知名大学，通过短期智力引进等方式聘任剑桥大学、九州大学、昆士兰大学、新南威尔士大学、伊利诺伊大学香槟分校、内布拉斯加林肯大学、韦恩州立大学、密苏里科技大学、加州州立理工大学、北伊利诺伊大学等二十多位兼职教授，这也为学科成员出国访学、进修奠定了良好的基础，A学科每年也都会支持一些学者前往海外知名大学进行访学，了解领域内研究前沿。

表 4.25　A 学科成员海外经历情况

职称	总人数	具有海外经历人数	比例
正高	60	31	51.7%
副高	67	36	53.7%
讲师	49	32	65.3%
总计	170	99	58.2%

从 A 学科成员出国访学的情况中，就可以看出 A 学科在对外学术交流上整体表现较为良好，表现在结果上为 A 学科近些年的科研内容也与国际紧密衔接，在国际知名期刊上发表的文章增多，被引次数提升。但是 A 学科近年来没有承担国家自然科学基金国际合作项目，开展国际科研合作的层次还有待提高。

五、A 学科诊断评估结果

A 学科近年来发展状态整体偏好，表现在全国第四轮学科评估中获得 B+ 成绩，学科整体水平位居国内同类学科前列（前 20%—10%）。同时，按照本研究所构建的学科能力评价指标体系进行观测，A 学科在 Z 省地方高校一流建设学科 A 类（理工农医类）中位居第一梯队，整体表现排名前 3 名。A 学科在学科建设与发展中的成功主要得益于三个方面。首先，学科使命较为明晰，定位精准。A 学科多年来坚持面向国家区域重大需求，解决行业关键核心技术问题，在若干研究方向上持续积累，取得了系列重大成果。其次，学科组织化程度高，重视团队化运作。A

学科教师团队归属明确,人人进团队,团队实现实体化运作,学科内部资源配置、人员管理都以团队为单元,内部制度较为规范,学科内部运行有序,高度组织化的学科运行模式为A学科快速发展打下组织基础,通过建设大团队,承担大项目,进而促进学科大发展。再次,学科团队结构规模均较合理,团队凝聚力强。多年来形成了老中青三代连续分布,中间没有梯队断层。成员间能力、学缘、知识结构互补,带头人很好的发挥核心作用,善于凝聚学科团队。同时,学科长期积淀形成艰苦奋斗、严谨务实的优良传统,为学科发展提供了强大的精神动力。

A学科发展到当前阶段,已经面临冲击国家一流学科、追赶国际先进水平的新目标、新挑战。按照这一标准审视,A学科与该领域内最顶尖的学科仍有一定差距。第一,解决国家与行业迫切需要的重大问题能力偏弱,标志性研究成果不够突出。A学科虽然已经承担若干国家重大项目,但以国家一流学科的标准审视,仍缺乏标志性重大成果,如解决本学科领域重大前沿科学问题,或为行业提供关键技术突破。缺乏这类成果,不利于得到社会认可。第二,二级学科方向发展不够均衡,新兴研究方向培育力度不够。在长期发展过程中,形成个别实力突出的优势学科方向,虽然优势学科方向对A学科整体发展贡献卓著,但在客观上也对其他学科方向产生挤占效应,也容易产生"路径依赖",从而忽视新兴研究方向的布局培育,学科发展要注意从"一条腿走路"向"多点开花"转型。第三,缺乏顶尖的科研平台支撑,教师科研条件需要进一步改善。顶尖学科一般都拥有高层次平台,为学科科研活动提供有力支撑,而A学科缺少如国家重点实验室、国家工程科研中心等国家级平台,不利于吸引顶尖学者和承接国家重大项目,也不利于吸引高层次研究生,一定程度上限制了学科发展。第四,人才梯队建设中"两端"存在短板。在高端人才方面,A学科缺少顶尖人才(如院士、长江学者等),影响到学科冲击国内一流的目标;在梯队"塔基"层面,对青年教师在科研条件、职业发展等方面的支持力度还不够,青年教师成长的外部环境不够完善,同时博士研究生的数量、来源不够支撑学科科研发,使得学科可持续的知识产出能力缺乏保障。

总体上,A学科在下一阶段的发展中,关键要实现学科组织化的迭代升级。在团队式发展渐趋成型的基础上,进一步强化一级学科层面的顶层设计,自觉响应"四个面向"的整体要求,强化问题导向与需求导向,找准研究领域的突破口,形成各研究团队围绕某个国家重大需求问题,共同支撑、协作攻关的整体格局。引导各方向团队紧密围绕学科整体目标,开展有针对性的人员引进、资源配置,从而打造自上而下的战略中心型组织,强化学科发展中的整体协同效应。

第三节　大学学科能力评价指标体系的应用讨论

一、指标的测评方法

通过以上对Z省一流学科(A类)实施的群体面上评估,以及对G大学A学科实施的个别诊断评估,我们初步实现了本研究所构建的学科能力评价指标体系的可操作化。学科评价指标体系应用的前提是明确各项指标的测评方法,评价实施者需要掌握各指标正确的评价方式。由于本研究侧重于对学科组织本体的考量,学科成员作为学科组织日常活动、职能履行的承担者,因此较多的指标注重对学科成员主观感受的考量,部分指标结合文本资料以及面板数据获得,整个评价指标体系的评价方式为定性评价与定量评价相结合,旨在对被评价学科做出较为准确的评价。本研究将所有指标分为定性评价与定量评价两种类型,定性评价之中又分为三个不同的评价主体,包括评价实施者、第三方机构以及学科成员,部分指标可兼有多种评价方式(表4.26)。

表4.26 各三级指标评价主体及评价方式

评价方式	三级指标内容	评价主体
定量评价	学科经费、学科资产、研究生生源、研究生培养、代表性论文篇均它引频次、师均纵向科研经费、专利授权、教师国外访学人次、国际科技合作开展、高影响力国际期刊论文数、主办国际会议场次、学术型国际留学研究生培养人次	评价实施者
定性评价	外部声誉、标志性成果影响力、行业影响	社会第三方
	学科平台、师资队伍、学科使命、战略规划、研究方向设置、组织化程度、组织结构、本科生课程、标志性成果影响力、产业贡献、支撑国家战略、行业影响、公众影响、研究生培养	评价实施者
	学科平台、内部制度、学科精神、组织结构	学科成员

在具体操作过程中,相关指标的测评手段主要涉及以下几种类型:

一是采用相关统计数据来直接作为评价的支撑。这些指标的统计数据较为直观地呈现被评价学科在这些指标上的表现,一定程度上可以直接反映该学科在相应指标上的水平。在评价标准上，可以选择对标学科在某项指标上的表现，直接进行横向对比，判断被评价学科在这项指标上的水平。使用这种评价方式较有代表性的指标如学科经费，直接从获得项目的层级、数量与经费数额进行比较就能比较直观地判断其表现。

二是采用文献计量法。这是一种定量的评估方式，其统计的主要对象为作者、文献、词汇，其最本质的核心在于输出的自然是量。本研究中，"学科组织化程度"涉及科研合作紧密度的状态测量，即融合了文献计量法。可视化图谱是文献计量中能够直接反映文献指标特点的常用工具。利用可视化图谱绘制该学科成员间的论文合作网络图谱，能够直观地反映成员间科研合作的紧密程度，并可以看出哪些作者群体之间合作较为紧密。另一方面也可以根据该学科发表的论文计算某学科成员间论文的合作率与合作度，通过数据来反映成员间的合作情况。

三是采用主观评价量表。该方法主要是将非量化的问题转化为可量化，采用不同的数值来表示对于该问题的态度。对于指标的测量主要是将一些较为抽象的问题转化为多个易于测评、打分的观测点，因此该评价方法主要适用于一些难以直接量化、较为抽象的指标，例如本研究构建的评价指标体系二级指标"学科组织结构"就较为适用主观评价量表的评价方式，主观评价量表由学科内部成员进行填写。

评价过程中也要确保信度与效度符合要求，在评价伊始要向学科成员说明本次评估的目的在于学科诊断，帮助了解学科发展过程中的优点与不足，并不涉及其他因素，引导学科成员客观、公正地填写量表，避免认知误差、中间倾向误差与晕轮效应；

同时要确保评价量表的回收率,使评价的信度有基本的保证。另外,还需科学的设计量表内容,确保评价项目能够有效衡量指标,对于测评的效度有基本的保障。在实际操作中,通过各方的努力与配合,对于信度与效度还是可以做到基本的保证,因而通过主观评价量表对部分指标进行测评是可行的。

二、评价过程与结果应用

本研究基于学科能力的内在结构逻辑,从内蕴力、自觉力、外显力三个层面评价学科能力,并以此为一级指标构建了大学学科能力评价框架。面向不同用途,根据数据获取可行性与评价成本综合考虑,发展出两套指标体系,其一用于面上评估,可以对学科群体进行比较排名;其二用于个别评估,可以对某个学科进行组织发展诊断。学科诊断主要有两个功能:(1)明确自身发展过程中已有的优势,在未来的发展中继续保持优势,保证学科持续发展的底线;(2)发现制约自身发展的瓶颈,将其作为今后学科建设的突破点,解决问题,提高学科发展的上限。本研究构建的指标体系与以往其他学科评价指标体系不同,指标的选取不局限于现有学科评价中常见的易于量化的产出性指标,从而更有助于实现评价中的体用结合,但也因此增加了评价实施的难度,在评价实施过程中我们需要注意以下问题。

第一,合理选择评价指标体系的适用对象。本研究所构建的评价体系适用于一级学科组织。一方面,从目前国家学科建设的政策文本以及实际操作来看,无论学科评估还是学科建设,主要是以一级学科为基准；另一方面，由于评价过程中较多指标涉及成员主观评价，需要成员填写问卷，倘若在二级学科进行评价，获取的样本总量不足，效度、信度必然会受影响，难以支撑评价过程。同时，本研究所构建的评价指标体系的主要优势在于可以开展学科发展诊断。尽管本研究也构建了一套服务于排名目的的指标体系，但本研究的真正创新之处在于将学科评价与学科建设相融合，对学科组织本体进行诊断式评价，这与当前主流的学科评价工具有鲜明的差异。但诊断式评价需要对被评价学科有非常深入的了解，评价过程需要花费较多的人力、物力，因此该评价指标体系更倾向运用于个别需要进行诊断的学科，而非大面积实施。

第二，规范学科诊断式评价的实施流程。为了使评价达到理想的效果，评价主体必须在全面深入掌握学科发展状态的基础上，结合学科组织成长机理与普遍规律，对评价对象作出客观判断与诊断建议，这有赖于评价过程的规范化以及评价对象的合作。因此，在准备阶段，第一步应该成立评估小组，由于此学科评价涉及面较广，参与人员较多，为了推动评价的实施，评估小组成员应包括学院主要领导、学科负责人等。第二步，做好评价准备工作，联系学科相关人员，让其配合此次评估活动，同时要做好调查问卷，问卷要做到科学、准确，尽可能通过问卷调查反映学科组织的真实情况。第三步，信息采集，从学科相关人员处获得此次评估需要的学科材料，从第三方处获取部分指标的数据，再通过问卷让学科成员进行评分。在数据的分析阶段，数据收集完成后，要做好数据的处理与转化，利用科学的评价方式对收集到的数据进行打分，根据各指标得分总和来确定该学科组织总体的可持续知识产出能力水平,并根据各指标得分情况来判断该学科组织发展过程中的优势与劣势。

第三,强化评价结果对学科建设的支撑服务。发现问题的目的在于解决问题,真正破除学科发展中存在的障碍,帮助学科组织拥有较强的可持续知识产出能力。依据评价指标体系诊断出学科组织发展过程中的问题所在,指出学科建设主体在未来学科建设过程中需高度重视存在问题,并最终帮助其解决此问题,真正帮助学科组织更好地发展。评价指标体系为观察学科发展状态提供了依据,但各项指标的测量结果本身并不具有指导意义,由于各个学科门类不同、所处发展阶段不同、所在学校的发展战略与学科生态不同,对每一项指标测量结果的阐释应当嵌入具体情境才有意义。因此学科评价的实施主体应当对学科组织成长机理与普遍规律有深刻认识,在长期开展学科评价的基础上积累各项指标的常模,从而更准确地把握指标测评结果,为学科发展提供精准建议。

第五章
治理视野中的大学学科建设与评价

随着"双一流"建设上升到国家战略层面,学科建设和评估引起了前所未有的关注,而关于学科评价中的困境和问题引发的讨论也前所未有,破除长期以来大学和学科评价中"五唯"顽疾成为高等教育界越来越强烈的共识。然而,到底如何才能真正有效地破除"五唯",构建有中国特色的、科学有效的大学学科评价体系?学科评价问题是学科建设甚至是高等教育中的一个重要环节,因此从根本上来说,需要跳出学科评价本身而应该从学科建设和高等教育生态的整体系统中去审视。学科建设是一个多元参与、多元共治的治理系统,"五唯"的困境从根本上来说是把学科评价异化为学科建设本身,视为单一主体的单一过程。所以,从高等教育发展和现代大学治理的内在规律来说,需要构建基于学科建设目标的、多元主体有机参与的评价体系,需要从根本上改变过去行政化导向、政府单一主体的评价过程和模式,构建符合现代高等教育生态的多元化的学科评价治理体系。

第一节　现代大学学科建设中的多元共治

知识是学科的逻辑起点,学科是在探索知识过程中逐步形成的关于知识生产的规律性框架,即知识的生产模式。[①] 作为知识生产的基本单元,学科从一开始就有较为强烈的社会属性,学科因此也就有较强的社会性,因此,学科的发展和建设并不仅仅只是学科组织和学科中的个人的事情,而是与大学、学界和社会紧密相关的事情。学科的建设是一个多元主体共同参与的过程。

一、学科的社会属性

不管是作为知识分类体系的学科还是作为知识劳动组织的学科,从知识的本质属性来说,学科都有强烈的社会性,特别是随着经济社会的不断发展,学科作为知识的分类体系和知识生产的基本组织,与外部的不同主体联系越来越紧密。学科是由以知识作为主要任务的实体化的专门组织,其基本任务就是发现、保存、提炼、传授和应用知识。由于知识赖以形成的人类实践活动是公共的、共同的,即人类有共同的生活实践形式,同时知识具有可积累性与可传达性,又与知识的获得主体间交往为中介密切相关,[②] 所以知识本身具有社会性。

知识的社会性首先表现在其公共性。哲学家维特根斯坦认

[①] 马廷奇、许晶艳:《知识生产模式转型与学科建设模式创新》,《研究生教育研究》2019 年第 2 期。

[②] 王维国:《论知识的公共性维度》,中国社会科学出版社 2003 版,第 191 页。

为，人类共同生活的社会性决定知识的普遍有效性与公共性。[①]知识是客观世界的事物及其关系与人相互作用的产物，是人的思维对所知对象的存在性反映，这奠定了知识社会属性的基础。任何知识都是同社会秩序的需要联系在一起的，由于这种需要才从社会聚合的基本原则中产生出构成集体表征结构的精神范畴。正如曼海姆所言，各种社会存在的因素对知识的具体内容的影响绝非只有边缘性的重要性，它们不仅与观念的创生有关，而且渗透进了观念的形式和内容之中。此外，它们还决定了我们的经验和观察的范围和强度，即我们以前称之为学科"视角"的东西。[②]知识的公共性也体现在其可传达性。作为群体中生活的人，同质性使个体的发现与发明一旦完成便通过人际或媒介传播成为群体共享的成果。知识产生于个体而应用于公众，并且在扩大应用范围的同时得以增长，这种非为私人所有、众人使用愈发增值的特性便是知识公共性的表征。"所谓（知识）的公共性就是指一种社会化的可重复性，即某一经验不仅某观察者本人可以重复，而且社会上其他合格的观察者只要实现相同的条件也可以重复，它是相对于只能由某观察者本人所重复的个人经验而言的。公共性作为社会化的可重复性既非绝对的普遍必然性，又非偶然的巧合性，而是一种以某种程度的必然性为前提的有效性、可传达性和可验证性。"[③]除此之外，知识的价值具有较为强烈的非排他性特征，即一个人对知识产品的掌握与利用不会损害知识产

[①] 涂纪亮：《维特根斯坦后期哲学思想研究》，江苏人民出版社2005版，第23页。
[②] 卡尔·曼海姆著、艾彦译：《意识形态与乌托邦》，华夏出版社2001版，第266—267页。
[③] 王维国：《论知识的公共性维度》，中国社会科学出版社2003年版，第3页。

品本身,不会妨碍其他人的继续掌握与利用,无数人可以共享同一公开的知识。知识产品一旦生产出来,不会因为消费者的增加而引起知识产品生产成本的任何增加,其边际消费成本几乎为零。

学科的社会性也体现为其服务性。学科的功能不仅仅体现在知识的生产和传播方面,更重要的是体现在更好地促进经济社会的发展。学科的建设与发展如果不能够与经济社会的需求有机地联系起来,就会失去其价值。大学担负着培养高级专门人才、发展科学技术文化和促进现代化建设的重大任务,这些任务必须通过具体的学科来完成。学科对经济社会的推动性主要体现在两个方面:一是针对社会经济发展的需求凝聚学科方向,整合学科队伍,促进学科发展与创新,为社会提供高质量的人才;二是关注社会经济发展中的问题,围绕这些问题开展科研探索,并通过成果转化为有关部门提供科学决策服务,将科研成果转化为生产力,达到为经济建设服务的目的。从具体的形式上来说,学科可以通过以下几种方式服务于经济建设和社会发展:(1)科研服务,学科为经济发展提供强有力的技术和专业知识服务,包括开发、转化科技成果,参与国家和地方的学科联合科技攻关,参与企业的技术开发、技术改造,参与企业技术引进项目等;(2)人才服务,学科不仅仅直接为社会经济发展培养和输送高级人才,还以各种形式,如委托培养、合作培养、在职培养等形式满足社会经济发展的人才需求;(3)综合服务,包括各种类型的经济、文化交流、技术咨询、技术服务等等;(4)产学研联合服务,包括建立相对稳定的产学研联合体、合办研究开发机构、工程研究中心、联办科技实体、组建产业集团等。因此，学科只有立足于更好地为经济社会服务，致力于推动经济社会的快速发展，才能够拥有自身发展的动力和源泉。这是学科公共性的重要体现。

随着现代社会的不断发展，知识在几乎所有领域的核心地位越来越突出，甚至成为国家、民族和社会发展的最重要变量。在当今多元化的社会中，"有张庞大而复杂的关系网把大学和社会其他主要机构连接起来"[①]，大学学科也就越来越不是一个封闭的自娱自乐的组织和过程。作为社会系统网络中的一个重要节点，大学学科不可避免地与周围的节点——其他组织或个人发生更加紧密的千丝万缕的联系。学科的功能不仅仅体现在生产和传播知识，更重要的是体现在促进经济社会发展。在当今社会，知识发现、生产和应用日益成为社会系统的一部分。大学担负着培养高级专门人才，发展科学技术文化和促进现代化建设的重大任务，这些任务必须通过具体的学科来完成。

二、学科建设中的多元共治

学科建设不仅仅只是学者或大学事情，而是与多元治理主体密切相关的事情，这是由现代知识生产的多元化特征所决定的。随着社会的不断发展，知识生产越来越由过去大学这一单一主体的事情变成为政府、大学、学界和社会等多元主体共同参

[①] 德里克·博克著，徐小洲、陈军译：《走出象牙塔——现代社会大学的社会责任》，浙江教育出版社2001版，第73页。

与的事情，这就使得学科建设呈现出越来越明显的开放性和包容性，对学科的评价也就因而不再是单一主体基于单一化标准的行为。

从知识生产的形式来看，我们可以从参与主体的角度大体分为知识生产Ⅰ、知识生产模式Ⅱ、知识生产模式Ⅲ。知识产生模式Ⅰ是指的传统的知识生产模式，在这一模式下，知识生产的唯一主体就是大学，或者说是大学内部基于知识分类的学者，他们参与知识生产的动机主要是自身的兴趣，或者说追求自身的学术目标，"为知识而知识"，与社会无关、与政府无关，也与他人无关，更不考虑知识的其他功用。强调在学科内部创造知识，知识的生产全过程只是在学科内部的自我封闭的世界中的一种"自娱自乐"，学科发展和建设基本上遵循传统建制的学科模式，与其他学科之间界限清晰。[①]随着环境的不断变化，这种"自娱自乐"的以自我为中心的封闭式知识创造模式越来越难以适应经济社会和国家的要求。大学从社会的边缘逐渐走向了社会的中心，政府对大学的有效治理也逐渐成为新的共识。这种变化是基于以下几个重要的事实。一是近代以来西方市场经济的快速发展。中世纪末期以来，资本主义获得快速发展，城市化的进程不断加速，市场经济作为一种新的资源配置的手段日益发挥着越来越重要的影响，人与人之间的交往范围和方式发生了前所未有的变化，大学日益被卷入到新的社会潮流中去，向社会打开自身的

---

① M. Gibbons, C. Limoges, H. Nowotny et al., *The New Production of Knowledge: The Dynamics of Science and Researching Contemporary Societies*. SAGE Publication, 1994: 19.

大门。二是科学技术的进步。市场经济牵引了科学技术的发展,而科学技术反过来推动了市场经济的前进步伐,理性的知识逐渐成为市场竞争中最为重要的要素,而大学是知识最为重要的来源地;随着社会对知识创造的需求越来越强烈,传统的知识生产模式越来越不适应性新的要求,传统的模式Ⅰ日益向面向实践、面向现实问题的多元参与的模式Ⅱ转型,学科建设也就越来成为多元主体密切相关的事情。①

在知识生产模式Ⅱ下,大学不再是知识生产的唯一主体,政府和社会——尤其是企业越来越深入地介入到知识生产过程,从而逐渐形成了大学—政府—企业的"三重螺旋"模式。在这种新型的关系中,三者在保持着较为明晰的分工的同时,也保持着较为密切的互动和合作,大学、政府和企业基于各种机制和纽带形成了围绕知识生产的共同体。对于大学来说,其角色更多的是知识生产直接组织者和实践者,而政府的角色更多的是制度供给和经费支持,推动大学更好地满足社会的需求。政府必须积极扶持和干预大学,督促大学更好地遵守基本的公共价值和法律制度规范。企业则基于自身的技术需求参与到与学科在知识生产和人才培养等方面的合作之中,是知识的利用者。② 这三者相互作用,彼此联系,共同构成了模式Ⅱ的知识生产主体网络。与此同时,模式Ⅱ不再基于学科和学者"以自我为中心"的目标导向,而是越来越强调实践价值,强调现实需求。大学由学科

---

① 理查德·惠特利著、赵万里等译:《科学的智力组织和社会组织》,北京大学出版社 2011 年版,第 5 页。

② 卓泽林:《大学知识生产范式的转向》,《教育学报》2016 年第 2 期。

型组织转化为以诉求为导向的服务型组织,大学中的知识生产由传统型基础科学研究向基础和应用型科学研究相结合的方向转型。模式 II 既然要解决应用情境中的问题,最终的解决办法通常会超越单一学科的限制,这也就是知识生产模式 II "跨学科性"的特点。①

而在随后的历史中,经济社会的快速发展远远超出了一般人的想象,除了市场经济和市民社会继续迅速扩张外,全球化的进程也对大学产生了新的影响,知识因为它非个性的、普适性的特征而日益融入全球化的浪潮。现代社会对知识的依赖都越来越大,知识比任何时候都更广泛地在社会中传播——不再限于精英,而是更多地被公众所掌握。现代社会与传统社会一个最为重要的区别之一就是基于真理标准、世俗化的科学知识被置于个人、社会和国家发展的神圣地位。高等教育对实现国家发展目标显得日益重要,与此同时,政府、大学与社会的关系变得更加复杂,学科建设受到越来越多的因素所影响。如何有效地均衡各种不同的利益和关系,协调不同的行为主体,建立更加有效的机制对于学科建设而言变得越来越充满挑战性。正因为如此,新的知识生产模式,也就是模式 III 把知识生产系统视为是一个多层次、多形态、多节点、多主体和多边互动的知识创新系统,强调大学、产业、政府和公民社会实体之间以多边、多形态、多节点和多层次方式的协同创新,并以竞争与合作、共同专属化和共同演进的逻辑机理驱动知识生产资源的形成、分配和应用过程,最终形成不同形态的创新网络和

---

① 马廷奇、许晶艳:《知识生产模式转型与学科建设模式创新》,《研究生教育研究》2019 年第 2 期。

知识集群,实现知识创新资源动态优化整合。①

在当前我国"一流学科"建设的背景下,学科建设不只是大学或者政府的事情,更不只是学科组织的事情,而必须与外部经济社会的发展形成有效的治理共同体:根据社会经济发展的环境,与外部主体保持有效的合作和互动,从而凝聚学科方向,整合学科队伍,促进学科发展与创新,为社会提供高质量的人才;关注外部主体的现实需求,围绕现实问题开展科研探索,并通过成果转化为企业、政府和社会等主体提供服务,将科研成果转化为生产力,达到为经济建设服务的目的。围绕着这种学科建设的治理共同体,不同的主体形成相互之间的多中心的合作与互动网络,学科建设应强调主体多元、方向多维与底部自治。要以学科建设为本,以政府、大学、科研机构、社会之间的充分参与为基础,通过学者组成的专业协会和利益共同体共同推动学科治理方式的创新。在这一过程中,政府承担着"元治理"的角色,重在对由多元主体参与的学科建设网络进行建设和管理。在学科建设上,应该强调利益相关者充分的知情权、协商权和参与权,将多元学科建设主体发展为平等的"合作生产者"。总之,现代学科建设,尤其是一流学科建设虽由政府推动,但其根本的目标不是建立长期的由政府控制的项目,而在于养育利益相关者长期合作的文化,推动多元主体共同参与学科建设,促成治理共同体的形成。其根本目标不再是仅仅聚集资源,突破发展,而在于养育学

---

① E. G. Carayannis, D. F. J. Campbell, *Mode3 Knowledge Production in Quadruple Helix Innovation Systems: Twenty-first Century Democracy, Innovation, and Entrepreneurship for Development*. N. Y.: Springer, 2012: 29.

科建设的文化,以重视互动、对话、信任关系的过程建设实现制度创新。①大学学科与外部治理主体,尤其是政府、大学、社会和学界这些核心相关主体在形成需求互动、责任共担、信息共享和机制共建的"治理共同体"(图5.1)。

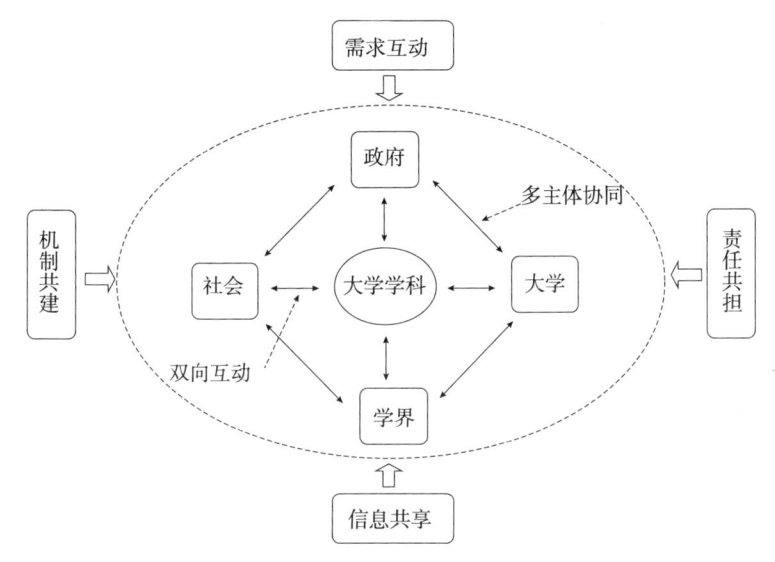

图 5.1 现代学科建设中的多元"共同治理"

第二节 面向学科建设的多元学科评价逻辑

学科评价最根本的目标在于推动学科建设不断发展,实现学科水平不断提升。正是因为现代大学学科建设在很大程度上是多元主体共同参与的治理共同体,因此,对学科的评价也是一个多元化的主体共同参与的系统。高深知识既是大学生存的逻辑

---

① 谢冉、章震宇:《从"重点学科"到"一流学科":我国高校学科建设的范式转换》,《高教探索》2020年第2期。

起点,也是大学发展的生命线。无论是在大学内部还是外部,知识交流都是双向甚至多向互动的过程,需要推动知识生产与转移的多样化、生态化,因此需要构建适应时代发展的多元化评价体系。[①] 作为大学知识生产与转移最为核心的学科来说,构建多元主体参与的评价体系尤为重要。学科评价是一种与环境、不同团体及个体密切联系的社会性行动,在这个多种主客观因素交互作用的场域中,学科评价如果只凭借自上而下的管理逻辑、竞争性绩效和先进技术加以建构,那么其所服务的学科建设将疏离高校场域,也就难以获取多元主体和社会组织对一流学科建设这一国家战略的认可。[②] 基于治理共同体的多元主体视角审视学科是现代大学学科评价的基本特征。

一、学科建设与多元主体评价

现代治理的逻辑强调,多元主体参与事务治理的过程最终是为了实现有效的善治,也就是有效地推动与外部多元主体之间的更好对接,通过多元主体之间的相互协同,建构一种良性的、运行流畅、科学合理的"治理之道"。评估的目的在于促进而不是证明。[③] 学科评价是基于一定的价值标准,系统衡量某时段内学科发展的成果,准确把握学科发展的客观态势,其目的在于为学

[①] 徐小洲、王劼丹:《英国大学评价新动向:基于"知识交流框架"的分析》,《高等教育研究》2021年第6期。
[②] 封冰、谢冉:《新公共管理视域下我国学科评价的反思与重构》,《研究生与学位教育》2020年第5期。
[③] 阎凤桥:《学科评估的多重逻辑》,《教育发展研究》2021年第1期。

科建设提供决策支撑,进一步提升学科建设质量。①国务院《统筹推进世界一流大学和一流学科建设总体方案》对学科评估的目标进行了清晰的定位,那就是坚持以学科为基础,"引导和支持高等学校优化学科结构,凝练学科发展方向,突出学科建设重点,创新学科组织模式,打造更多学科高峰,带动学校发挥优势、办出特色",最终"充分激发高校内生动力和发展活力,引导高等学校不断提升办学水平"。也就是说,学科评价是对学科建设的一种审视和引导,对学科未来的发展方向和当前学科建设中存在的问题进行检视,在此基础上建立相关机制,采取有针对性的对策和路径,激活学科的内生活力②,有效推动学科向着高水平的方向迈进。

现代治理理念强调,为达到目的,组织必须通过与其他组织交换知识和资源。治理是一个交换与合作的过程,政府组织虽然在自组织网络系统中充当着非常重要的角色,在决定重大的公共资源分配方向、维护公民基本权利、实现公平价值等方面发挥着其他组织不可替代的作用,但已不再是实施社会管理功能的唯一力量,非政府组织等第三部门和私营机构凭借各自的优势与政府组织一道共同承担起管理公共事务、提供公共服务的责任,从而形成一种互赖性的网络,每一个行动主体都是这一网络上的节点。现代学科建设中的多元主体必然在这种评估体系中扮演重要的地位。不同的主体基于自身的角度对学科进行评价和审视,

---

① 官有垣、陈锦棠、陆宛苹主编:《第三部门评估与责信》,北京大学出版社2008版,第6页。
② 张应强:《"双一流"建设需要什么样的学科评估——基于学科评估元评估的思考》,《清华大学教育研究》2019年第5期。

从而共同推动着学科建设的发展。在一个良好的治理体系中,评价也要引导学科建设主体的合理分工,让不同主体各司其职,做自己最擅长的工作,形成良性的协同建设体系。从治理的角度,不同主体对学科的评价是参与学科建设的重要方式。

二、主体需求与多元学科评价

如上所述,学科正日益成为一个典型的利益相关者组织。学科的质量和发展水平直接影响到利益相关者的利益,利益相关者也基于自身的需求关注着学科的质量和水平,而学科的发展也有赖于从不同的利益相关者那里获取有效的资源,有赖于利益相关者的参与和支持。多元学科评价从本质上来说就是不同的主体基于自身的价值尺度来审视学科的建设和发展水平。评价是客体与主体之间价值关系的体现,价值关系是以主体尺度为依据的关系内容,客体满足主体的需求是形成这种价值关系的前提和基础。[①] 对于学科来说,同样面对着如何满足基于不同主体需求的价值关系问题。从根本上来说,不同的主体对于学科的评价是从自身的现实效用这一角度切入的,也就是说,学科对于主体来说到底意味着什么,能够带来怎样的效用,是否能够满足不同主体的现实需求,这是现代多元治理中作为理性的治理主体衡量客体最重要的价值尺度。

对学科建设来说,核心的利益相关者从大的层面上来看可以划分为大学、政府、学界、社会四个方面,而这些相关者对学科的

---

① 李守福:《论大学评价的价值取向》,《比较教育研究》2005年第12期。

关切存在着明显的效用取向上的差异,理解大学学科对于不同主体的不同效用是构建多元化学科评价的前提和基础。自从1985年中央政府首次提出"高等学校办学水平评估"之后,很长一段时间内,我国的大学学科评估工作都是由政府主导和组织的。1980年代之后,政府之外的一些学术机构、民间机构也纷纷参与其中,各类排行榜纷纷涌现。对于民间排行榜主办者而言,排行榜是一种商业行为,与政府和大学所关心的学科建设无关,更多的是"数据导向"而非"目标导向",更不是"价值导向",各类排行榜主要以数据的可获取性、易获取性为原则进行指标体系与方法的设计,至于排行榜排行的目标是什么、用户需求是什么、价值导向是什么似乎就没那么重要了,因为"作为特定历史时期经济社会和高等教育大发展的产物,隐藏在大学排名背后的动机,更多的还是'生意'而不是为了大学的卓越"。[①] 这样的大学评价和学科评价必然受到诸多质疑,同时也让我们反思学科评价中的核心问题——学科评价主要以论文、课题等指标作为评价依据是否合理?学科评价的数据指标越来越精细、流程越来越复杂、评价主体越来越多元,然而,单作技术上的改进是否能实现学科评价的科学性、客观性和多元性?学科评价与大学评价之间是什么关系?如何发挥学科评价在学科建设中的重要作用?

三、学科评价中不同主体的需求分析

从大学的角度来看,学科评价的主要价值在于审视自身学

[①] 王建华:《大学排名的风险与一流大学的建设》,《高等教育研究》2019年第2期。

科布局、学科的资源投入提供依据。学科是构成大学的基本要素,是大学赖以存在的基础。对大学而言,大学是学科的组织者和协调者,是学科布局和建设的核心行动者,可以说,学科的建设方向和关注度在很大程度上决定着大学的水平和未来定位,大学对内部学科的关切主要体现在学科发展与大学自身的战略定位契合度、学科发展的资源投入绩效、不同学科的特色与水平上;作为学科建设的主体,大学需要通过学科评价与比较,全面审视学校在学科建设中的比较优势与存在的问题,扬长避短,进行校内学科结构调整和制度的完善,提升学校在高等教育领域的竞争力和办学绩效。大学学科建设需要通过学科评价建立基于学科组织的评价机制、问责机制和理财制度,引导学科面向国家和区域重大战略和重大问题进行知识生产,引导学科协同发展,避免散、小、弱;通过学科评价使大学在学科建设中进一步明晰学科组织在运行过程中的学科权力,让学科从表格中拼凑的虚拟组合,真正成为一个大学的基层组织实体,成为围绕共同科学使命而自觉集聚的有机体。学科评价为学科建设评现状、找问题、查原因、提对策,是学科评价对于大学的核心价值所在。

作为政府的学科,大学学科评价现具两方面的价值,一是作为政府财政投入的依据,二是作为建设绩效考核的依据。对于政府而言,大学及其学科的效用主要体现在对于经济社会发展的贡献度、学科的成果转化能力、学科对于国家战略目标的牵引和推动、学科对于政治思想教育的贡献度等方面,与西方国家的大学学科自我发展机制不同,我国的学科发展呈现出了极强的政府介入与主导的特征。"学科建设"是我国高等教育领域中具有中国特色的一个概念,这一概念的出现源自1987年国家教委启动重点学科评选政策,这凸显了政府在学科建设中的主体地位与主导作用。在更早的1985年5月中央政府颁布的文件《中共中央关于教育体制改革的决定》中第一次出现了"高等学校办学水平评估"一词,标志着我国学科评价工作的正式开始。此后,"国家重点学科评估""教育部学科评估"等以政府为主导进行的学科评价延续至今。学科评价是政府在高等教育治理中对于大学的引导机制和投入机制的创新,通过学科评价进行学科建设资源的分配,吸引大学和各类学科建设资源集聚到国家最需要的领域,解决最迫切的问题,同时还可实现学科建设经费的效率最大化。问题在于,政府对于大学学科建设的投入的初心源自大学学科解决国家和社会发展中的重大问题的期待,对于重点建设的学科遴选依据的是"需要和可能"的原则,首先强调的是国家和社会发展的现实需要,其次是学科要满足这种需要的能力判定。由于学科排名的出现,以论文产出和计量为导向的学科排名作为学科强弱的"事实判断"消减了能否满足国家和社会发展急需的"价值判断",排名成为遴选、投入、绩效考核的依据,因此"五唯"现象的出现就是自然而然的。要破除"五唯",政府在遴选重点建设的学科上也要从单一的以排行为依据的"竞争选优"方式转变到"择需布局"方式上来。

　　大学学科是评价学者学术价值和学术声誉的"晴雨表"。对于学者来说,学科是学术共同体的纽带,在一定程度上而言,实现大学学科发展与塑造大学学术共同体是一体两面:一方面,构建和发展大学学科就是在塑造大学学术共同体,是在调整和完善这一学术共同体的结构与内涵的基础上提升其质量与品质的过程;另一方面,学科建设是手段,学科发展则是过程,形成卓越学术共同体才是目标。① 因此,从学术共同体的角度来说,学者更加关心学科本身的真实的学术水平和声誉,在乎学科的学术生产能力的影响力,关注学科在学术界的地位;学科评价的价值则在于这既是学者进行自我学术定位、进行学术交流和获取学术声誉的渠道,也是确立自身在学术界的地位、获得学术声誉、申请学术资源的途径。不同的学科所处的阶段、性质与目标都是不同的,学科评价应该能够对单个学科的发展现状、发展阶段、发展问题有一个清晰而全面的评估,对学科的方向凝练与队伍建设进行评估,从而为学科组织化建设提供"诊断"依据。在组织化建设中,学科依据评价的结果要求学科中的学者调整行为,使其行为能够适应学科目标,而不是仅仅为了迎合学科评价的需求,只注重论文发表的数量和发表刊物,而不注重其所在学科的使命,不注重学术研究的质量与创新性。可是,当前学科排名的数量化倾向导致的问题之一是"不用看学者的文章,只需问发表于什么刊物,刊物影响因子如何,就可以靠打分来进行评价。不用读论文,即可判断质量"。② 构建使命导向、组织导向、能力导向的学科评价对学科和学者而言都是极为重要的。

---

① 李力、杜芃蕊、于东红:《从学科构建到卓越学术共同体的形成:哈佛大学学科发展的内涵与经验》,《中国高教研究》2012年第4期。
② 康拉德·P. 里斯曼著、陈洪捷译:《论反教育》[EB/OL],2020年5月20日,https://xw.qq.com/cmsid/20200321A0OYKX00。

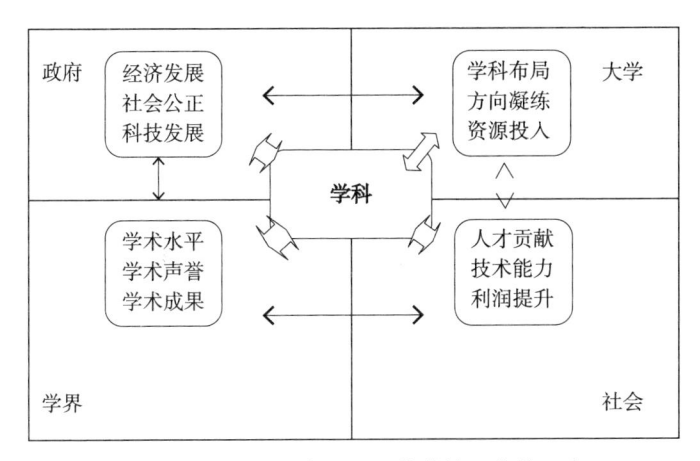

图 5.2　科学评价中不同主体的效用价值尺度

作为社会的学科来说,学科评价是其服务能力和技术创新能力的标尺。尤其是对于学科的受众组织——企事业组织来说,强调的是实实在在的人才和技术输出所带来的价值提升,对于组织利润、竞争能力的影响,学科的价值在于人才培养方面的市场竞争力,学科的创新力,学科的社会声誉,等等。学科评价有助于学科自身进行组织化建设,进行方向凝练,提高知识的生产能力(图 5.2)。

实际上,即使是在同一类型利益相关者内部也存在这诸多的不同利益主体,对于学科的价值认知也存在着明显的差异,例如中央政府和地方政府对于学科的价值判断和追求不一定总是一致的。社会同样是多种利益主体的集合体,不同主体对学科价值的评价也会因为利益追求不同而有所不同,[①] 例如,在学生家长眼里,学科的价值体现为就业质量和自身能力的提升;而企业关注

---

① 熊庆年:《学科评估中的价值评估及其类型》,《国内高等教育教学研究动态》2017 年第 3 期。

的则更多地其所培养的人才的创新力和市场价值，等等。不同的主体在具体实践活动中形成了对学科不同的价值尺度，学科的价值关系因而具有多维性和动态性的特点，这种多维性和动态性特点决定了学科评价必然是一种不同主体参与的多元化评价体系。因此，如何满足不同利益相关者对学科发展的期待成为学科评估的重要目标。面向效用尺度的多元学科评估的核心要义在于从不同的价值取向回应不同利益相关者对学科质量的关切。学科不仅仅只是一种知识门类的划分，更是生活在多元化环境中的活生生的有机体组织，需要及时有效地从多元环境中吸纳各种有价值的养分，才能适应不断发展的环境，不断地壮大自己。

第三节 我国当前的一元化学科评价及其困境

现代多元学科评估强调从不同的利益主体出发，基于不同利益主体的效用价值取向、从不同的效用目标函数来审视学科的质量，诊断学科建设中存在的问题。这种多元学科评估是现代大学多元治理体系的重要体现，实际上，纵观世界高等教育强国，基本上建立了较为完整的多元评估体系，政府、社会和市场基于自身的价值逻辑和标准，在学科评估中扮演着越来越重要的多样化角色，而这对现代大学和学科来说，意义重大。这种多元化的评估体系使得学科能够与多元主体之间保持良好的互动，保持对外界环境的敏感性，及时回应社会的现实需求，因而能够及时获得有关未来发展的途径、方向，以及各种有助于实现科学建设的重要资源，最终达到全面提升科学研究、人才培养和社会服务的效益和质量的目的。"双一流"建设方案提出要构建完善中国特色的世界一流大学和一流学科评价体系,充分激发高校的内生动力和发展活力,引导高等学校不断提升办学水平。毫无疑问,高等教育的发展离不开对大学、对学科建设的评价,建设世界一流大学和一流学科的战略目标更要建立科学合理的学科评价机制,通过对学科整体发展状态的诊断和监测,以评促建,以评促改,推进学科和大学实现内涵式发展。从现代学科评价的逻辑来看,评估主体的多样化是其中重要的特征之一,这是由现代大学多中心治理结构的基本特征所决定的。从西方发达国家高等教育评价的发展趋势来看,伴随着第三方力量的逐渐兴起,愈来愈多的主体参与了学科评价。教育评估的多元化主体,包括政府、大学、社会公众、行业协会、专业评估机构、新闻媒体等,都在其中发挥着自己的作用[1],多方评价日渐成为一种趋势和潮流。在不少人看来,正是多方主体日益深入地参与到学科的评价过程,共同推动着学科的不断发展。

一、评价主体的单一化

受到西方大学评估和学科评估实践和理论的影响,多方评估主体在我国大学学科评估中的重要性被日益强调,越来越多的人呼吁打破过去政府主导的一元化的评估模式,让市场、社会等多元组织参与学科的评价,为学科建设和发展提供多样化的切入点和路径选择。在我国,学科评价最初是由政府主导的,带有绝对

---

[1] 胡德鑫:《发达国家高等教育评估的发展趋势》,《教育学术月刊》2017年第4期。

的行政性倾向,政府意志贯穿学科评价的全过程。随着市场经济体制改革的不断深化和政府职能的转变,"用第三方评估促进政府管理方式改革创新"日益成为共识,"管办评"分离在学科评价和大学评价中得到越来越明显的体现,"第三方评估将成为政府管理新常态"①,多方主体的学科评价迎来热潮,各种学科评价应运而生,其中比较有影响力的是教育部学位与研究生教育发展中心、武汉大学中国学科评价研究中心、上海交通大学高等教育研究所、广东管理科学研究院等,他们纷纷发布了有较大影响力的学科排行榜。然而在这看似热闹的多方学科评价热潮中,不同主体到底在多大程度上能够为学科建设和内涵式发展提供有价值的参考性意见则是一个令人怀疑的问题。当然,毫无疑问,以政府为主体的学科评估具有垄断性影响,甚至直接决定着资源的分配和大学的生存发展。虽然"双一流"建设方案中强调要建立健全绩效评价机制,积极采用第三方评价,但第三方评价(评估)还没有很好发展起来,评估结果的社会认可度还有待提高。目前主导大学学科评估的依然是教育部学位与研究生教育发展中心,他们开展的多轮学科评估都是通过教育行政系统组织的,是教育部采信的最主要的学科评估结果之一。因此,无论是对高校来说还是对社会来说,其评估结果具有相当大的权威性。而一些社会组织开展的学科评估,如上海软科开展的学科评估只是在民间有较大影响力,对高校学科建设的影响比较有限。②

---

① 张力玮、郭伟:《打造中国特色、世界一流的教育评估品牌——访教育部学位与研究生教育发展中心主任王立生》,《世界教育信息》2017年第3期。

② 张应强:《"双一流"建设需要什么样的学科评估——基于学科评估元评估的思考》,《清华大学教育研究》2019年第5期。

不同主体之间存在着明显的力量不均衡性,尽管从形式上来看,社会第三方组织和企业等更加深入地参与进来,政府在某种程度上依然是垄断性的评价主体,而且垄断了学科发展的核心资源,以其自身评价为指挥棒,因此,迎合政府的评价标准自然而然地就成为各大学及其学科最重要的行为选择。从政府的层面集中资源推进和引导学科建设对于高等教育的发展无疑是重要的,但是,从现代学科建设的逻辑来看,还需要办学者尊重学术发展规律,强化大学自身的诊断式自我评估、学界和社会等多元主体更加有效地参与到学科评估之中来,从而为学科的自我生长、自我恢复、自我调整提供良好的生态环境。[1]

二、学科评估标准的趋同化

对现有评估机构发布的学科评价进行深入分析可以看出,不同的评估主体在价值导向、评价标准和评价方式上高度重合,呈现出明显的一元化特征。从理论上来说,不同主体的学科评价在目的和导向上应该存在着较为明显的差异化。作为大学的举办者,政府需要及时了解学科发展的基本情况,为引导学科未来建设提供更有针对性的依据。大学学科布局的合理性、学科对本地经济社会服务的能力与绩效等方面的情况是政府颇为关心的内容,但是,目前政府导向的学科评估并没有凸显政府作为主办者的学科价值需求。政府作为大学的主办者只能依照基于学术

---

[1] 武建鑫、周光礼:《世界一流学科:"以评促建"何以可能》,《国家教育行政学院学报》2016年第11期。

逻辑的学科评价结果进行资源投入和总体布局,从而导致学科评估目的与内在价值的严重冲突。同样的情况也存在于大学对内部学科的评估中。这种评估标准的趋同化导致不同主体在对学科评价的过程中呈现出较为明显的评价内容、指标上的重叠化特征。在评价内容上均过分强调论文和项目的产出,这虽然在一定程度上可以反映学科学术成果的指标,但并不能代表学科建设的整体实力和水平。不同主体之间的评估更多的不是从自身的现实需求和效用价值尺度的角度出发来审视学科,多元化效用评价尺度并没有得到充分地彰显。用一个形象的比喻,过去的单一主体一元评价模式相当于一个人用一把尺子去衡量学科,而多方一元评价则是多个人用同一把尺子衡量学科,其间唯一区别就是多了几个主体而已。当前,学术水平基本上成为各方进行学科评价的唯一标准,这对学科自身的建设和发展来说并没有实质的意义,甚至还可能扭曲学科的价值关系,与现代学科建设所倡导的价值原则背道而驰。

三、评价方法上的单一化

从理论上说,多方评价应该是不同的主体从不同的层面对学科进行评估,因此在评价过程和方法方面会呈现较为明显的差异性。但出于简单化和便利性的考量,现有的多方评价主体在评价方法上基本上都是采用简单化的数据填充方式,通过人工数据统计、高校提供数据或者网络数据等方式收集数量化的文章、奖励和项目等可获取的公开资料。通过简单的数据计算来评估学科水平和现状,强调的是量的累计。在评价过程上通常采取自我封闭式的评价方式,第三方评价往往是自我设定指标和权重、自我组织"人马"收集资料、自我得出评价结果。政府主导的评价过程则具有较为浓厚的行政色彩,虽然名义上强调各高校自愿、自主参加,但是实际上则是一种自上而下的组织动员过程。学科建设本身真正的质量和水平及其对不同主体来说的价值效度并没有得到应有的重视,评价过程很少通过同行评议、问卷调查等方式(教育部第四轮学科评估中开始有意识地采用多元化的评价方法)更加真实和全面地呈现学科发展的现状和问题。当前我国出现这种多主体一元化学科评估状况的主要原因在于,学科评估的目标和价值被功利化的取向所异化。现有的多方评估只强调"评"的结果而忽视"建"的内在不同价值,只强调排名,而不关注学科发展,学科评估往往沦为"争资源工程"。高校与政府、评估者和被评估学科之间的合作或妥协成为必然[1],为评估而评估,为排名而评估,短期的逐利性目标必然导致学科评估的一元化,这不利于学科的内涵式发展和质量水平的有效提升,更不利于"双一流"学科建设。

第四节 多元主体参与的学科评价体系完善

随着我国经济社会结构的日益多元化、大学和学科日益融入多元治理主体的互动网络,越来越多的主体与学科形成了越来越密切的关系,但是,与现代一流学科建设相适应的基于不同主体

---

[1] 王建华:《一流学科评估的理论探讨》,《大学教育科学》2012年第3期。

参与的多元评估体系依然没有建立起来,如何构建有中国特色的多元学科评价体系对于一流学科的建设有重要意义。构建多元化的学科评价体系需要审视和反思当前多方一元化的学科评价的困境,从现代学科建设的内在逻辑出发,建设与现代多元治理结构相契合的学科多元主体参与的多元价值关系。

一、明确、规范学科评估中的政府角色

建设多元学科评价体系首先要正确认识政府在学科评估中的角色。在各种评价主体中,由于政府垄断了权威资源的配置权,无疑是对学科影响最大因而也最受到关注的一方。政府的这种权力不仅会影响到学科建设本身,还可能会影响到其他评估主体的相关行为。作为举办者,政府自然需要掌握学科建设的基本情况并予以必要的监督,要基于自身的价值尺度关注学科的发展。但是,在保持必要关注的同时又要避免对大学学科建设不当的行政干预。政府应该完善以自身为主体的学科评估体系,进一步明确其评估的目标和边界,从政府的职能出发科学定位自身在学科评估的角色。政府进行学科评估是基于整体战略布局和总体学科规划,从宏观上把握学科建设与国家经济社会发展、科技创新的对接,为国家整体的科学建设规划提供依据。因此,政府的学科评估应关注宏观的战略层面,而不是聚焦于不同大学内部的具体的学科建设行为和过程。基于这种角色定位,政府的学科评估应该与具体的大学学科资源分配、行政目标与问责脱钩。基于这种目标和角色定位,有必要从国家和社会需求的角度设定相关的指标,凸显学科建设服务社会经济和科技创新等方面的能力

评价,打破封闭性的评估过程和形式,让更多的相关主体加入进来,尤其是让学科的"受众"更加有效地参与进来,更加充分地体现"用户评价"。

同时,政府应该扮演好现代学科建设理念下学科评估的角色转型,创造条件让更多的主体参与到学科评价过程中来。学科评价并不是政府强制高校接受预定的制度和方案的过程,而是引导具有不同利益诉求、价值观和资源的多元主体通过互动、协商,共同寻求解决方案的过程,是推动学科建设可持续发展的过程。[①]政府应该规范与第三方学科评价机构的授权关系,明确政府与其他评估主体的边界。外部力量尤其是政府力量的介入必须理智地保持"一臂之距",否则就会因为越界而成为大学生长发育的负面动因[②],政府的角色应该保持必要的超然性。政府在学科评价中的角色应超越传统的公共行政所强调的"划桨者"和新公共管理聚焦的"掌舵者"角色,重在搭建促进多元学科评价主体充分参与的合作平台,通过网络与契约的构建来协调学科利益相关者之间的利益,使得多元学科建设主体,如政府、高校、评价组织、学生、教师、社会相关机构通过平台进行充分沟通,达到利益均衡和价值共识的目的。政府的角色在于通过责任这一价值取向的引导,以多元主体充分参与为前提条件,通过利益均衡、行为方式的透明和制度保障,在整体性治理目标的引导下构建多向沟通和多层次的学科治理网络,引导多元主体对学科评价的价值、目标和关系

---

① 封冰、谢冉:《新公共管理视域下我国学科评价的反思与重构》,《研究生与学位教育》2020年第5期。
② 董云川:《中国式学科评估:问题与出路》,《探索与争鸣》2016年第9期。

进行协商,实现学科评价自治与责任之间的平衡。①

二、强化不同评估主体的多元价值取向

多元学科评估体系的建设应该明确评价主体的现实诉求,也就是谁要评、为何而评的问题,这是价值选择的主观约束。②学科评估是为特定的主体服务的,其价值具有特定性和有限性。因此,学科评价之初就应该明确评估主体是什么,在此基础上明确评估主体的价值尺度,而评估结果也是为特定主体提供参考,避免学科评估结果的运用泛化和其他主体的"借用"与误用。多元评估体系的建设应该区隔没有特定服务目标主体、对学科建设本身没有实际价值的假评估和伪评估。而无论何种学科评估,评估目的与学科建设目的之间的契合度都很重要,学科评估服务学科建设是最基本的原则。③学科评价的根本目的在于以评促建、以评促改。学科评估不是为了排名而排名,更不是为了满足公众对学科发展状况的好奇,如果学科评估既不能真实呈现学科建设的基本现状,对学科建设和水平的提升又没有实质的意义,学科评估也就失去了应有的价值。学科建设最终是为了满足国家、产业和大学发展的期待,因此,需要大力构建不同主体基于自身需求的多元评估生态体系,其目的在于通过这种多元主体参与的评价生态建设,推动学科在外部诉求驱动下主动做好学科建设,实现

---

① 封冰、谢冉:《新公共管理视域下我国学科评价的反思与重构》,《研究生与学位教育》2020年第5期。

② 熊庆年:《学科评估中的价值评估及其类型》,《国内高等教育教学研究动态》2017年第3期。

③ 王建华:《一流学科评估的理论探讨》,《大学教育科学》2012年第3期。

学科建设良性的可持续发展。

三、进一步凸显大学为主体的学科评估价值

多元学科评价体系建设需要进一步推动以高校为主体的学科评估机制。高校作为学科建设的直接主体承担着学科质量保障的核心责任,可以说高校是学科最为核心的利益相关者,比其他任何主体都会更加关注学科建设和质量水平情况。从高校的角度来说,当前大部分的学科评估基本上都是外部主体的行为,高校总体上处于被动接受评估的状态。高校普遍缺乏自主的内部学科评价体系建设的意识和行为,对内部学科建设的状况和质量提升大多时候是"凭感觉"的无意识行为。要真正促进学科发展,提高学科质量,有必要使大学质量评估体系建设的重心由外部转向内部,由外部强制性评估机制转向大学自愿问责机制。[①]高校需要通过自主的内部学科评估,找到与一流学科之间的差距,找准不足,补齐短板,这样才能有针对性的提升学科建设的水平和质量。

大学对自身学科的评价正如我们前面提到的,更加强调学科建设中的问题导向,为学科建设提供"诊断书"。大学对学科的评价不应仅仅强调论文、项目等可量化的结果评价,更应该强调学科建设内涵、质量、水平的评价,要基于学科发展的内在逻辑来审视学科,把学科不仅仅视为一种知识体系的分工,更应该视

---

① Lenna Wikander、黄容霞:《一个学科国际评估的行动框架——以学科评估推进世界一流大学建设的一个案例》,《中国高教研究》2014年第2期。

为是一种组织化的知识生产体系。组织化的评价应当包含学科是否有明确的使命和目标,学科研究方向是否明确,学术梯队的整体水平是否良好,是否形成了特定的学科文化等。学科使命和目标使学科组织内的各个要素能够有效集约,提高组织的运行效率。评价一个学科的使命和目标是否明晰,要结合学科建设和大学发展两个方面评价。好的学科目标和战略规划应当符合学科自身的发展规律,符合学科建设的总体要求,同时与大学总体的发展方向、目标保持一致。每个学科都有自己的场域边界,学科研究方向是学科使命目标的具体化、明晰化。凝练的学科研究方向集合专门研究领域的学者,让他们为共同的领域服务和创造价值。学术梯队需要由一流的学者构成,有一位能够统筹全局、在宏观上引领学科发展的学科带头人。同时,学者的年龄结构、知识结构、气质结构要合理,并且有较强的分工协作精神。目前,第四轮学科评价体系对师资队伍评价指标做出调整,不再片面追求教师数量,增加师资队伍国际化水平、可持续发展能力和团队建设等评价指标,这是对学术梯队评价的优化和改进。

大学对学科的评价是对学科内各要素发展水平的评价。作为一体化的组织,学科的发展离不开组织系统的有序运转。学科组织化程度越高,运行效率越高。在学科组织的实际运行过程中,需要有一套完善的管理体制,学科人、财、物资源配置也要科学、合理。因此,学科运行过程的评价主要针对学科的组织制度安排和对优势资源的利用效率两方面。世界一流学科无一例外具有规范的制度体系。规范的制度体系能够顺应知识生产的逻辑,确定基本的管理方式和原则,明确各个子系统之间的权、责、的路径依赖时期,而"关键节点"的存在与发生则有可能引起重大的制度变迁。"关键节点"概念的引入为制度变迁研究过程中划分历史阶段提供有力解释,这有助于区分不同历史发展阶段的制度安排、制度差异与绩效表现,也避免纯粹历史描述中诸多现象的困扰。

中国大学学科评价始于国家政策,其发展也受到政策变迁的影响。1985年5月中共中央发布《中共中央关于教育体制改革的决定》,指出:"组织教育界、知识界和用人部门定期对高等学校的办学水平进行评估,重点支持奖励学科建设成绩卓著的学校,整顿或停办办学水平较低的高校。"① 这是中共中央首次提出大学评估问题,充分显示了教育评估的导向性。

王战军和张微将新中国学科结构调整政策的变迁轨迹归纳为应用逻辑推动院系调整(1949—1978年)、学科逻辑重塑学科目录(1978—2000年)、同构共生的体系建构(2000年至今)三个阶段。② 左兵曾经将重点学科建设制度形成的历史轨迹分为重点学科建设制度的雏形(1949—1976年)、重点学科建设制度的确立(1977—1987年)、重点学科建设制度的完善(2001年全国高校第二次重点学科评选、2006年全国高校重点学科评估)三个阶段。③ 本研究认为,学科评估经过了探索前进阶段(1949年—1965年)、"文革"时期(1966年—1977年)、蓬勃发展阶段(1978年—2001年)、高质量发展阶段(2002年—2016年)、进入新时代(2017年—至今)(表6.1)。

---

① 《中共中央关于教育体制改革的决定》,《中国教育报》1985年6月1日。
② 王战军、张微:《新中国成立70年来我国高校学科结构调整——政策变迁的制度逻辑》,《中国高教研究》2019年第12期。
③ 左兵:《政策导引下的重点学科建设制度分析》,《高等教育研究》2006年第10期。

表 6.1　新中国成立以来关于学科的政策文件梳理

序号	时间	政策文件	政策文本核心内容
1	1963 年	《教育部直属高等学校自然科学研究工作暂行简则（草案）》	高等学校应确定若干学科，重点发展。
2	1985 年 5 月 27 日	《中共中央关于教育体制改革的决定》	1. 扩大高等学校的办学自主权。在执行国家的政策、法令、计划的前提下，高等学校有权调整专业的服务方向； 2. 高等教育的结构，要根据经济建设、社会发展和科技进步的需要进行调整和改革。改变高等教育科类比例不合理的状况，加快财经、政法、管理等类薄弱系科和专业的发展，扶持新兴、边缘学科的成长； 3. 根据同行评议、择优扶植的原则，有计划地建设一批重点学科。重点学科比较集中的学校，将自然形成既是教育中心，又是科学研究中心。
3	1987 年 5 月 27 日	《关于改革高等学校科学技术工作的意见》	1. 在高等学校中有计划地建设一批符合社会主义现代化建设需要、门类结构比较合理的重点学科； 2. 研究生培养任务重、教学与科学研究基础好、重点学科比较集中的少数高等学校，应该努力办成既是教育中心，又是科学研究中心。
4	1987 年 8 月 12 日	《国家教育委员会关于评选高等学校重点学科的暂行规定》	1. 重点学科点应从符合条件的博士点中选定； 2. 重点学科点应具备四大条件； 3. 重点学科点采取学校申报、主管部门推荐、同行专家评选、国家教委审核批准的办法择优确定。

续表

序号	时间	政策文件	政策文本核心内容
5	1988年11月22日	《国家教委、财政部、人事部、国家税务局关于高等学校开展社会服务有关问题的意见》	开展社会服务要从实际出发,以各自的学科优势为依托,扬长避短,量力而行。
6	1991年12月1日	《1991—2000年科学技术发展十年规划和"八五"计划纲要》	有重点地办好一批大学。加强一批重点学科点的建设,使其在科学技术水平上达到或接近发达国家同类学科的水平。
7	1991年5月7日	《国家教育委员会、国家科学技术委员会、农业部、林业部关于进一步组织高等学校科技力量为振兴农业作贡献的决定》	1. 基础学科(特别是生物学)许多研究成果都可为农业发展服务; 2. 其他各类高等学校也必须把科教兴农作为一项重要任务,进一步抓牢有关学科专业的教学。
8	1993年1月12日	《关于加快改革和积极发展普通高等教育意见的通知》	1. 在科类上,稳定基础学科的规模,适当发展新兴和边缘学科,重点发展应用学科; 2. 有条件的省、自治区、直辖市和国务院有关部门着重办好一两所代表本地区、本行业先进水平的高等学校和一批重点学科、专业; 3. 对于列入"211工程"计划的高等学校和学科、专业,中央(包括各有关部门)和地方两级教育部门,要采取适当的特殊政策,进一步扩大这些学校的办学自主权。
9	1993年2月13日	《中国教育改革和发展纲要(1990—2000)》	1. 高等学校培养的专门人才适应经济、科技和社会发展的需求,集中力量办好一批重点大学和重点学科; 2. 要基本稳定基础学科的规模,适当发展新兴和边缘学科,重点发展应用学科。

续表

序号	时间	政策文件	政策文本核心内容
10	1993 年 7 月 15 日	《关于重点建设一批高等学校和重点学科点的若干意见》	1. 决定设置"211 工程"重点建设项目,即面向 21 世纪,重点建设 100 所左右的高等学校和一批重点学科点; 2. 高等学校重点学科点的选择原则是:学科发展方向意义重大、具有特色和优势;有国内公认、国际上有一定影响的学术带头人和梯队合理的高水平学术队伍;教学科研水平处于国内领先地位,在国际上也有一定的影响,人才培养和科学研究成绩突出;有良好的教学科研条件和国内外学术交流基础。
11	1995 年 11 月 18 日	国家计委、国家教委、财政部《"211 工程"总体建设规划》	1. 重点学科建设是"211 工程"的三大建设内容之一; 2. 注重支持与基础产业、支柱产业密切相关院校和重点学科点的建设,加大国家急需的高级专门人才和应用技术人才的培养力度; 3. 加强 300 个左右与经济社会发展、科技进步和国防建设密切相关的重点学科点。
12	1996 年 4 月 10 日	《全国教育事业"九五"计划和 2010 年发展规划》	1. 在学科结构上,重点发展应用学科、有针对性地发展新兴学科和边缘学科,优先保证国家重点产业、教育和国防军工单位对人才的需求; 2. 认真组织实施"211"工程,重点建设约 100 所高等学校和一批点学科。
13	1998 年 12 月 24 日	《面向 21 世纪教育振兴行动计划》	1. 相对集中国家有限财力,调动多方面积极性,从重点学科建设入手,加大投入力度,对于若干所高等学

续表

序号	时间	政策文件	政策文本核心内容
13	1998年12月24日	《面向21世纪教育振兴行动计划》	校和已经接近并有条件达到国际先进水平的学科进行重点建设；2. 今后10—20年，争取若干所大学和一批重点学科进入世界一流水平。
14	2001年5月	《国民经济和社会发展第十个五年计划科技教育发展专项规划（科技发展规划）》	1. 稳步推进学科建设，加强数学、物理、化学、天文等基础学科重点领域的前沿性、交叉性研究和积累；2. 对处于国际前沿的、活跃的学科领域予以积极扶持，加大支持力度，建设具有我国特色又符合当代科学发展的基础研究学科体系。
15	2001年10月25日	《关于做好普通高等学校本科学科专业结构调整工作的若干原则意见》	1. 国家在建立和完善本科专业评估、提供招生就业信息服务和宏观调控制度的基础上，进一步扩大高等学校学科专业设置自主权；2. 鼓励高等学校积极探索建立交叉学科专业，探索人才培养模式多样化的新机制；3. 要求高等学校加强传统学科专业的改革和改造；4. 积极推进西部高等学校学科专业发展，完善西部地区高等教育学科专业结构体系；5. 采取切实有效措施，保证国家艰苦行业、国防军工以及部分基础学科专业发展所需人才的培养。
16	2002年6月11日	《科技部、教育部、中国科学院、中国工程院、国家自然科学基金委员会关于进一步增强原始性创新能力的意见》	国家重大科研计划要明确强调学科、领域间的交叉与融合和跨地区、跨部门的协作，汇聚不同领域的研究力量，组织跨学科、跨领域的合作研究，实现系统集成和创新。

续表

序号	时间	政策文件	政策文本核心内容
17	2004年6月2日	《教育部、财政部关于继续实施"985工程"建设项目的意见》	1. 结合国家创新体系建设，重点建设一批"985工程"科技创新平台和"985工程"哲学社会科学创新基地，促进一批世界一流学科的形成，推动学科建设； 2. 突破以传统学科界限为基础的科研管理与学科组织模式，建立有利于创新、交叉、开放和共享的运行机制，以适应现代科学发展综合化趋势。
18	2004年11月15日	《高等学校中长期科学和技术发展规划纲要》	1. 以学科和创新基地建设为突破口，实施重点突进战略，建设一批高水平研究型大学； 2. 积极探索以创新平台、重点科研基地、重点学科为依托，以学科带头人为核心，以重大项目牵引、凝聚学术队伍的人才组织模式，形成一批优秀创新团队，促进学科交叉融合和集成发展。
19	2006年3月23日	《教育部、科技部关于进一步加强地方高等学校科技创新工作的若干意见》	有条件的地方高校要根据优势学科和特色研究领域，依托现有各类实验室，整合和新建国家重点实验室和教育部重点实验室。
20	2006年10月27日	《教育部关于加强国家重点学科建设的意见》	1. 根据建设创新型国家的战略部署，调整国家重点学科结构； 2. 整合资源，加快国家重点学科建设； 3. 改革原有国家重点学科的评选方式，把对国家重点学科的考核和认定，作为加强建设的重要手段； 4. 建立国家重点学科建设的多元投入机制。

续表

序号	时间	政策文件	政策文本核心内容
21	2006年10月27日	《国家重点学科建设与管理暂行办法》	1. 国家重点学科的一个建设周期为五年； 2. 凝炼学科方向是做好国家重点学科建设规划的核心； 3. 各国家重点学科要建立国家重点学科信息网页； 4. 教育部在对国家重点学科考核的基础上，对符合条件的将重新确定为国家重点学科；对建设成效差、经整改后仍不符合要求的予以淘汰。
22	2009年2月25日	《学位授予和人才培养学科目录设置与管理办法》	1. 学科目录分为学科门类、一级学科和二级学科三级。学科门类和一级学科是国家进行学位授权审核与学科管理、学位授予单位开展学位授予与人才培养工作的基本依据，二级学科是学位授予单位实施人才培养的参考依据； 2. 学科目录实行分层管理，采取规定性与自主性相结合、相对稳定与动态调整相结合的管理机制； 3. 一级学科的调整每10年进行一次，二级学科目录每5年编制一次。
23	2010年5月5日	《国家中长期教育改革和发展规划纲要（2010—2020年）》	1. 优化学科专业、类型、层次结构，促进多学科交叉和融合； 2. 加快建设一流大学和一流学科。以重点学科建设为基础，继续实施"985工程"和优势学科创新平台建设，继续实施"211工程"和启动特色重点学科项目； 3. 鼓励学校优势学科面向世界，支持参与和设立国际学术合作组织、国际科学计划，支持与境外高水平教育、科研机构建立联合研发基地。

续表

序号	时间	政策文件	政策文本核心内容
24	2011年3月8日	《学位授予和人才培养学科目录（2011年）》	1. 新目录适用于硕士、博士的学位授予、招生和培养，并用于学科建设和教育统计、分类等工作； 2. 学士学位按新目录的学科授予。
25	2012年4月27日	发政委、教育部《关于印发中西部高校基础能力建设工程实施方案的通知》	纳入中西部高校基础能力建设工程建设的高校应符合"学科专业设置与区域发展需求、地方产业结构特点高度契合，对地方经济社会发展具有重要支撑作用的综合性大学；或学科优势特色突出，在专业领域具有较大影响的其他类型高校"这一原则要求。
26	2015年11月5日	《国务院关于印发统筹推进世界一流大学和一流学科建设总体方案的通知》	坚持以学科为基础。引导和支持高等学校优化学科结构，凝练学科发展方向，突出学科建设重点，创新学科组织模式，打造更多学科高峰，带动学校发挥优势、办出特色。
27	2016年11月3日	《高等学校学科创新引智计划实施与管理办法》	1. "111计划"以建设世界一流学科创新引智基地为手段，加大成建制引进海外人才的力度，重点建设一批具有自主创新能力的学科，提升高等学校的科技创新能力和综合竞争力； 2. 重点建设100个世界一流的学科创新基地。
28	2017年1月10日	《国务院关于印发国家教育事业发展"十三五"规划的通知》	1. 若干所大学和一批学科进入世界一流行列，若干学科进入世界一流学科前列；

续表

序号	时间	政策文件	政策文本核心内容
28	2017年1月10日	《国务院关于印发国家教育事业发展"十三五"规划的通知》	2. 继续推进基础学科拔尖学生培养试验计划； 3. 改革学位授权审核机制，落实高校学科专业设置自主权。
29	2017年1月25日	《统筹推进世界一流大学和一流学科建设实施办法（暂行）》	1. 到2020年，若干所大学和一批学科进入世界一流行列，若干学科进入世界一流学科前列；到2030年，更多的大学和学科进入世界一流行列，若干所大学进入世界一流大学前列，一批学科进入世界一流学科前列，高等教育整体实力显著提升；到本世纪中叶，一流大学和一流学科的数量和实力进入世界前列，基本建成高等教育强国； 2. 坚持以学科为基础，支持建设一百个左右学科，着力打造学科领域高峰； 3. 坚持公平公正、开放竞争。采取认定方式确定一流大学、一流学科建设高校及建设学科； 4. 以学科为基础，制定科学合理的绩效评价办法，开展中期和期末评价，加大经费动态支持力度，形成激励约束机制，增强建设实效。
30	2017年9月20日	《教育部、财政部、国家发展改革委关于公布世界一流大学和一流学科建设高校及建设学科名单的通知》	公布首批双一流建设高校共计137所，其中世界一流大学建设高校42所，世界一流学科建设高校95所，双一流建设学科共计465个。

续表

序号	时间	政策文件	政策文本核心内容
31	2018年1月31日	国务院《关于全面加强基础科学研究的若干意见》	1. 潜心加强基础科学研究，对数学、物理等重点基础学科给予更多倾斜； 2. 发挥国家自然科学基金支持源头创新的重要作用，更加聚焦基础学科和前沿探索； 3. 在前沿、新兴、交叉、边缘等学科以及布局薄弱学科，依托高校、科研院所和骨干企业等部署建设一批国家重点实验室和国防科技重点实验室，推进学科交叉国家研究中心建设。
32	2018年8月8日	《关于高等学校加快"双一流"建设的指导意见》	1. 优化学科布局，构建协调可持续发展的学科体系； 2. 强化内涵建设，打造一流学科高峰：明确学科建设内涵、突出学科优势与特色、拓展学科育人功能、打造高水平学科团队和梯队、增强学科创新能力、创新学科组织模式。
33	2018年9月17日	《关于加快建设发展新工科　实施卓越工程师教育培养计划2.0的意见》	1. 经过5年的努力，建设一批新型高水平理工科大学、多主体共建的产业学院和未来技术学院、产业急需的新兴工科专业、体现产业和技术最新发展的新课程等，培养一批工程实践能力强的高水平专业教师，20%以上的工科专业点通过国际实质等效的专业认证，形成中国特色、世界一流工程教育体系，进入高等工程教育的世界第一方阵前列；

续表

序号	时间	政策文件	政策文本核心内容
33	2018年9月17日	《关于加快建设发展新工科 实施卓越工程师教育培养计划2.0的意见》	2.加快新工科建设，统筹考虑"新的工科专业、工科的新要求"，改造升级传统工科专业，发展新兴工科专业。
34	2018年9月17日	《教育部等六部门关于实施基础学科拔尖学生培养计划2.0的意见》	1.遵循基础学科拔尖创新人才成长规律，建立拔尖人才脱颖而出的新机制，在基础学科拔尖学生培养试验计划前期探索的"一制三化"（导师制、小班化、个性化、国际化）等有效模式基础上，进一步拓展范围、增加数量、提高质量、创新模式，形成拔尖人才培养的中国标准、中国模式和中国方案； 2.促进学科交叉、科教融合。
35	2019年4月4日	《教育部办公厅关于实施一流本科专业建设"双万计划"的通知》	2019—2021年，建设10000个左右国家级一流本科专业点和10000个左右省级一流本科专业点。
36	2020年1月14日	《关于在部分高校开展基础学科招生改革试点工作的意见》	突出基础学科的支撑引领作用，重点在数学、物理、化学、生物及历史、哲学、古文字学等相关专业招生。建立学科专业的动态调整机制，根据新形势要求和招生情况，适时调整强基计划招生专业。
37	2020年2月18日	《关于规范高等学校SCI论文相关指标使用 树立正确评价导向的若干意见》	改进学科和学校评估。减少对学科、学校的排名性评价，坚持分类和分领域评价。对创新能力的评价突出创新质量和实际贡献，审慎选用量化指标，不把SCI论文相关指标作为评价的直接依据，评价结果减少与资源配置直接挂钩。

续表

序号	时间	政策文件	政策文本核心内容
38	2020年2月24日	《关于"双一流"建设高校促进学科融合 加快人工智能领域研究生培养的若干意见》	1. 完善人工智能领域学科布局。鼓励高校统筹各类资金,支持人工智能相关学科建设,逐渐形成学科优势特色,推动人工智能向更多学科渗透融合; 2. 完善学科评价机制。鼓励高校开展自我评估,支持学会、行业协会开展第三方评价,合理借鉴国际评估。
39	2020年9月4日	《关于加快新时代研究生教育改革发展的意见》	适应社会需求变化,加快学科专业结构调整:建立基础学科、应用学科、交叉学科分类发展新机制,按照单位自主调、市场调节调、国家引导调的思路,不断优化学科专业结构,健全退出机制;设立新兴交叉学科门类,支持战略性新兴学科发展;完善"双一流"建设动态监测与调整机制,引导建设高校和学科主动服务国家重大战略需求。
40	2020年10月	《深化新时代教育评价改革总体方案》	改进学科评估,强化人才培养中心地位,淡化论文收录数、引用率、奖项数等数量指标,突出学科特色、质量和贡献,纠正片面以学术头衔评价学术水平的做法,教师成果严格按署名单位认定、不随人走。

二、基于扎根理论的政府角色分析框架构建

扎根理论(Grounded Theory,GT)是一种定性研究方法,强调从获取并深入分析经验资料着手,经过不断的归纳和演绎,

从原始资料中提炼概念，逐步形成理论框架。扎根理论主要包括以下几个步骤：①从资料中产生概念；②不断地对资料和概念进行比较；③通过比较得出核心概念；④在前面的基础上，对资料进行系统的编码；⑤建构理论。扎根理论中，对资料进行逐级编码是最重要的一个环节，其中包括三个级别的编码。本研究不是完全使用扎根理论的独立研究，只是借用这种方法客观反映政府在大学学科评估中的角色定位。为保证研究的客观性和准确性，选取了一系列有关学科评估的政策文本作为扎根研究对象，并对政策文本进行逐级编码。

在对大学学科评价的政策文本进行分析后，将与政府角色直接或间接相关的文本进行编码（表 6.2、表 6.3）。在对政策文本进行一级编码和二级编码后，对资料进一步将归纳概括，将大学学科评估中政府作为的各个方面进一步归类，形成新的概念，得到更为抽象的三级编码：宏观调控、制定政策、定期组织评估和控制评估过程四个方面。结合政府职能及政府角色，可将政府在大学学科评估中的角色整合为：宏观调控者、政策制定者、过程控制者以及评估主导者（表 6.4）。

表 6.2　政策文本的一级编码（节选）

1985 年	《中共中央关于教育体制改革的决定》	为了加强党和政府对教育工作的领导……统筹规划教育事业，协调各部门有关教育工作，统一部署和指挥教育体制改革a_1……国家及其教育管理部门要加强对高等教育的宏观指导和管理a_4；教育部门组织教育界、知识界和用人部门定期对高等学校的办学水平进行评估……a_5；

续表

1987年	《国家教委关于评选高等学校重点学科的暂行规定》	重点学科的总体规划、学科点的确定、评估和调整工作,由国家教委统一组织领导进行a_{15}……国家教委按一级学科,从参加通讯评选的成员中选聘少数专家,组成专家小组,并由国家教委召集专家小组审核会议a_{17};……为保证评选工作的顺利进行,参加各学科通讯评选和参加专家小组会议审核工作的专家只对国家教委负责a_{19}
1993年	《关于重点建设一批高等学校和重点学科点的若干意见》	鼓励有条件的主管部委和地方政府,着力办好一所代表本行业、本地区先进水平的高等学校和一批重点学科点a_{35};中央部委、地方所属高等学校和重点学科点的重点建设经费主要由各部委和地方政府安排a_{36}……
2006年	《教育部关于加强国家重点学科建设的意见》	国家有关部门要根据国家发展目标,规划国家重点学科的建设与发展a_{71};教育部负责对国家重点学科建设的指导、协调和管理,不断完善管理机制……a_{72}
2007年	《普通高等学校本科教学工作水平评估学校工作规范(试行)》	评估工作包括学校自评自建、教育部专家组进校考察评估和学校整改提高三个阶段a_{84}
2013年	《国务院关于取消和下放一批行政审批项目的决定》	取消高等学校设置、调整管理权限范围外的本科专业、第二学士学位专业和国家控制的其他专业审批a_{95}
2015年	《统筹推进世界一流大学和一流学科建设总体方案》	指导和支持高等学校优化学科结构,凝练学科发展方向,突出学科建设重点$a108$……国家教育体制改革领导小组负责顶层设计、宏观布局、统筹协调、经费投入等重要事项决策,重大问题及时报告国务院a_{110}
2016年	《教育部关于印发〈教育部2016年工作要点〉的通知》	制订"双一流"实施办法,研究制订资金管理、绩效评估办法,建立信息公示网络平台a_{111};研究制订《关于进一步优化高校专业结构 加强本科专业设置管理工作的若干意见》,建立国家宏观调控、省级整体统筹、高校自主自律的专业设置管理机制a_{112}

表 6.3　政策文本的二级编码（节选）

部分政策文本资料（ai）	概念化 (Ai)
……	
重点学科的总体规划、学科点的确定、评估和调整工作，由国家教委统一组织领导进行 a_{15}	……统一领导 A_2；直接管理 A_3；……宏观指导 A_8；统筹工作 A_9；统一部署 A_{10}；总体规划 A_{11}；
……政府要切实转变职能，改善对学校的宏观管理 a_{42}	
进一步加强国家对高等学校教学工作的宏观管理与指导 a_{63}	
教育部是国家重点学科主管部门，加强对国家重点学科建设的指导和宏观调控 a_{76}	
……	
……	
……加强国家对普通高等教育的宏观管理 a_{54}……由各级人民政府在对教育进行评估的基础上，以组织党政有关部门和教育界、知识界以及用人部门进行的社会评估为重点 a_{25}	颁布政策 A_{12}；制定政策 A_{13}；制定评估标准 A_{14}；制定程序 A_{15}；……加强制度建设 A_{17}；完善评价体系 A_{18}……
要重视和加强决策研究工作 a_{38}	
教育部要加快各个高校工作评价的制度建设 a_{56}	
……建立国家宏观调控、省级整体统筹、高校自主自律的专业设置管理机制 a_{112}；	
……	
重点学科点评审程序为：学校申报或主管部门推荐—同行专家评选—国家教委审核批准 a_{12}；……评选工作一般五年进行一次 a_{14}	……确定评估重点 A_{23}；确定重点学科 A_{24}；……决定评估结果的公开方式 A_{26}；专家评议 A_{27}；决定评估周期 A_{29}；召开专家审核会议 A_{30}；组织实施工作 A_{31}；
为保证评选工作的顺利进行，参加各学科通讯评选和参加专家小组会议审核工作的专家只对国家教委负责 a_{19}	
并由国家教委召集专家小组审核会议 a_{17}	
在国家教委和国务院各主管部门的关系上，国家教委负责统筹规划、政策指导、组织协调、信息服务、监督检查 a_{30}	

续表

部分政策文本资料（ai）	概念化 (Ai)
评价结论由教育部审定，并以适当的方式对外公布 a_{54}……	
各地方（部门）教育主管部门负责统筹管理本区域（部门）的国家重点学科，对建设情况进行管理和监督 a_{72} ……	
教育部门组织教育界、知识界和用人部门定期对高等学校的办学水平进行评估，重点支持奖励学科建设成绩卓著的学校，整顿或停办办学水平较低的高校 a_5；	主管部门 A_{32}；顶层设计 A_{33}；制定统一标准 A_{34}；成立专家小组 A_{35}；组织评估 A_{36}；定期开展评估工作 A_{37}；组织专家实施 A_{38}
国家教育委员会在国务院的领导下，主管全国高等教育工作，其主要工作职责是……组织检查、评估高等学校的教育质量 a_6；其主要职责是……按照国家教育委员会统一部署，会同有关省、自治区、直辖市对高等学校对口专业的教育质量组织评估 a_8	
决定开展高等学校重点学科评选工作 a_{11}	
国家教委按一级学科，从参加通讯评选的成员中选聘少数专家，组成专家小组，并由国家教委召集专家小组审核会议 a_{17}	
政府的主要职能是……制定各类高等学校设置标准和学位标准 a_{43}	
教学工作评价由教育部统一领导 a_{41}……	
各省级教育行政部门和学位授予单位要加强领导 a_{97}	
成立国内知名专家组成的专家指导组，对各试点单位的改革方案和实践予以评价和指导 a_{106}	
国家教育体制改革领导小组负责顶层设计、宏观布局、统筹协调、经费投入等重要事项决策，重大问题及时报告国务院 a_{110}	

表 6.4 政府在我国大学学科评估中角色（基于政策文本）

角色定位	具体表现
宏观调控者	统一领导
	统筹规划教育事业
	统一部署
	组织协调
政策制定者	制定评估标准
	加强制度建设
	建立评估机制
过程控制者	确定评估重点
	决定评估周期
	召开专家审核会议
	改进评估办法
	协调各方促进工作开展
评估主导者	主管部门
	顶层设计
	制定统一标准
	成立专家小组
	定期开展评估工作

第二节　大学学科评价中的政府角色与困境

一、大学学科评估中的政府角色

通过对相关政策的梳理及政府组织实施的评估活动，我们可以看到政府在大学学科评估中主要扮演着以下四种角色。

（一）宏观调控者

政府在高等教育中承担宏观调控者的角色，即政府依据法律、法规、政策对高等教育采用必要的手段予以调节、管理和控制，使其能够适应社会主义市场经济体制，适应政治、文化、科技体制的改革,从而朝着正确的方向有序发展。为了促进大学学科的发展,1985年出台《中共中央关于教育体制改革的决定》,强调"国家及其教育管理部门要加强对高等教育的宏观指导和管理","教育部门组织教育界、知识界和用人部门定期对高等学校的办学水平进行评估,重点支持奖励学科建设成绩卓著的学校,整顿或停办办学水平较低的高校"。1987年,又出台《国家教委关于评选高等学校重点学科的暂行规定》,指出"重点学科的总体规划、学科点的确定、评估和调整工作,由国家教委统一组织领导进行"。

对各项政策文本深入分析后,我们发现政府对大学学科评估的宏观调控者角色主要体现在两个方面:一是对学科评估工作的开展进行总体规划,促进学科发展;二是对评估活动进行统一部署,使各部门协调起来,共同推进评估工作的开展。

(二)政策制定者

高等教育事业的发展离不开政府的支持,政府的政策是大学学科评估开展的依据。运用软件对相关政策文本进行数据统计分析后,我们得出以下统计结果(表6.5)。

表6.5 我国学科评估相关政策文本数量统计表(1985—2016)

年度	发文数	年度	发文数	年度	发文数	年度	发文数	年度	发文数
1985	1	1992	1	1999	2	2006	3	2013	3
1986	1	1993	3	2000	0	2007	5	2014	3
1987	3	1994	1	2001	1	2008	0	2015	3
1988	0	1995	4	2002	1	2009	0	2016	1
1989	0	1996	0	2003	1	2010	1		
1990	1	1997	1	2004	2	2011	0		
1991	0	1998	3	2005	2	2012			

数据来源:根据政府相关部门网站及相关法律法规汇编等整理统计而成。

在学科评估过程中,政府占支配地位,扮演着政策制定者角色。政府作为在政策的制定者,一方面可以促促进学科评估的建设,推动学科建设的发展;另一方面,在一定程度上干预大学自由,在大学和政府的关系上依然体现政府的主导地位。

(三)过程控制者

学科评估的目的在于掌控学科发展现状,及时发展学科发展中的不足与缺陷并及时采取措施弥补,从而推动学科更好地发展;另一方面,评估也可以向社会公众提供更加准确可靠的信息,为学生提供选专业的参考。作为大学的举办者,政府掌控着绝大多数高等教育资源的配置权。作为公共事务的合法管理者,政府通过颁布相关法律法规,制定评估政策等一系列行为,自上而下强制执行学科评估。作为评估对象,高校只能接受政府安排的学科评估活动,对评估标准的制定、评估周期、指标体系、评估主体、评估程序、评估对象、专家小组成员的组成等都必须接受上级行政主管部门的统一安排。1987年出台的《国家教育委员会关于做好评选高等学校重点学科申报工作的通知》,明确指出"对高校的重点学科开展评选工作;重点学科点评审程序为:学校主动进行申报或由相关主管部门推荐—同行专家评选—国家教委审核批准;评选工作一般五年进行一次",对评估主体、评估周期、评估方式等都做了明确规定。显然,政府控制着整个学科评估工作的进展,扮演着过程控制者的角色。

政府控制评估活动的行为并没有到此结束,评估结果出来后,对于评估结果的公布形式、结果的运用等都由政府部门决定。高校只有在接受政府安排的前提下才能得到高等教育资源,所以教育评估在很大程度上是政府控制的结果,体现的是政府的意志。

(四)评估主导者

1987年出台的《国家教育委员会关于评选高等学校重点学科的暂行规定》指出,国家教委统一组织重点学科的总体规划,确定学科点,并对其进行评估和调整;"国家教委按一级学科,从参加通讯评选的成员中选聘少数专家,组成专家小组,并由国家教委召集专家小组审核会议"。1999颁布的《中华人民共和国高等教育法》规定,"高等学校的办学水平和教育质量要接受教育行政部门组织的评估",从法律的角度确定了政府在评估工作中的主体地位。此后出台的《关于深化研究生教育改革的意见》、《国家重点学科建设与管理暂行办法》、《教育部关于加强国家重点学科建设的意见》等,都明确指出政府在评估中的主体地位。毋庸置疑,政府在大学评估中扮演着主导者的角色。

在我国大学学科评估活动中,政府部门及其相关评估机构组织,从评估政策的制定,评估指标的选择,评估程序的执行,评估人员、评估结果的公布到对评估结果的运用,这整个过程都是按照政府的意志执行的。而高校充当的是被评估的对象,只能配合政府的评估活动。在每一次学科评估中,作为政府组织成立的评估专家组成员,高等教育领域相关人士也参与其中,但他们在评估过程中代表的依然是政府。

二、大学学科建设与评估的现实困境

作为一种极为重要的公用事业,高等教育的发展与国家政策的引领密切相关。从国家重点学科的建设实践来看，政策积极引导着大学在学科建设上积极行动。在过去近三十年的学科建设中，各级政府投入了大量建设经费，制定了大量倾斜性政策，改善了大学学科建设的条件，在大学的积极配合下，迅速提升了大学学科建设的广度和深度。但与此同时，积极政策也带来了一系列问题。

（一）大学学科建设落入"政府化"陷阱

政府意志为大学学科建设留下了"政府化"的深刻印记：一是明确了大学学科建设自上而下的行政序列，从国家至省、自治区、直辖市依照行政层级勾画出一个整体性的大学学科层次结构和分级建设的基本秩序，不同层次的大学可获得的建设资源具有等级化特点；二是建设重点学科的行为逐渐衍生为各级政府配置高等教育资源的一种基本方式。一方面，被纳入更高级别政府建设的学科将获得更多的建设资源，包括经费投入和对高端人才的附着能力；另一方面，政府重点建设的学科能够使所在高等学校在纳入各类高层次大学发展序列时获得先机，在逻辑上呈现出建设学科与发展大学的因果关系。在这里，提出"政府化"概念的目的在于强调政府在大学学科建设中发挥强有力的主导作用，客观上说明这只是强力推动大学学科实现从无到有、从弱到强发展的一种基本方式。问题在于，在大学学科建设"政府化"的同时，必须设法避免行政化，尤其避免大学学科建设对行政方式配置资源的依赖性。事实上，"政府化"的一个直接结果就是形成了政府在大学学科建设上的无限责任，政府成为大学学科建设的最终责任主体，大学学科建设也顺理成章地成为政府工程。

（二）大学学科建设落入外部化陷阱

"政府化"框定了我国大学进行学科建设活动的基本外部环境，决定了我国大学学科建设的基本形态，即以纵向上的"学科升级"作为大学学科建设的基本驱动方式，也就是说，大学学科建设的动力源主要来自外部，外部因素干扰甚至制约了大学学科建设上的自主选择。必须指出，政府自上而下地择优选建大学学科，引发了"举国重视"的建设行动，同时也将"学科建设"打造为高等教育领域内一个重要的政策符号。表面看来，由于政府投入高等教育资源更集中、更简便，学科建设的效率提高了，实际上却导致学科建设在外延上不断扩大和模糊：一方面，源于外力的"建设"行为得到了强化，"建设"行动未必基于学科的需要，学科边界和分类标准都有所缺失；另一方面，源于内力的"学科"自觉发展意识被弱化，学科概念可以被随意解释，学校在学科建设上的努力更多是为了满足各种外部力量的诉求，从而陷入外部化的陷阱之中。

（三）大学学科建设落入虚拟化陷阱

在学科升级的驱动方式和学科建设概念的符号化影响下，大学学科建设的"理性"选择之一是拼凑式发展，即依赖于聚合各种学科要素以发挥规模优势，建设"虚拟化学科"。稍加留意，我们就会发现，在大学实施学科建设的过程中，诸如学科带头人、学术团队、师资建设、人才培养、学位点建设、学术获奖、研究项目等，凡是与大学发展相关的建设要素几乎都被纳入到各类学校学科建设的政策文本当中，在不同的语境之下，所有这些要素都可能被确认为是大学学科建设的一种涵义。然而，与一般的学术概念不同，学科建设是一个复合性的政策术语，一旦缺乏符合实践价值的概念解释，势必导致大学学科建设目标的离散化和建设资源配置的碎片化，学科建设的管理也难以操作，并由此形成了当前大学学科建设中的"无边界、碎片化、难评价"等三个基本问题。首先是"无边界"，大学学科建设缺少或者说忽视了对学科边界的界定，大多数因为联合申报的需要而被纳入各种行政序列的重点学科只是临时性组织，有形无实；其基本特征是使命离散，缺乏组织整合能力，建设目标因内部成员获取资源的需要而高度分散。其次是"碎片化"，大学学科建设过程中，资源的获取、配置以及使用都是碎片化的。一方面，学科缺少共同使命无法形成合理的资源利用秩序；另一方面，学科成员组建学科的动机本身就源于对资源的获取和占有，并非是基于建设学科本身，学科建设的过程或许只是对已获得学科建设资源的"分赃"活动而已。最后是"难评价"，必须注意到，由于学科建设概念的符号化，拼凑式的学科建设行为所产生的负面影响难以遏制。一个基本事实是：各级政府和高等学校始终无法对已经投入了大量资源的学科建设活动进行科学合理的客观评价，所谓评价仅仅是评估学科的建设行为和学术成绩，而非评估学科本身。而具有高度弹性的学科建设框架和繁多的学科建设要素势必增加科学评价的难度。很显然，在建设世界一流学科过程中，如果大学学科建设仍然停留在通过临时组合或"拼凑式发展"以获得"学科升级"的模式，其结果自然令人堪忧。

（四）政府角色混乱与大学学科评估的现实困境

随着学科建设的不断发展，公众对学科评估活动的关注度日益提高，这就要求政府必须发挥好政府的作用协调各种群体和利益集团矛盾,规范各要素,使评估有序运行。[①]政府要在学科评估中发挥好自己的作用,重要的是要有准确的角色定位。然而,现实中经常出现角色定位不准确的现象,表现有:一是定位过高;二是定位过低;三是角色混乱,定位与自己应承担的角色不符。从学科评估的现实来看,政府在学科评估活动中暴露出的弊端,集中于"政府行为"的无边界渗入,造成政府角色定位的混乱。这不仅会使政府对评估活动的掌控过度、干预过多,而且阻碍社会力量参与学科评估的热情和社会中介机构的发展。

第三节 政府在大学学科治理中的行为转变与策略

目前影响我国大学学科建设最重要的因素之一是政府与大学的关系。在目前的治理结构中,政府必须在学科建设中有效地扮演好自身的角色,科学合理地履行自身的职能,而这涉及政府、大学和市场的复杂关系。在一流学科建设中,政府管理的真正困境在于,如何把自上而下的政府权威逻辑与自下而上的学术逻辑之间的张力调试在合理的范围之内,并找到有效的平衡点。一方面,政府的权力在学科建设方面应该有明确的边界,另一方面,政府又要为学科建设提供基础性的资源并从国家战略的宏观角度为学科发展有效地进行规划和引导。然而在实践中,政府要么认为学科建设完全是大学自身的事情,因此政府不应该也不能够涉及;要么把学科建设纳入行政化的管理序列之中,事无巨细地介入到学科建设的内部过程中。目前,关键在于政府积极地深化

[①] 颜丙峰、宋晓慧:《教育中介组织的理论与实践》,上海人民出版社2006版。

改革,实现政府职能和权力运行方式的有效转型,从学科发展的逻辑出发,为学科建设创造出最佳的行动空间和制度环境。

国务院《统筹推进世界一流大学和一流学科建设总体方案》提出了一系列非常重要的原则和指导意见,其中的"基本原则"强调,以改革为动力,"着力破除体制机制障碍,加快构建充满活力、富有效率、更加开放、有利于学校科学发展的体制机制"。目前,各地方政府都在积极响应中央关于建设"双一流"的文件精神,结合本地实际出台了一流学科建设的相关方案,可以说,一流学科建设得到各地政府前所未有的重视。但是,仅仅这样显然是远远不够的,地方政府应该深入把握一流学科发展的内在逻辑,在此基础上积极转换思维、转变职能,提升政府在一流学科建设中的治理水平和能力,避免在大学建设和学科建设方面走弯路甚至重蹈覆辙。

一、学科治理与建设的三个转变

竞争选优和要素驱动带来的最大问题是碎片化,导致学科建设目标离散、效率低下、重复投入,与学科建设的初衷大相径庭。在规划和选建一批一流学科的过程中,一旦对事实判断的呼声大过了对价值判断的理性思考,重复建设、盲目建设、碎片化的局面可能就很难避免。如何避免这些问题在接下来的一流学科遴选与建设中再次出现,我们认为在今后的学科建设上要实现三个转变。

第一,遴选重点学科要从单一的竞争选优到竞争选优与择需布局相结合转变。毫无疑问,通过竞争比较,选出高水平的学科继续加以支持,是政府投入支持的主要依据,也是体现公开公平的必要程序,在早期的学科建设工程中发挥了重要的作用。问题在于政府抓学科建设的终极目的并不只是停留在体现政府的公平公正上,而是为了让学科与大学在促进社会经济发展上提供有效的创新创业人才和智力支持。况且让特色、历史、学校类型迥异的不同学科作水平评价,将新兴学科、边缘学科、交叉学科与传统的老牌学科放在同一个评价体系中来比较本身就不够公平。

诚然,经过近20年的持续投入与建设,我国大学学科已为世界一流学科建设奠定了良好的基础,面对科学技术的日新月异,经济产业发展的转型升级,世界局势的复杂多变,世界一流学科建设更需要用全球视野来谋划,如何选择比如何建设更为重要。遴选重点学科要从单一的竞争选优到竞争选优与择需布局相结合转变。择需布局要协调政府、学术和市场这三个方面的现实需求。从国家层面来说,首先,学科布局应该坚持的基本原则就是要满足国家重大战略需求。对于代表未来重要发展方向,对民族、国家和人类有着重要影响的关键学科进行重点布局,重点投入,做大做强,这需要前瞻性眼光和战略性的顶层设计。第二,学科的布局还应该遵循学术自身的发展规律。任何学科都不是凭空生长出来的,它们离不开完整知识体系的强有力支撑,学科布局切不可急功近利,需要从基础做起,对于一些在短期内难以见效、但对未来和整体发展至关重要的基础性学科,应该从国家的宏观层面重点支持和投入。第三,国家的学科布局应该有利于形成我国高等教育分层分类的生态系统,要与高校的类型、能力和特色有效对接。引导高校特色发展,分层分类发展,既要有重视以基础学科为主的大学,也要有以应用学科见长的大学,既要有瞄准世界一流的学科,也要有满足市场需求的学科,既要有对接国家重大战略需求的学科,也要引导部分大学服务区域社会经济的发展。学科布局应该特别注意改变过去那种简单的资源投入,通过行政手段来抓学科建设的路子,而是要通过制度和机制建设的方式引导学科建设。只有这样,我们国家才能建立一个多层次、多目标的立体的、生态的学科布局体系。

第二,要实现从经费投入的要素驱动向制度供给的创新驱动转变。在理论与实践上,我们对于学科建设"建什么"的讨论还不够充分,认识也不一致,有认为是师资队伍建设的,有认为是学位点建设的,有认为是学科团队建设的,也有认为是实验条件建设的。毫无疑义,这些都是组成学科不可或缺的要素,据此衍生出了政府的诸多"工程"与"计划",各类人才工程、重点实验室、工程中心、研究基地、创新团队应运而生,而且政出多门,种类繁多,目不暇接。国家、地方政府、学校对学科建设已给予了足够的重视,从不同的层面确立了国家级、省级、校级重点建设学科,并纷纷从人、财、物的角度给予了大量的投入,有各种级别与类型的人才工程,有各种层次和投入强度的学科平台、研究基地、重点实验室建设等,不可否认,这些投入与举措大大加强和改善了一些学科的条件。然而,投入学科的资源被无序离散地配置在不同类型的要素上,虽然对学科要素的培育、对大学的学科发展起到了重要作用,但把学科建设停留在仅仅是要素的培育与投入上,显然会出现要素堆积、效益低下的现象,违背我们开展学科建设的初衷,学科建设也无法可持续地深入。如果缺乏健全的学科组织与相对完善的制度安排,不能把学科的要素纳入到一个科学的制度框架中,这种离散的学科要素投入的建设方式会导致投入效率与效益的递减效应,造成极大的浪费,投入越大,浪费越严重。事实上,这种现象已经普遍地存在于大学之中,有人戏称为学科建设中的"脂肪肝"现象。

所以,在新一轮的世界一流学科建设进程中,如何提高学科建设的效率,关键在于实现从经费投入的要素驱动向制度供给的创新驱动转变,重在制度创新。首先,政府要在学科建设方面的遴选机制、投入机制、评价机制进行创新,既要吸引大学和各类学科建设资源集聚到国家最需要的领域,解决最迫切的问题,又要使学科建设经费的效率最大化。要改变"只见物不见人"的投入方式,重视智力的价值,在评价上不再是单一的论文标准,而是要构建人才培养、科学研究、社会服务并重的学科评价体系,进一步下放大学在学科建设过程中的自主权。其次,大学在学科建设管理制度上要创新,明确学科建设的组织边界,建立基于学科组织的评价机制、问责机制和理财制度,引导学科面向重大战略和重大问题协同发展,进一步明晰学科组织在运行过程中的学科权力,让学科从表格中拼凑的虚拟组合,真正成为一个大学的基层组织实体,成为围绕共同科学使命而自觉集聚的有机体。最后,学科自身的建设机制要创新,要明确学科的使命,合理规划,把一流的学者们都组织协同起来,分工合作,有序运转,自我发展。

第三,学科组建要从被动组合向自觉组织转变。显而易见,在过去政府主导的学科建设过程中,为了响应政府政策,获取学科建设经费,部分学科是在缺乏学科使命和制度保障的情况下拼凑而成的。一旦申报成功,建设经费大都按申报时材料的贡献率论功行赏了,待考核验收之时再次临时组合。可以说,大学的学科建设是被动的、离散的、虚拟的,虚拟形式存在的不确定性使其中一部分学科组织得以维系的纽带不是基于共同领域科学问题的研究,也不是增长学科知识的组织使命,而是成功申报某种级别与类型资助的现实需要与获取外部资源的兴趣。这就使得虚拟形式的无序状态成为一些学科建设者无序投入和非理性投入的理由。[①] 要改变这种状态,必须从学科的组建着手,从被动组合向自觉组织转变。

二、大学学科评价中的政府职能转型

首先,对学科的评价从指标导向转变为实践价值导向。政府职能转型的逻辑起点在于政府对一流学科内涵的科学理解,在建设一流学科战略制定之初,政府就应该明确到底什么样的学科才是真正的一流学科,一流学科建设的价值到底体现在哪些方面。从根本上来说,学科建设和发展的最终和根本目的是为社会和人类服务。一般来说,这包含两个层面:一是社会实践的需求,二是知识体系建构的需求。从社会实践需求的层面看,一流的学科必须从事一流学问的研究,而这种"一流"如果脱离了实践的价值也就变得没有意义了。因此,一流的学科必须为真正具有高价值的问题寻找解决之道,必须直面国家、民族和人类的大问题。从知识体系建构的层面来说,任何学科都不是凭空生长出来的,

---

① 宣勇、凌健:《大学学科组织化建设:价值与路径》,《教育研究》2009 年第 8 期。

离不开完整的知识体系的强有力支撑,一些基础性的学科尽管不直接对实践产生作用,但却是知识体系的基石,离开了这一基石,知识体系的建构无异于空中楼阁。只有从实践价值和知识建构的角度来谈一流学科建设才有意义,而政府在一流学科建设的制度安排上自然应该基于这种基本的价值导向。政府的职能重心需要从过去的行政主导向新的制度引导的角色转型,逐渐改革评价机制,建立新的激励机制,引导各个大学学科建设与国家和世界的大问题对接,积极鼓励学科参与到知识体系的建构中来。

政府需要从行政化的指标泥淖中走出来,依照问题本身的价值来配置政府的资源,并依照解决高价值问题的能力和知识体系建构中的价值来评价学科水平。现代一流学科必须具有良好的资源凝聚机制和能力,需要通过要素协同和资源集成的方式实现源源不断的创新。现代一流学科集成式的创新既包括学科领域内的资源聚集,也包括学科对市场、企业资源的集成,同时还包括政府不同部门资源的集成。通过制度创新的方式积极推进学科更加有效的凝聚资源,实现集成式创新。政府需要积极转变职能,更好地厘清与大学的关系,凸显学科作为基层学术组织在知识创造过程中的主体性地位,扩大学科在人事、财务、评价等层面的自主权,依照学科联合和协同的需求,建立更加灵活、更加科学的机制,促进一流人才向一流平台流动的激励机制。

地方政府需要依照本地经济社会发展的具体实际,不同大学的不同发展阶段和水平、大学的传统和特色等具体情况,对本地学科建设进行整体规划和顶层设计,在此对不同高校学科建设的层次、类型进行较准确的把握,紧扣学校的不同定位,优化学科生态结构。促进高校在学科建设方面进行有序竞争,鼓励学校在学科建设方面办出特色,做专、做精。这需要政府积极改变在学科评价和目标设定方面一刀切式的管理模式,针对不同类型、不同层次高校的学科建设进行差异化的目标定位,并基于这种定位进行差异化的评价标准和资源投入方式。同时,积极建立学科调整的动态机制,引入市场力量,对于一些基础薄弱、与社会实践需求脱节、不同学校间重叠性比较高的学科及时进行调整。

三、新时代学科政策制定主体的定位策略

自制政府是针对我国传统积极政府提出的一种政府新形态,是当今时代环境变化的客观要求。尽管国家早已启动关于加快政府职能转变的征程,在教育领域关于重新定位政府角色的提法也屡见不鲜,但我们坚持认为"自制政府"的角色定位对新时代高等教育发展意义重大。

(一)控制政策的发布,规范介入的空间

"政策治校"即政府采用政策而不是借助法律和制度的手段来处理大学事务的管理模式,这不仅造成"政策过剩",还无限放大了政府对大学事务的介入空间。为规范政府对大学事务的介入,其一,需要对政策的发布加以管控,推动政府由政策治校转向依法治校。虽然《高等教育法》等法律对大学的办学自主权做出了规定,但仅是纲要性质的,建议出台《大学法》作为《高等教育法》的下行法,详细界定政府在高等教育领域实施宏观管理的权限范围、程序和途径等以及大学的权利和责任、内部治理框架、质量保障体系等,使得大学和政府各尽其责,为大学行使自主权

提供保障。其二,针对不在立法范围内且需要政府介入的事务,可制定不同类型的政策。对于强制性政策,要明确实施细则,使政策目标与措施具体化、具备可操作性;对于引导性政策,要注重对各利益相关者的通盘考量,尽量降低政策执行过程中出现冲突与对抗的可能性,保证大学的政策执行效率。

(二)建立"守门人"制度,减少介入的主体

受计划经济体制影响,政府各主管部门对口管理大学事务,大学内部也设立对应的组织机构与其对接。迄今为止,"作为学术组织的大学在结构上仍与政府保持同构状态,实际上沦为政府的附属机构"。[①]教育行政部门和涉及高等教育的其他部门(如发改委、财政、人事部门等)往往直接干预大学事务,多方主体的碎片化介入使大学疲于应对,分散了办学精力,牵制着大学自觉性的有效发挥。因此,为减少介入大学治理的主体,应建立教育主管部门的"守门人"制度,避免人人皆可"以评价干预大学"的局面。首先,非教育主管部门在必要的情况下可以通过教育主管部门对大学施加影响,但不应直接对大学发布文件、命令;其次,教育主管部门作为大学的规范者和管理者,既要保证其权力自成一体,又要依法分权,在人事、财政等各方面实行清单式管理,建立权力清晰、责任明确的教育行政管理制度,规范大学治理过程,并使之高效运转。

(三)培育社会治理力量,改变介入的方式

稍加留意,我们就会发现,在对大学拨款和考核评估过程

---

① 凌健、侯春笑:《从"积极政府"到"自制政府":新时代现代大学治理中的政府画像》,《复旦教育论坛》2020年第2期。

中，政府介入行为越直接，裁量权越大，政校双方的不对等状态越会被强化。主体间权力的非均衡化，显然难以保障大学的办学自主权，要激发大学活力，就要改变政府介入的方式。这其中最重要的是培育社会治理力量，改进投入方式和考核模式。一种有效的做法是在政府与大学之间建立各式各样的"缓冲器"，培育政府和大学之外的社会治理力量，探索政府介入大学的新方式。如可设立由政府官员、高等教育领域专家、高校代表和知名校友等组成的大学拨款机构，并通过法律明确其在党的领导下，又独立于政府、大学之外，且享有平等、公正的主体地位。这样的"缓冲器"建立基于教育质量、绩效与经费管理的评估机制，定期向政府、高校和社会公众公布关于专业设置、发展方向、经费使用、教育质量的相关信息，而政府对高校的总体建设内容及绩效目标进行审批，减少对高校资源配置、绩效评估的直接干预。

（四）增强办学透明度，降低介入的动力

大学作为一个非营利组织，没有股东承担责任，也没有破产的压力，如果缺乏有效的约束机制，就有可能沦为自私自利、为所欲为的场所。在这种情况下，政府往往直接介入大学的具体事务中，防止大学偏离社会赋予它的目标。"美国高等教育领域的'自愿问责制'已趋于成熟，各公立大学每年发布问责报告，尤其是作为 VSA 会员的大学会通过该系统为公众提供公开透明的信息，从而回应政府和社会的关切。"[①] 显而易见，为降低政府主

---

① 凌健、侯春笑：《从"积极政府"到"自制政府"：新时代现代大学治理中的政府画像》，《复旦教育论坛》2020 年第 2 期。VSA 即美国公立院校本科教育自愿问责制（Public Universities and Colleges Voluntary System for Undergraduate Education）。

动介入大学内部事务的动力,就要增强大学办学的透明度,使其自觉接受各利益相关主体的监督。具体来说,政府应制定细致的"大学肖像"模板,这既能解决目前我国高校信息公开工作中存在的公开渠道不规范、公布数据碎片化、报告内容避重就轻等问题,也保证了大学之间公布的数据的一致性和可比性。同时,大学也应调整思路,由被动公开转化为主动问责,在模板填充的基础上灵活自主地加入特色指标数据,让公众全面了解学校办学实力、特色及优势,这也是在信息社会高度发达的背景下,大学积极参与市场竞争、扩大自身优势的重要途径。

"积极政府"的出现是中国大学治理现代化进程中的必然,而新时代的中国大学更需要善于自我约束的"自制政府"。在这里,"自制"是一种理念,一个共识。提出政府自制的目的,不是简单地要限制政府的"手脚",而是立意于"自制",旨在提升政府的治理效率、效能。对于自制政府的讨论,核心是加强政府在宏观调控方面的权能,如履行审核大学党代会报告的职责,从而提升大学办学定位与经济社会发展的契合度,推进高校分层分类管理工作;完善党委书记和校长的绩效考核制度,这既有利于加强对大学主要领导者行使权力的监督、约束和制衡,也有利于保护其免受环境的侵扰,独立自主地行使职权。要强调的是,我们希望政府实现从"积极政府"到"自制政府"的转变,是希望政府能够把握好"度",建立政府与大学之间的相互尊重和信任,从而形成高等教育治理新格局。

第七章

大学学科评价中的社会组织参与

　　社会组织这一概念是在党的十六届六中全会上第一次明确提出的。在我国,社会组织的称谓经历了由社会团体、民间组织、自治组织、中介组织到社会组织的历史过程。社会组织与政府组织、经济组织既有区别又有联系,具有民间性、中介性、自治性、社会性等。[①] 按照民政部登记注册的分类,目前我国的社会组织主要包括社会团体(分为学术性、专业性、行业性和联合性四种)、民办非企业和基金会。从1989年制定《社会团体登记管理条例》,到1998年修订《社会团体登记管理条例》,再到2004年和2016年分别制定《基金会管理条例》和《关于改革社会组织管理制度 促进社会组织健康有序发展的意见》,社会组织在补充政府职能、促进社会服务方面的作用日益受到重视,这有力地促进了社会组织的发展。截至2019年底,全国社会组织总量为86.63万个,其中社会团体37.16万个,民办非企业单位

---

① 张海军:《"社会组织"概念的提出及其重要意义》,《社团管理研究》2012年第12期。

总量为 48.71 万个，基金会总量已达 7585 个。① 最近几年，社会组织的总体增速有所下滑，社会组织的发展开始从重数量转向重质量。②

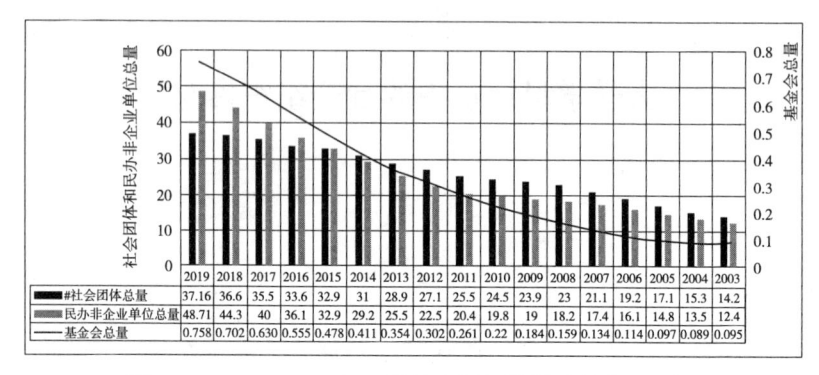

	2019	2018	2017	2016	2015	2014	2013	2012	2011	2010	2009	2008	2007	2006	2005	2004	2003
#社会团体总量	37.16	36.6	35.5	33.6	32.9	31	28.9	27.1	25.5	24.5	23.9	23	21.1	19.2	17.1	15.3	14.2
民办非企业单位总量	48.71	44.3	40	36.1	32.9	29.2	25.5	22.5	20.4	19.8	19	18.2	17.4	16.1	14.8	13.5	12.4
基金会总量	0.758	0.702	0.630	0.555	0.478	0.411	0.354	0.302	0.261	0.22	0.184	0.159	0.134	0.114	0.097	0.089	0.095

图 7.1　2003—2019 年三类社会组织数量（单位：万个）

第一节　社会组织参与大学学科评价的现状

社会组织可以弥补因政府失灵和市场失灵而造成的社会空白地带，解决政府无力关注、市场又不愿意关注的教育服务领域，承担教育监督和评价的功能③。在我国，具有教育评估功能或是专门的教育评估类的社会组织相对较少，多以第三方教育评价机构的方式出现，呈现出多样化形态，多以"评估院"、"评估所"和"评估中心"的省级名称冠名，具有一定的认证评估功能，承担教

---

① 孙美娟：《国家治理现代化与社会组织发展高端论坛暨〈中国社会组织报告（2020）〉发布会在京召开》，http://cass.cssn.cn/yaowen/202011/t20201104_5211573.shtml。

② 黄晓勇主编：《中国社会组织报告（2020）》，社会科学文献出版社 2020 年版。

③ 杜明峰：《社会组织参与教育》，华东师范大学博士学位论文，2017 年，第 149 页。

育咨询、调查和评估的任务[①]。我国政府对社会组织参与教育评价工作的高度重视和出台的诸多政策（表7.1），有力地推动了社会组织积极参与教育评价，包括大学评价和学科评价。从治理的角度而言，第三方评价是社会参与高等教育治理的重要方式[②]。在当前全面推进国家治理体系和治理能力现代化的进程中，促进社会组织参与教育评价、实现管办评分离是提升教育治理体系和治理能力现代化水平的重要手段和标志，也是当前教育评价转型的基本方向。因此，为进一步推动社会组织有效参与大学学科评价，全面厘清社会组织参与大学学科评价的现状和存在的问题，显得尤为必要和紧迫。

表7.1 政府关于社会组织参与教育评价的政策演变

时间	发文机关	政策文件	相关内容
1985年	中共中央	《中共中央关于教育体制改革的决定》	教育管理部门还要组织教育界、知识界和用人部门定期对高等学校的办学水平进行评估。
1990年	国家教育委员会	《普通高等学校教育评估暂行规定》	要在学校自我评估的基础上，以社会评估为重点，鼓励学术机构、社会团体参加教育评估。
1994年	国务院	《国务院关于〈中国教育改革和发展纲要〉的实施意见》	要建立健全社会中介组织，包括教育决策咨询研究机构、高等学校设置和学位评议与咨询机构、教育评估机构、教育考试机构、资格证书机构，发挥社会各界参与教育决策和管理的作用。

[①] 梅诗琪：《我国大学社会评价发展研究》，湖南大学硕士学位论文，2019年，第24页。

[②] 宣勇、张凤娟：《大学学科评价与排名中的基本问题》，《教育发展研究》2020年第19期。

续表

时间	发文机关	政策文件	相关内容
1999年	中共中央、国务院	《中共中央国务院关于深化教育改革全面推进素质教育的决定》	进一步发挥非政府的行业协会和社会中介机构的作用。
2010年	国务院	《国家中长期教育改革和发展规划纲要（2010—2020年）》	积极发挥行业协会、专业学会、基金会等各类社会组织在教育公共治理中的作用。
2013年	中共中央	《中共中央关于全面深化改革若干重大问题的决定》	强化国家教育督导，委托社会组织开展教育评估监测。
2015年	教育部	《关于深入推进教育管办评分离促进政府职能转变的若干意见》	要建立健全政府、学校、专业机构和社会组织等多元参与的教育评价体系，扩大行业协会、专业学会、基金会等各类社会组织参与教育评价。
2017年	中共中央办公厅、国务院办公厅	《关于深化教育体制机制改革的意见》	健全第三方评价机制，增强评价的专业性、独立性和客观性。
2019年	中共中央、国务院	《中国教育现代化2035》	要建立健全社会参与学校管理和教育评价监管机制。
2020年	中共中央办公厅、国务院办公厅	《关于深化新时代教育督导体制机制改革的意见》	积极探索建立各级教育督导机构通过政府购买服务方式、委托第三方评估监测机构和社会组织开展教育评估监测的工作机制。
2020年	中共中央、国务院	《深化新时代教育评价改革总体方案》	构建政府、学校、社会等多元参与的评价体系，建立健全教育督导部门统一负责的教育评估监测机制，发挥专业机构和社会组织作用。

社会组织可以通过直接或间接方式参与教育,参与形式较为多样,一般可以分为补偿式参与、行政式参与、市场式参与和专业式参与。[①]补偿式参与是指社会组织担当协助者角色,主动配合教育行政部门改善少数人的教育状况。行政式参与是指社会组织的行政化运作,包括社会组织在获取社会资源和力量支持上运用体制内的策略,具有明显的官方、半官方和行政化色彩。市场式参与是指企业或专业类组织以市场价值为目的参与教育,依靠提供的产品或专业服务获得一定的经济收益。专业式参与是指以学科专业知识和调查研究为基础的研究类社会组织,通过科学调研形成有说服力的政策建议,从而为解决某个或某些教育问题提供参考。因此,我们也可以据此把社会组织参与大学学科评价的形式分为以上四种。综观目前我国大学学科评价及其组织机构的情况发现,我国社会组织尤其是第三方教育评价机构参与大学学科评价的形式主要是具有专业式参与特征的行政式参与和市场式参与。

一、政府主导下开展的半官方学科评价

我国目前大学学科评价影响力最大的当属教育部学位中心的学科评估(以下简称教育部学科评估)。教育部学科评估由教育部学位与研究生教育发展中心(以下简称中心)组织和开展,按照教育部和国务院学位委员会颁布的《学位授予和人才培养学

[①] 杜明峰:《社会组织参与教育》,华东师范大学博士论文,2017年,第142—143页。

科目录》，对有研究生培养和学位授予资格的一级学科进行整体水平评估。

教育部学科评估2002年首次在全国开展，历次申请参评的单位数量和学科数量不断攀升：从2002年第一轮的229个单位、1366个学科，到2006年第二轮评估的331个单位、2369个学科，再到2012年第三轮评估的391个单位、4235个学科，2017年的第四轮评估共有513个单位、7449个学科参评，全国高校有博士学位授予权的学科有94%申请参评。2021年，中心开展第五轮教育部学科评估。教育部学科评估采用客观评价与主观评价相结合、以客观评价为主的指标体系，包括师资队伍与资源、科学研究水平、人才培养质量、社会服务与学科声誉四个一级指标；设置人文、社科、理工、农学、医学、管理、艺术、建筑、体育等九套指标体系框架，每个学科设置不同的权重。① 教育部学科评估的历次结果产生了极其重要且广泛的影响，在很大程度上影响了各大高校的学术声望和学术资源、学生高考志愿填报、社会公众对大学学科排名的认知和认可度。

从第一轮到第四轮学科评估，教育主管部门强调教育部学科评估不同于政府开展的合格性评估，是以第三方方式开展的非行政性、服务性评估项目②，由第三方社会组织——中心承担评估工作部署、安排以及组织等重要工作。此外，教育部学科评估所需的部分数据来源于第三方数据提供机构，诸多同行专家和行业企

---

① 《全国第四轮学科评估结果公布：以评助建推动高等教育发展》，[EB/OL]. [2017-12-29][2021-06-29]http://www.moe.gov.cn/jyb_xwfb/s5147/201712/t20171229_323331.html.

② 同上。

业专家参与了指标体系确定、权重赋值和主观声誉调查。以第四轮教育部学科评估为例,在指标体系确定过程中,中心先后在16个省市召开了18场全省范围内的指标体系调研会,当面听取了200余所高校的800余名专家、校长及40余位省市教育厅代表的意见建议;在指标权重赋值过程中,中心邀请了专家近9000名(每个参评学科至少一位专家),根据权重设置原则和"参考值"给出建议权重,并通过求平均得到95个学科的最终权重。[①] 在主观声誉调查过程中,共有13000多名同行专家、23万学生和15万用人单位联系人参与了主观评价。

但是,由于中心是教育部的直属事业单位,接受教育部和国务院学位委员会的领导,具有一定的行政色彩,在评估方案确定和学科评估开展过程中并不具备应有的独立性。例如,第四轮教育部学科评估从一开始就明确是要深入贯彻研究生教育综合改革精神,主动服务国家"双一流"建设战略。再如中心2020年11月3日发布的第五轮学科评估工作方案就是根据2020年颁布的《深化新时代教育评价改革总体方案》(以下简称《方案》)而制定的。《方案》指出,将改进第五轮的学科评估,强化人才培养的中心地位,淡化论文收录数、引用率、奖项数等数量指标,突出学科特色、质量和贡献,纠正片面以学术头衔评价学术水平的做法,教师成果严格按署名单位认定、不随人走。为贯彻落实《方案》精神,中心发布了《关于公布〈第五轮学科评估工作方案〉的通知》,明确了第五轮学科评估的基本原则:聚焦立德树人、突出诊

---

① 《全国第四轮学科评估工作概览》,http://www.cdgdc.edu.cn/xwyyjsjyxx/xkpgjg/283494.shtml。

断功能、强化分类评价和彰显中国特色。① 因此,公众普遍认为,虽然中心是一个第三方的社会组织,但是教育部学科评估却并不是第三方组织的行为,从一开始就带有官方性质②,实际上是政府把学科评估这一特殊的行政权力委托给中心行使③,仍然是教育行政化思维④下政府主导的学科评价。⑤ 因此,教育部学科评估虽然是第三方负责组织实施的,具有专业式参与的特征,但实质上仍是一种政府主导的半官方的学科评价,是典型的行政式参与。

二、第三方社会组织积极参与大学学科评价

除了政府主导的半官方学科评价外,作为第三方教育评价机构,国内外各社会组织也纷纷参与大学学科评价,同时通过将大学学科评价窄化为学科排名的方式,推出各自的学科排名。⑥ 国际上,世界范围内影响最大的学科排名包括 THE 世界大学学科排名、US News 世界大学学科排名、QS 世界大学学科排名、软科世界一流学科排名以及 ESI 学科排名。在国内,影响最大的学科排名包括中国大学学科门类排行榜(以下简称武书连榜)、中国一流学科排名(以下简称校友会榜)、中国最好学科排名(以

---

① 《第五轮学科评估工作方案公布》,http://www.moe.gov.cn/jyb_xwfb/gzdt_gzdt/s5987/202011/t20201102_497814.html.
② 靳玉乐、胡建华、陈鹏、陈廷柱、陈亮:《关于当前学科评估改革的多维思考》,《高校教育管理》2020 年第 5 期。
③ 《第四轮学科评估的思考》,《光明日报》2016 年 11 月 22 日。
④ 陈学飞等:《中国式学科评估:问题与出路》,《探索与争鸣》2016 年第 9 期。
⑤ 张应强:《"双一流"建设需要什么样的学科评估——基于学科评估元评估的思考》,《清华大学教育研究》2019 年第 5 期。
⑥ 翟亚军、王晴:《"双一流"建设语境下的学科评估再造》,《清华大学教育研究》2017 年第 6 期。

下简称软科榜）、中国大学及学科专业评价报告（以下简称金苹果榜）、GDI 大学一流学科排行榜等。这些学科排名通常会引起大学、学者、学生和社会的广泛关注，影响力较大。

国际上的五大学科排名分别由英国《泰晤士高等教育》（以下简称《泰晤士报》）、美国《美国新闻与世界报道》（以下简称《美新》）、英国国际高等教育咨询公司 Quacquarelli Symonds（以下简称 QS）、上海软科教育信息咨询有限公司和美国科技信息所的发布。国内的五大学科排名分别由中国管理科学研究院《中国大学评价》课题组、艾瑞深研究院下属的校友会网（以下简称校友会网）、上海软科教育信息咨询有限公司（以下简称软科）、杭州电子科技大学中国科教评价研究院 & 浙江高等教育研究院 & 武汉大学中国科学评价研究中心（以下简称科教评价研究院）、广州日报数据和数字化研究院（以下简称 GDI 智库）发布。这些学科排名的发布机构大多是教育或大学评价咨询研究机构，属于典型意义上的第三方教育评价机构。

这些第三方教育评价机构几乎都是专业学术机构或智库，拥有专业性较强的专家和团队，对学科评价的参与具有专业式参与的特征。如校友会网，起源于 1989 年的中国综合大学排行榜创始人、中南大学高等教育研究所蔡言厚教授及其"中国管理科学研究院科学学所高等院校比较研究课题组"。蔡言厚的研究方向是科技管理和研究，在科研管理和大学评价方面发表学术论文 60 余篇，被公认为最早从事大学评价咨询的专家之一。又如软科，其大股东刘念才是上海交通大学高等教育研究院院长，虽是高分子材料专业博士，但是自转入高等教育研究领域以来，发表了大学评价方面的学术论文60余篇,承担了多项相关国家课题;而其法定代表人程莹则是上海交通大学高等研究所科技与教育管理专业管理学博士,曾在法国巴黎高等社会科学研究大学校从事博士后研究工作,在《高等教育研究》等核心期刊发表了大学排名和大学评价的学术论文30余篇。再如科教评价研究院,院长邱均平是杭州电子科技大学资深教授、浙江高等教育研究院院长、《评价与管理》杂志主编,从事图书情报学、信息管理学和评价学的教学与研究工作,主持完成相关国家级课题7项,出版相关著作18部,在《中国高教研究》《情报科学》等核心期刊发表相关学术论文600余篇。

然而不可否认的是,上述部分社会组织对大学及学科的排名同时也是一种商业行为,属于较为典型的市场式参与。为了经济利益,一些排名机构把大学及学科排名做成了商业活动,其最大驱动力甚至是唯一驱动力就是追求商业利益;在此驱动下,"潜规则"和"钱规则"滋生和盛行。① 如天津大学原校长曾透露,有一家排行榜的制作机构找上门来索要赞助。② 又如,国际上影响较大的THE世界大学学科排名和US News世界大学学科排名,其发布者《泰晤士报》和《美新》杂志本身就属于商业媒体。有批评者曾指出,《美新》排名更多地是商业行为,是一种盈利游戏,其排名方法的不断变化是为了创造更大的销售量。如果连续两年排名保持不变,读者根本就没有购买的必要,销售量会急剧

---

① 胡秀银:《我国大学排名公信力研究》,湖南大学硕士学位论文,2017年,第44页。

② 《高校"怒指"大学排行榜失实:不专业的排名活该被怼》,https://www.sohu.com/a/292198581_114988。

下降,造成严重的经济损失。①

正如洪成文教授所言:"现行的大学排行榜多属于一种商业操作,而不仅仅是学术水平的评比。"② 排名机构对大学和学科排名结果的调整与创新更多代表了商业性评价机构对市场需求的敏感度与响应性,其指标的调整与排名的变化也多为商业性评价机构为增加社会效应与关注度而采取的实用性策略。③ 大学排名为了实现"排名者之用",目前已成为一种巨大的产业甚至产业链,拥有巨大的商业和经济利益。④ 大学排名的商业性质使其作为"大学"本体排名的真义受到了怀疑,这样的怀疑直指大学排名存在的科学性与合理性。⑤ 由此可见,当前的大学及学科排名虽有专业参与的特征,但仍更多是一种商业行为,有明显的市场参与特征。

第二节 社会组织参与大学学科评价存在的问题

社会组织在参与大学学科评价的过程中是否做到以下几个方面直接决定了其评价的有效性:是否客观中立、科学公正,是

---

① 李函颖、刘宝存:《〈美国新闻与世界报道〉本科院校排行榜评估指标体系研究》,《中国高教研究》2013 年第 11 期。

② 《武书连大学排行榜再受质疑 商业操作致弊端丛生》,http://roll.sohu.com/20110527/n308733829.shtml。

③ 史静寰、刘璐璐:《大学评价值得关注的视角转换》,《河北师范大学学报(教育科学版)》2021 年第 4 期。

④ 张应强:《理性利用大学排行榜 促进高校内涵发展》,《河北师范大学学报(教育科学版)》2020 年第 2 期。

⑤ 赵锋、白玫:《大学排名:批判、存在与发展》,《河北师范大学学报(教育科学版)》2016 年第 3 期。

否遵循学科发展规律,是否能够落实教育方针,是否能推动学科、学者和学生的健康发展等。社会组织参与大学学科评价的有效性表现为科学性和公信力。独立性、专业性和权威性是保障科学性和公信力所需具备的三个基本特征,这三个特征缺一不可,彼此依托:独立性是保证评估结果公正的起点,而专业性和权威性则是保证评估结果公正的基础。① 因此,参与大学学科评价的社会组织及其大学学科评价若具备这三个特征,就能保证其有效性。然而,就我国当前参与大学学科评价的社会组织而言,不管是政府主导下的半官方社会组织,还是其他社会组织尤其是第三方教育评价机构,都不完全具备这三个特征。

一、社会组织参与大学学科评价的独立性不够

大学学科评价作为一项专业性很强的活动,其承办与运行部门不仅应当具有科学的评价体系,还需具备较强的独立性,能够与各参评单位进行利益隔离,以保障学科评价的公信力。所谓独立性,是指评估主体应该与被评估对象及其利益不相关,他们既不隶属于政府部门,不从属于某个利益集团,也不操纵于某些高校。② 如上所述,我国半官方的教育部学科评估是由第三方组织——教育部学位与研究生教育发展中心负责的,该中心是教育部的直属事业单位,具有独立的法人资质。但是,该中心很难与教育行政部门完全脱离关系,在经费与人员配置上均归教育行

---

① 徐双敏:《提高第三方评估的公信力》,《人民日报》2015年6月16日。
② 薛书冰:《关于我国高等教育评估权威性的研究》,河海大学硕士学位论文,2008年,第8页。

政部门管理。此外,教育部学科评估结果在一定情况下会被作为政府资源分配的依据之一,会直接影响到各大学的经济和社会利益。另外,如果评价机构仅仅独立于政府,而不独立于被评估对象和被评估对象的其他利益相关方,也会影响其公信力。

二、社会组织参与大学学科评价的专业性不强

评价是技术性很强的专业工作。专业性不仅是机构的专门化,更重要的是评价人员的专业化和评价活动的专业化,具体体现在明确评价目的、建构指标体系、确定评价标准、制定实施方案等每一个环节中。[1] 评价人员的专业化,是指评价机构对评价人员是有特殊要求的,必须是有学识、有水平、有经验的评价专门人才,这样才能对教育这种复杂的社会活动做出科学的价值判断。评价活动的专业化,是指评价活动必须依靠评价专业人员,在专业理论指导下,利用专业方法和技能,按照专业规程开展评价活动,其基本特点是工作开展的不可替代性。可以说,专业性是教育评价中介机构存在的基础。[2] 但是在当前参与大学学科评价的社会组织中,不少评估机构由于专业人员数量不足,专职研究队伍力量薄弱,评估理论和评估技术相对落后,从而导致对评估方案、指标体系的研制能力不够,评估方法和技术含量也不高[3],从而在指标选择、指标计算、权重确定和数据获取等几个方

---

[1] 徐双敏:《提高第三方评估的公信力》,《人民日报》2015年6月16日。
[2] 薛书冰:《关于我国高等教育评估权威性的研究》,河海大学硕士学位论文,2008年。
[3] 吴启迪:《加强评估机构能力建设 努力促进管办评分离》,《中国高等教育》2011年第Z2期。

面存在不专业的问题。

第一,在指标选择上不够专业。有学者认为,全球大学排名采用的指标并不能恰当地反映其想要评估的内容,如生师比这一指标就不能恰当地反映教学质量的高低。① 而有的学科排名在设计指标的时候就已经提前限制了指标选择的范围,这样势必会降低整个指标体系的科学性。② 同时,在刊物指标的选择上也很主观。教育部学科评估中心在第四轮一级学科评估活动的前期,出现了评估者指定部分刊物为 A 刊的现象。评估者的主观性过强,使得评估工作的规范性与科学性受到质疑。

第二,在指标计算上存在缺陷。《旧金山科研评估宣言》认为,期刊影响因子根据一种期刊两年内发表论文的平均引用数来计算的方法存在严重缺陷:一方面,从统计学角度而言,用一个有偏差的数据集的平均值来反映实际平均值并不合理;另一方面,计算时,分子包含了期刊的总引用数,然而分母却把不能算作引用但实际上被引用过的条目排除在外,如编辑社论与致编辑部的来信,以提高影响因子。另外,两年时间段的设定存在争议,开始和结束的时间不同会影响到引用情况;而且有些学科领域可能需要长时间才会被频繁引用,两年时间并不能概括这些引用不频繁的学科领域,不同学科领域的期刊影响因子实际上无法比较。③

---

① 王晓真:《审慎看待学术质量评估指标》,《中国社会科学报》2021 年 6 月 16 日。
② 兰云、蔡言厚:《完善"中国大学排行榜"的若干建议》,《现代大学教育》2003 年第 3 期。
③ 王晓真:《审慎看待学术质量评估指标》,《中国社会科学报》2021 年 6 月 16 日。

第三,在权重确定和数据获得上较随意。斯特尔塔和伍德豪斯、萨尔米和萨拉扬等认为,多数排名机构并没有说明权重的分配情况,同一排名机构的指标权重年年发生变化。这些说明,权重的分配只是排名者的观点,没有坚实的理论基础和经验基础,存在较大的主观性和随意性。[①]"多数人都认为,权重分配的主观性和随意性是排名方法中的根本性缺陷。"[②] 当这些排名用随意制定的权重对所有指标求和,就会导致每一个指数的微小变化都可能对大学排名结果产生巨大影响。[③] 而权重的变化会使读者难以准确地判断究竟是实力的变化还是排名方法的变化导致了机构或专业的位次变化。[④] 即使有些排名机构强调,指标权重确定是根据德尔斐法,通过几轮的专家评分确定的;运用德尔菲法就意味着权重的确定主要依赖于专家的判断,因此专家人选的组成非常关键,要考虑数量、典型性、代表性、学科结构、地域结构等。[⑤] 但是,多数排名机构并没有公布其调查的专家数量和情况,因此专家的典型性和代表性无法考证。此外,数据的真实性无法保证。天津大学原校长曾表示:"所有这些排名机构,没有任何一家向学校要过数据,数据来源我认为至少是不完整的。"[⑥] 大多数

[①] 安东尼·斯特拉、大卫·伍德豪斯:《高校排名》,《高教发展与评估》2006年第3期;S. Jamil, S. Alenoush:《作为政策工具的大学排名》,载刘念才、程莹、Jan Sadak 主编:《大学排名:国际化与多元化》,上海交通大学出版社2009年版。

[②] J. Salmi, & A. Saroyan, "League Tables as Policy Instruments: Uses and Misuses." *Higher Education Management and Policy*, 2007, 19, 2: 31–68.

[③] 王晓真:《审慎看待学术质量评估指标》,《中国社会科学报》2021年6月16日。

[④] 刘念才:《大学排名:国际化与多元化》,上海交通大学出版社2009版,第249页。

[⑤] 毛建青:《指标调整不等于评价完善》,《教育发展研究》,2020年第19期。

[⑥] 《大学排行榜真有"潜规则"?》,《人民日报》2009年5月5日。

排名机构要么用简单的量化打分和小样本调查的方法获得数据,要么对高校自身提供的数据不进行认真的核实,甚至照抄照搬,有的甚至数据是凭空臆造的。而且,对这些数据的处理,往往只进行简单化的线性加权处理。

三、社会组织参与大学学科评价的权威性不足

学科评价的权威性是指在大学学科评价中,评价主体依据被赋予的合法权力,以评价本身的科学性为支撑,使学科评价的价值观念、程序、方法、结果能够被教育行政部门、社会大众所认同,让作为评价客体的高等学校能够从心理上接受。[1] 由于指标偏差、数据不透明、商业因素等原因,很少有学科排名能如实反映学科发展的真实情况,让所有人都信服。目前来看,2002 年开始的教育部学科评估是人们关注最多、权威性最高的大学学科评价,是带有政府权威性的学科评估。[2] 这主要是得益于它是政府主导的半官方学科评估,而政府直接从事的评估或指派部门的评估,往往具有选拔性或评优性,其目的就在于确立某种权威。[3]

我国社会组织的权威性得不到社会的认可,人们宁愿相信粗放型的行政评估,也不愿相信科学化的市场评估。[4] 第三方社

---

[1] 薛书冰:《关于我国高等教育评估权威性的研究》,河海大学硕士学位论文,2008 年。
[2] 陈鹏:《第五轮学科评估需要关注的五个关键维度》,《高校教育管理》2020 年第 5 期。
[3] 王洪才:《学科排名:利大还是弊大——对我国学科评估特征、正当性与机理的省思》,《厦门大学学报(哲学社会科学版)》,2019 年第 1 期。
[4] 范国睿:《社会组织参与教育督导评估的治理机制》,《教育发展研究》2020 年第 Z1 期。

会组织参与大学学科评价的权威性其实来源于评价机构的专业实力，是在长期的评价工作中形成的。但是，在指标、权重、数据和方法等专业性不强的情况下，目前各排名机构推出的学科排名自然缺乏足够的权威性，公信力不高。[①] 同时，我国多数第三方评估机构成立的时间不长，可供圈点的业绩还不显著，社会信誉提升还需假以时日。武书连大学排名历史稍长，1993年发布了首个具有综合意义的大学排行榜，学科排名则是从2002年左右开始连续发布的，武书连及其排行榜最受人关注，但也一直备受争议，权威性仍显不足。艾瑞深校友会排名虽然在1989年发布过第一个中国综合大学排行榜，但连续发布大学排名还是从2003年才开始的，2016年开始发布学科排名，虽然号称是中国最具影响力、权威性和公信力的大学排行榜之一，但人们的争议也较大。广州日报数据和数字化研究院（GDI智库）是2015年成立的，广州日报大学一流学科排行榜是2016年开始发布的，因此影响力相对较小，人们关注的并不多，因此争议反而比较小。软科世界大学学术排名是从2003年开始发布的，但是世界一流学科排名是从2017年才开始发布的，相对而言，人们关注较多，却争议较少，因此权威性较高，当然还是比不上教育部的学科评估。

因此，每年的大学排名或学科排名结果一出来，都会引起高等学校的强烈异议，教育部门、大学和社会公众都对国内排行榜的权威性表示过公开的质疑。[②] 学者实证调查的结果也显示：武

---

① 崔林：《大学排名及其规范问题的质疑》，《高校教育管理》2010年第5期。
② 梅诗琪：《我国大学社会评价发展研究》，湖南大学硕士学位论文，2019年。

书连、校友会、网大等排名的"权威性"均值都不高①;被调查者中有 30% 左右认可"排名机构发布的大学排名结果具有权威性"这一观点,剩下 70% 左右是"说不准"或"表示反对"。②这些调查结果说明大多数公众并不完全认可各大排名的权威性。

第三节 社会组织未能有效参与大学学科评价的原因

社会组织参与大学学科评价的动力一般分为外部动力和内部动力。外部动力一般包括市场的需求力、政府的支持力等,内部动力主要指的是利益驱动力、社会责任力等。社会组织参与大学学科评价的能力取决于评价人员的专业能力和评价理论的专业性。当前,我国社会组织尤其是第三方教育评估机构在参与大学学科评价时,往往缺乏相应的动力和能力,从而造成了独立性不够和专业性不强的问题,权威性很难得到公认,这也就导致社会组织未能有效参与大学学科评价。③

一、社会组织参与大学学科评价的动力不够

据了解,目前我国有二十多个国家级和省级教育评估机构,大体分为三种类型,各占三分之一左右。④第一类是教育部或省

---

① 喻颖、张锦高:《我国大学排行榜公信力的实证研究——以民间三大排行榜为例》,《高教探索》2007 年第 6 期。
② 胡秀银:《我国大学排名公信力研究》,湖南大学硕士学位论文,2017 年。
③ 毛建青、宣勇:《社会组织参与大学学科评价:问题与策略》,《高等工程教育研究》2021 第 3 期。
④ 《对上海第三方教育评估机构建设的实务探究——访上海市教育评估院冯晖博士(下)》,http://blog. sciencenet. cn/home. php?mod=space&uid=2903646&do=blog&quickforward=1&id=1024155。

级教委或教育厅直属的事业单位,属于政府职能转型、简政放权的产物。如教育部学位与研究生教育发展中心是隶属于教育部、具有独立法人地位和事业单位性质的评估机构,专门负责研究生的教育教学评价工作。还有以省名称冠名的教育评估机构,如江苏省教育评估院、上海教育评估院(前身上海市高等教育评估事务所)、安徽省教育评估中心、浙江省教育评估院、湖北省教育评估院等,基本上都是经省机构编制委员会批准成立、由省教育厅领导的事业单位,具有独立法人资格,主要负责组织开展省内教育(包括高等教育)评估认证工作。[①] 这些机构的主要业务来源于教育行政部门的项目委托,与政府关系密切,在业务承接上有保障。但是,政府主管部门的行政控制较多,例如,人事任命和考核由省级教育行政部门决定,薪资收入和办公开支主要依靠政府财政拨款,没有独立的收入渠道。[②] 这也使得这一类评估机构对政府的依附性很强,学科评价的业务工作多由教育部门统一布置和部署,通常以省级教育行政部门下发文件、开展考核检查等形式推动,独立性较差,自觉主动参与学科评价的市场需求力和利益驱动力相对较为缺乏。当然,这一类机构由于其半官方的性质,社会责任力还是相对较强的。

第二类机构往往是挂靠在某一个事业单位内部,凭借被挂靠事业单位开展教育评估认证活动,比如各省教科院内部成立的评估中心或高校内部成立的评估中心,但他们挂牌的是省级评估

[①] 梅诗琪:《我国大学社会评价发展研究》,湖南大学硕士学位论文,2019年。
[②] 严萍、李欣婷:《第三方评估如何落地——省级教育评估机构转型发展探究》,《研究生教育研究》2019年第6期。

机构。与第一类的共同点在于都有一定数量的事业编制，但根本区别在于不是独立法人、财务不独立。如中国科教评价研究院（CASEE）是挂靠在杭州电子科技大学的评价研究机构；中国科学评价研究中心是挂靠在武汉大学信息管理学院的，是我国高等院校中第一个综合性的评价中心。这类机构往往具备相对较好的社会责任力和一定的市场需求力，但是和第一类机构的半官方性质相比，其政策支持力明显较弱；再加上非独立法人和财务不独立等原因，其利益驱动力则明显弱于第三类机构。

第三类机构是工商或民政登记的完全独立法人，财务独立、自负盈亏。武书连榜曾经依托的广东管理科学研究院（中国管理科学研究院广东分院）是1993年在广州工商局登记注册的企业，2006年已被吊销营业执照。艾瑞深校友会网其实是2001年成立的一个网站，其网站总编赵德国也是2004年在深圳市市场监督管理局注册登记的深圳市网辰数码科技开发有限公司法人代表、总经理，后来担任艾瑞深研究院院长，也是2014年深圳工商部门登记注册的深圳艾瑞深信息咨询有限公司法定代表人。上海软科教育信息咨询有限公司是2009年在上海闵行区市场监管局登记成立的企业。广州日报数据和数字化研究院是2015年经广州市民政局批准成立的民办非企业单位，是广州日报报业集团主管主办、具有独立法人身份的研究机构。毫无疑问，由于这一类机构的性质更多属于企业或民办非企业，所以参与学科评价的利益驱动力在这三类中应该是最强的，市场需求力也较大，但是所得到的政府支持力严重不足，在社会责任力方面也略显不足。

表 7.2 三种类型机构的动力情况

类型＼内容	外部动力		内部动力	
	政策支持力	市场需求力	利益驱动力	社会责任力
第一类机构	强	弱	中	强
第二类机构	中	中	弱	中
第三类机构	弱	强	强	弱

二、社会组织参与大学学科评价的能力有限

能力是完成一项目标或者任务所体现出来的综合素质。从组织能力角度看，目前社会组织参与大学学科评价的能力有限。随着教育治理体系和治理能力的现代化，随着"管办评"分离，越来越多的教育事务开始交由社会来承担。这是教育行政部门转变自身职能，激发社会和市场参与大学学科评价的需要，与此同时却面临着教育类社会组织自身能力较弱、专业性不强的现实。长期以来政府和社会权力非对称性配置，教育类社会组织汲取资源的能力低下，同时社会组织的能力建设也没有得到有效推进，这导致社会组织参与大学学科评价的效果大打折扣。[①] 目前社会组织普遍存在着办公条件差、自筹经费能力及人员吸纳能力弱等问题，并已成为当前制约其发展的主要瓶颈之一。[②] 调查显示，18%的教育社会组织认为自己所在的组织资源充足或基本充足，而认为不充足或完全不充足的高达78%，可见资源匮乏是教育社

[①] 胡伶：《教育社会组织发展与教育行政职能转变》，《国家教育行政学院学报》2009年第3期。

[②] 王名、李长文：《中国NGO能力建设：现状、问题及对策》，《中国非营利评论》2012年第2期。

会组织普遍面临的困境。①就第三方教育评价机构的能力而言，主要体现在评价人员和评价理论的专业性不足。

首先，评价机构的核心人员数量有限，国内四大学科排名机构核心人员一般在3-6人。备受关注也饱受争议的武书连学科排行榜，在2010年前其课题组主要组成人员有武书连、吕嘉、郭石林等，2011年后的课题组成员因未公布而不得知；艾瑞深校友会排名的核心组成人员是赵德国、蔡言厚、党亚茹、王凌峰、刘明和蔡莉；中国科教评价研究院排名的核心团队人员是邱均平、汤建民、赵蓉英、杨思洛、邱作谋；软科团队主要是CEO程莹、排名总监王璐、高澈。

其次，评价机构从业人员的专业知识不足。上述几大排名中的学术顾问或负责人，如蔡言厚、邱均平、党亚茹、汤建民、程莹等，虽非教育评价相关专业出身，但均拥有不同程度的专业知识背景，而且评价经历较丰富，对评价理论有不同程度的研究和造诣。但除他们之外，多数评价从业人员都是非教育评价相关专业出身，而且经验较欠缺。如广州日报数据和数字化研究院（GDI智库）2020招聘岗位分为数据分析师、软件工程师、研究员和策展师，相关专业包括计算机科学、应用数学、统计学、社会学、教育学、软件工程、信息技术或电子、中文、历史、哲学、会展经济与管理、旅游管理等，明显缺乏教育评价类的专门性人才。

最后，评价人员的专业性决定了评价机构的评价理念是否先进、评价方法是否科学。目前有些排名机构是在接受评估业务后

---

① 胡伶：《教育社会组织发展及其中的政府行为研究：基于部分区域抽样调查的分析》，《教育发展研究》2010年第17期。

临时聘请一些评估专家或者学校知名领导,缺乏一个稳定的专业团队,缺乏对评估理念的研究,也未对从业人员进行评估专业培训。①因此,多数学科评价机构组成人员对评价理论的掌握不容乐观,直接阻碍了我国社会组织参与大学学科评价的专业化,从而使得它们参与大学学科评价的能力有限。

第四节　提升社会组织参与大学学科评价有效性的策略

如前所述,社会组织参与大学学科评价的动力和能力不足,导致了社会组织对大学学科评价参与的有效性不足。因此,需要从激发社会组织参与大学学科评价的动力、提高社会组织参与大学学科评价的能力着手,推动社会组织有效参与大学学科评价,以加强社会组织参与大学学科评价的独立性、专业性和权威性,从而推动大学学科发展、"双一流"和高质量教育体系建设。

一、加大培育扶持力度,赋权赋责激活动力

政府的支持力是社会组织,尤其是第三方教育评价组织参与大学学科评价的重要动力来源。2015 年,《教育部关于深入推进教育管办评分离　促进政府职能转变的若干意见》提出,要主动委托第三方开展教育领域的评估工作。我国政府已经开始培育一些第三方教育评估机构,如培育成立了教育部学位与研究生教

---

① 梅诗琪:《我国大学社会评价发展研究》,湖南大学硕士学位论文,2019 年,第 40 页。

育发展中心、各省市的教育评估院等,分别隶属于教育部和各省级政府的教育厅或教委。从当前我国国情来看,由隶属于政府主管部门的事业单位开展学科评估作为中国特色高等教育和学科评价改革的探索,应该是基本成功并值得进一步期待的。因此,今后政府应继续积极培育和大力扶持社会组织,尤其是第三方教育评价机构的发展,将社会微观管理的权力交给社会,让位于社会组织,并从制度、法律、政策等各个方面积极支持社会组织的发展。在制度上,加快转变政府职能,大力扶持各种学会、协会、行业组织等社会组织进入教育评价领域并参与学科评价,使之承担一定的教育公共服务职能,帮助其提高参与教育评价的动力。在法律上,按照鼓励支持、规范社会组织发展的要求,清理法律法规,规范简化审批手续,清除不利于社会组织尤其是第三方教育评价机构健康合理发展的法律法规。在政策上,要制定出台支持、鼓励社会组织和第三方教育评价机构发展的更多优惠政策,加大政策落实力度,改善社会组织发展的政策环境,尤其是对第二类和第三类民间的第三方教育评价机构更需要加大帮扶力度。

公共行政学认为,政府往往通过赋权赋责为社会组织发展提供政策支持,鼓励他们承接政府职能和服务,在"行政吸纳社会""行政吸纳服务""行政吸纳组织"的过程中,实现体制扩容和社会赋权增能,提升社会的组织力与凝聚力。[①]另一方面,社

---

① 康晓光、韩恒:《行政吸纳社会——当前中国大陆国家与社会关系再研究》,*Social Sciences in China* 2007 年第 2 期;唐文玉:《行政吸纳服务——中国大陆国家与社会关系的一种新诠释》,《公共管理学报》2010 年第 1 期;李炯标:《行政吸纳组织:社会工作组织模式的创新探索研究——基于对汕头市社工站的调查》,《汕头大学学报》2018 年第 11 期。

会组织在获得政府政策支持的同时,扩大了社会自主性和影响力,在组织集中化、联合化和资源配置优化的情势下,承接政府的职能,为政府实现管制型政府向服务型政府转型提供了有力的支持,从而实现了政府和社会的双向嵌入和双向赋权。[①] 因此,中央和地方教育主管部门需要对扶持培育的社会组织尤其是第三方教育评价机构进行更多的赋权赋责,通过与主管单位脱钩、行政控制的隔断、原有编制和经费的逐年减少,来帮助其逐步走向市场和社会,不断发展壮大;同时,扩大社会组织尤其是第三方教育评价机构的职能范围,如鼓励第三方教育评价机构根据市场需求和自身能力提供整体认证和专业学科认证等,提升第三方教育评价机构参与学科评价的市场需求力和利益驱动力,以培育更加独立、更加规范、更加权威的第三方机构,打造自立、自主、自为的第三方评估平台,帮助半官方的第三方教育评价机构实现向民间型的转型,最终形成政府、高校和第三方教育评价机构协同发展的体制机制和代理市场,为政府施策、高校决策提供高质量服务。

二、培养评价专门人才,推动深化理论研究

学科评价是一门科学,科学的生命力在于不断提高评价人员的专业化水平。[②] 因此,人才队伍建设是第三方学科评价机构

[①] 刘耀东:《中国枢纽型社会组织发展的理性逻辑、风险题域与应对策略——基于共生理论的视角》,《行政论坛》2020年第1期;纪莺莺:《从"双向嵌入"到"双向赋权":以N市社区社会组织为例——兼论当代中国国家与社会关系的重构》,《浙江学刊》2017年第1期。

[②] 张继平:《学科评估服务"双一流"建设:第三方评估的困境与突围》,《研究生教育研究》2019年第2期。

科学发展的核心要素。只有拥有专业化的评价队伍，才能提高第三方学科评价机构的能力，社会组织参与大学学科评价的专业性才能得到保证。当前我国第三方教育评价机构缺乏专业素质高、业务能力强的人才队伍，评估结果的专业性和权威性因而大打折扣。因此，政府应通过人才培养、准入制度、审核与退出制度、智囊团等提高学科评价从业人员的专业能力。首先，建议建立评价专门人才的培养机制，可以选取部分有条件的高校开设教育评价、教育测量等相关学科专业，增设教育评价专业的硕士、博士学位点，增加第三方评价专业人才力量储备；也可以根据评价人员所需具备的知识结构，面向教育学、心理学、法学、管理学、数学、统计学等专业学生开设双学位、辅修专业，或是根据《教育部办公厅关于在普通高校继续开展第二学士学位教育的通知》，开设第二学士学位，提高教育评价专业的复合型人才培养。其次，建议建立学科评价专业人员的职业准入制度。资格标准的确定应注重知识结构层次，包括但不限于教育学和统计学等专业。再次，建议形成教育评价专业人员的审核与退出制度。具备准入资格的评价人员进入学科评价领域后，应对其进行动态的审查和考核，若发现不合规范和专业性缺乏的行为，则应使其暂时或永久退出教育评价领域。最后，积极引入并发挥行业协会或学会的知名学者和专家的作用。行业协会或行业学会作为最具专业权威的发言人，却没有积极参与到行业相关专业的评估队伍中来，这是我国大学社会评价发展中存在的缺陷。[①]因此，建议在第三方

---

① 梅诗琪：《我国大学社会评价发展研究》，湖南大学硕士学位论文，2019年，第38页。

学科评价机构的专业人员组成中,要特别增加高教领域和行业领域的知名学者、专家,组成智囊团,充分发挥专家咨询的智库作用。正如科尔巴奇所说,政策活动主要集中在想法相同、专业知识丰富的知识分子的协商讨论上,虽然有可能会导致与利益组织之间的矛盾,但是唯有亲自参与,才能更有效地在政策中反映他们的呼声。[1] 通过以上四个方面,切实提高学科评价从业人员的专业能力,解决目前学科评估队伍中兼职人员多专职人员少,且多数专职人员缺乏专门的学科评估理论、方法和技术的问题。

要提升社会组织尤其是第三方教育评价机构有效参与大学学科评价的能力,还需要提升教育评价理论尤其是学科评价理论的水平。教育评价包含学科评价,教育评价理论是在哲学、心理学、教育学、管理学、教育测量学、教育统计学与系统科学等学科的基础上建立起来的,它为教育评价活动提供了理论指南。[2] 教育评价学科正式确立的标志是美国教育家泰勒(R. W. Tyler)完成的"八年研究"(1932—1940)。我国直到1978年党的十一届三中全会以后才开始启动教育评价理论的研究,80年代中后期才开始大规模开展起来。目前我国教育评价理论已经取得了快速发展和显著成就,但是总体而言,仍然存在深度、广度和特色等方面的问题,亟需相关专家学者进一步深化研究,并将自身的研究置于世界教育评价理论的体系中,吸收和借鉴世界优秀成果和经验,提高本国的研究实力和水平。[3] 就学科评价理论而言,需

---

[1] H. K. 科尔巴奇著、张毅等译:《政策》,吉林人民出版化2005年版,第46—48页。

[2] 陈玉琨、李如海:《我国教育评价发展的世纪回顾与未来展望》,《华东师范大学学报(教育科学版)》2000年第1期。

[3] 同上。

要特别加强学科理论研究,在"作为知识分类体系"和"作为知识劳动组织"的两层语义上[①],尽量达成学科内涵和外延的共识,并明确我国语境下的学科与国外的异同。同时,目前我国评价类刊物过少,仅有《教育测量与评价》《高教发展与评估》《考试与评价》《评价与管理》《中国社会科学评价》等,建议增加评价类和教育评价类刊物,以此推动教育评价理论研究的发展。

三、加强评价结果应用,引导回归评价目的

在推进管办评分离、政府职能转变的过程中,还需要加强社会组织尤其是第三方学科评价机构评价结果的应用,如英国的学科和科研评估结果直接影响政府对大学的拨款份额,荷兰教育部对于被认定为低质量且规定期限内未得到改进的评估项目,将取消官方注册及文凭授予权。[②]目前,我国的学科评估结果的公布与应用更多集中在提供信息服务和决策参考方面,如教育部中心的学科评估结果很大程度上与"双一流"建设有密切关系,但并未对相关大学和学科的财政预算分配、绩效拨款、国家科技计划项目承担、国家级科技人才推荐、国家科技创新基地建设、学科专业设置、研究生和博士后招收、科研事业单位领导人员考核评价、科研事业单位人事管理、绩效工资总量核定等产生影响[③],于是造成了评估主体只关注学科评估过程、高等院校只关注学科评

---

① 宣勇、凌健:《"学科"考辨》,《高等教育研究》2006年第4期。
② 马苹:《从发达国家的三种模式看中国高等教育评价》,https://www.sohu.com/a/77733135_372464。
③ 张耀方、韩海波:《国家科技改革政策导向对学科评估指标体系的影响分析》,《中国科技论坛》2019年第10期。

估等级的现象。其他社会组织的学科评价结果很大程度上只供学生和家庭在考大学或考研的专业或学科选择上做参考,在政府政策层面几乎没有任何作用。虽然学科评估结果与资源配置强相关可能会带来寻租、浮躁、压力过度等问题,但是结合评估结果适当给予正向激励和反向约束,可能会更有利于学科的良性发展和共同进步,有助于集中优势力量取得重大突破。[①] 当社会组织尤其是第三方学科评价机构意识到他们的学科评价结果将会对高校和学科发展产生影响时,将会大大提高社会组织参与大学学科评价的动力,也将有助于提高社会组织参与大学学科评价的责任心和科学性。

"教育评估的本质是价值判断。"[②] 教育评价理论认为,教育评价目的经历了鉴定目的观、诊断目的观、改进目的观、发展目的观四个阶段[③]。改进目的观认为:"评价最重要的意图不是为了证明,而是为了改进。"[④] 而发展性教育评价是以促进人的发展为目的的。毫无疑问,从改进目的观看,教育部学科评估的根本目的是通过科学、客观的评估,使各学科点找准自己的优势和不足,推动学科建设。从发展目的观看,学科评价和学科建设的根本目的在于推动和促进学生和学者的发展。同时,基于政府与大学两

---

① 张耀方、韩海波:《国家科技改革政策导向对学科评估指标体系的影响分析》,《中国科技论坛》2019 年第 10 期。
② 王冀生:《建设具有中国特色的高等教育评估制度的基本要点》,《高等教育研究》1994 年第 1 期。
③ 梁桂莲:《教育评价目的再剖析》,《教育与教学研究》2013 年第 12 期。
④ 斯塔费尔比姆著、陈玉琨译:《方案评价的 CIPP 模式》,载瞿葆奎主编,陈玉琨、赵永年选编:《教育学文集·教育评价》,人民教育出版社 1989 版,第 301 页。

大用户的现实需求,基于大学学科的多样性与复杂性,可以将大学学科评价分为综合性评价、诊断性评价、符合性评价、绩效型评价、贡献型评价等,使其成为一种以用户需求为基础的多元评价[①]。然而,实际状况是,目前我国的学科评价通常简化为学科排名,并根据学科排名进行资源配置:对学科而言,各高校有可能根据学科评价结果将资源配置的重点集中在优势学科上,有可能导致优势学科投入过度、资源浪费;而其他弱势学科则很难得到应有的支持,甚至有被撤销的可能。因此,目前我国的学科评价很大程度上仍停留在教育评价目的的第一和第二阶段。这种学科评价和学科发展状态不利于形成良好的学科生态,不利于高校的长远发展,更不利于学生和学者的发展,违背了学科评价的初衷。因此,应进一步完善并加强社会组织的学科评价结果的运用,综合发挥学科评价的导向、鉴定、诊断、调控和改进作用;与此同时,防止政府和高校将评价目的异化,引导学科评价目的的正确回归,真正做到"以评促建",推动学科建设和学科发展,提高大学学科的知识生产质量和效率,提高学科服务国家和区域战略的能力,并促进学生和学者的发展。

四、建立认证监督机构,规范学科评价市场

不可否认的是,我国目前第三方学科评价市场相对比较混乱,存在行业不规范现象,突出表现在以下几个方面。第一,不少学科评价或学科排名经常爆出各种"潜规则"和"丑闻",多

---

① 宣勇、张凤娟:《大学学科评价与排名中的基本问题》,《教育发展研究》2020年第19期。

数学科评价或学科排名的权威性因而受到公众的普遍质疑。第二,前述的第一类第三方学科评价机构,依靠政府垄断了相关业务与资源,在与真正的民间第三方学科评价机构的竞争中处于绝对优势地位,公平公正的竞争无法发生,也无法实现市场效率。第三,除教育部学科评估外,其他现有的第三方组织更多属于自由发展,自行抓取数据、自由开展评价。第四,目前我国教育社会组织一般会通过民政局或工商局注册获得"合法"身份,如广州日报数据和数字化研究院于2015年经广州市民政局批准成立的,但是民政局或工商局无法对第三方的学科评价机构进行资格的认证,而只有通过认证的学科评价机构才有资格进行学科的第三方评价。面对第三方学科评价市场的混乱和行业的失范,政府有必要牵头并引导成立第三方学科评价机构的认证和监督机构,规范学科评价市场,引导第三方学科评价市场的健康发展。

首先,政府可以通过各种扶持和培育,使社会组织尤其是第三方学科评价机构的认证和监督机构有能力开展评估机构的资质认证研究,有权力建立资质鉴定的行业规范,采用科学标准制定行业准入条例,开展严格认证,做好审查和监管,以规范学科评估行业市场。其次,对于不具备评估资质的评价机构,有权要求其限期整改,整改不通过则给予剔除;对于评价机构的失信和失范行为,应有严格的问责和淘汰机制。最后,在资格准入、行业规范、资格认证、问责淘汰等方面做好信息公开。这种认证和监督机构及其相关制度安排类似于对第三方学科评价机构的再评价制度,有助于提高第三方学科评价机构的能力,从而提升其开展学科评价的专业性和权威性。2015年，我国成立了"全国第三方教育评价机构联谊会"，但是这个联谊会目前仅具备"研讨会"功能，尚无权力和资格开展第三方教育和学科评价机构的准入、认证和监督，可以考虑培育并扶持其成为真正的第三方教育和学科评价机构的认证和监督机构。当然，也可以考虑由政府联合部分高校、机构建立一个全国性的、统一的、权威的教育评价行业协会，作为全国教育和学科评价的总领机构和权威机构；同时，按照国家认可制度，在教育部的监督下，由教育和学科评价专业人士组织对各评价机构进行资质或是评价工作的认证，使其成为第三方学科评价机构的认证和监督部门。

五、完善相关法律法规，出台《教育评价法》

依法评估的前提是健全相关法律法规，使学科评估有法可依、有章可循，这也是完善高等教育评估体系的重要前提。[①] 只有加强立法建设，确立社会组织尤其是第三方教育评价机构的法律地位，才能依法保证评价中介机构的独立合法性和权威性，有效发挥第三方评价的功用，形成客观公正的评估结果，为"双一流"和高等教育强国建设提供高水平服务。荷兰在1985年明确质量评价的地位后，于2002年颁布了《高等教育评定法》，将高等教育评价完全纳入国家引导体系。[②] 目前，我国学科评价的

---

① 顾晟：《日本高等教育多元化评估体系的现状、特点与启示》，《高教学刊》2018年第19期。
② 马苹：《推进多元化高等教育评价体系建设》，《中国教育报》2016年5月31日。

法律依据主要是《中华人民共和国教育法》《中华人民共和国高等教育法》和《中华人民共和国民办教育促进法》等教育法律。如《中华人民共和国教育法》第二十四条规定："国家实行教育督导制度和学校及其他教育机构教育评估制度。"《中华人民共和国高等教育法》第四十四条规定："高等学校的办学水平、教育质量，接受教育行政部门的监督和由其组织的评估。"《中华人民共和国民办教育促进法》第四十条规定："教育行政部门及有关部门依法对民办学校实行督导，促进提高办学质量；组织或者委托社会中介组织评估办学水平和教育质量，并将评估结果向社会公布。"此外，目前我国唯一一部专门的高等教育评价指导性文件是1990年颁布的《普通高等学校教育评估暂行规定》，总体而言，带有较浓厚的计划体制色彩[1]，法律效力不足，过于陈旧，已经不利于提升社会组织有效参与大学学科评价的动力和能力。

因此，政府应进一步修订完善社会组织和学科评价的政策法规，为构建学科评价新框架、深化学科评价提供理论与法律支撑。建议出台专门的《教育评价法》，通过合法介入、依法评价来保障社会组织尤其是第三方教育评价机构的生存和发展，提升社会组织参与大学学科评价的外部动力与合法性。就《教育评价法》的具体内容而言，建议可吸收现有有关学科评价规定、条例、决定、纲要、意见、计划等中的相关内容，在借鉴外国教育和学科评价立法经验的基础上，就教育评价的主要目的、基本任务、评价程

---

[1] 陈玉琨、李如海：《我国教育评价发展的世纪回顾与未来展望》，《华东师范大学学报（教育科学版）》2000年第1期。

序、评价标准、评价主体、评价形式、评价类型、评价机构、评价人员、结果应用、结果申诉、监督机制等作出详细、明确的法律规定,使其真正成为社会组织尤其是第三方学科评价机构参与大学学科评价工作的准绳和依据,使社会组织的大学学科评价活动有法可依。

第八章
以评促建：学科评价与建设的治理机制

由于学科与大学之间的天然联系，人们认识到学科结构决定大学类型，学科水平决定大学层次，学科建设也由此在大学发展中被赋予极为重要的意义。在我国，学科建设长期以来被视为学校发展的龙头、主线，被视为强化学校办学能力、提高办学水平的关键环节，甚至在实施建设世界一流大学的国家战略进程中，将世界一流学科建设增列为与世界一流大学并行的"双一流"国家高等教育发展重大战略。在这样的大环境中，学科评价、学科建设顺理成章地成为近年来我国高等教育领域的热点话题，得到越来越广泛的关注与重视。政府在学科建设上投入了更多的资源，公众对学科评价的结果给予了更多的关注，大学在学科发展上获得了更大的动力，也背负了更多的压力。当前学科评价的排名取向使得大学在进行学科建设时陷入了机械"排名漩涡"，背离了大学与学科建设的初衷，淡化了大学与学科发展的本质内涵。"[1] 这与学科

---

[1] 张涛、孙长青：《世界一流学科评价与中国一流学科建设路径——基于国际学科评价体系与建设经验》，《河南师范大学学报（哲学社会科学版）》2021第3期。

评价的评价对象模糊不清、目标导向不明、指标无法有效对应学科建设需求等问题有关,其实就是学科评价与学科建设之间的体用分离、评建分离问题。因此,要从体系、目标、主体、内容、过程等五个环节构建学科评价与学科建设的衔接机制,以使大学学科建设适应当代科学技术发展对知识综合的要求不断提高,营造有利于学科交叉、会聚的内部运行机制,促进学科融合,实现知识的综合发展,从而激发大学的创新活力。

第一节 从排名到建设:学科评价中大学的理性回归

一、非理性:学科排名导致大学学科建设行为出现偏差

2015年,国务院印发《统筹推进世界一流大学和一流学科建设总体方案》和《统筹推进世界一流大学和一流学科建设实施办法(暂行)》,2017年公布第一批一流大学、一流学科名单。巨大的利益牵引及影响力引发了我国大学学科竞争热潮和建设高潮,在此背景下,学科排名被奉为圭臬。进入世界学科排名前列被认为是学科进入世界一流的标志,进入国内学科排名前列被认为是学科进入国内一流的标志,政府将学科排名作为衡量大学学科建设绩效的标准,大学将学科进入排名前列作为大学建设一流学科的目标,而其中某些学科排名尤其受到重视。学科评价成为大学学科建设的标准,成为大学学科建设行为和管理行为的依据。当大学的学科建设向评价、排名看齐时,工具

理性取代了价值理性,就会出现学科建设上的偏差,学科评价在被教育管理部门和大学使用的过程中,已经出现了将其功能严重放大和泛化的倾向,有些教育部门与大学过于依赖评价指标,追求评价结果,更有甚者,直接把其当作办学资源配置和绩效考评的工具。

(一)大学学科建设的主体能动性式微

对于大学而言,行政性学科评价对学科建设的影响显然大于市场化学科评价,因为"只要学术资源以项目或工程形式呈现,评价就不可避免"。[①]在行政性学科评价的强势干预下,大学学科建设的主体能动性日渐式微。改革开放以来,学科建设一直以来都是以项目或者工程的形式呈现的,经历了四个阶段:国家重点学科建设(1980年代)——"211工程"和"985工程"(1990年代)——2011计划(21世纪初)——"双一流"建设计划(2016年至今)。这四个阶段的学科建设项目或工程不仅决定了大学的政府资源获取能力,同时还因其"标签"性质影响了大学在生源市场、劳动力市场、人力资源市场等多方面的竞争力。为了成为这些项目或工程的建设对象,大学亦步亦趋地围绕着这些项目和工程的行政性评价标准开展学科建设,因为"行政性评价由于为一流学科建设提供了模版,自然强化着大学及其学科依照'剧本'进行对应性建设的实践逻辑"。[②]

由于行政性学科评价决定了大学的政府资源和市场资源的

[①] 朱剑:《科研体制与学术评价的关系——从学术乱想根源问题说起》,《清华大学学报(社会科学版)》2015年第1期。

[②] 朱冰莹、董维春:《学科评价省思:场域特性、价值趋向于制度构建——建议一流学科评价》,《科技进步与对策》2019年第4期。

获取来源,并且会继续产生大学资源获取能力的"马太效应",大学学科建设成了为满足行政性学科评价与建设要求的指标建设,成为一场"锦标赛"运动,大学成了为完成项目、获得行政认可的"运动员",如教育部、财政部印发的《关于开展高等学校创新能力提升计划实施方案的通知》中明确将"牵头高校以及主要参与高校,依托的主体学科原则上应进入 ESI 学科排名的前 1%"作为申报"面向科学前沿的协同创新中心"的评审要求。在此情境下,学科评估成为对大学参与各类工程、项目能力的评价,"以评促建"的政策目标异化为"以评代建"行动策略。

(二)大学学科建设的指标化倾向日益严重

从学科评价看,无论是国外的评价机构如泰晤士报高等教育增刊(THE)、QS 全球教育集团、美国新闻与世界报道(USNEWS)、基本科学指标数据库(ESI),还是国内的评价机构如上海软科(ARWU)、中国管理科学研究院(武书连)、武汉大学高等教育研究所(邱均平)、教育部学位与研究生教育发展中心等,开展的学科评价都是按照学科(或专业)领域、门类对大学进行排名。尽管有的评价机构强调自身的非排名目的,如教育部学位与研究生教育发展中心开展的"一级学科评估"以聚类的方式将得分相同的学科归为一类然后进行公布,但实质上仍是一种排名。大学排名是一种较直观、较简单的大学评价方式。

有研究者对部分大学的双一流建设或一流学科建设实施方案进行了梳理,发现相当一部分大学将进入 ESI 排名前 1% 作为学科建设目标,还有的大学在相关文件中直接指出,"一个学科是否进入 ESI 世界前 1%,是衡量该学科是否进入世界一流行列的重要参数,进入 ESI 世界前 1% 的学科数量也是评估高水平大学建设成效的核心指标之一"。①人民网曾发布一则新闻,对若干省份的一流大学及一流学科建设目标进行了梳理,从中可以看到有相当一部分省份将进入 ESI 排名前 1% 的学科数量作为本省建设一流学科的目标。不仅是一流学科建设,还有的省份在优势学科、重点学科的建设等政策文件中也明确提出了学科进入国际评估排名前列的目标,不断强化排名在学科建设中的导向作用,如《江苏高校优势学科建设工程实施方案》中指出,"力争使高校学科整体实力在全国处于领先地位,为部分优势学科进入国际评估排名前 200 名、若干优势学科进入同类学科国际评估排名前 100 名奠定基础"②;《关于开展江苏高校优势学科建设工程一期项目考核验收等通知》将"对本校某学科领域进入 ESI 最新排名全球前 1% 作出最主要贡献"作为重要成果验收标准之一。

(三)大学学科建设的行政管理与学术管理制度性同构

有学者指出:"以学科评估为导向的学科建设,实现了行政管理和学术管理的制度性同构。高校中的评职称、定编制、圈重点以及各种政策倾斜和人、财、物的资源配置,都通过以学科评估导向的学科建设名义来进行,因为这样很简单、很便捷、很有效率。"③学科排名将学科评价转化为若干指标、数据,也符合管

---

① 《"双一流"建设施工蓝图出台 看各省支持哪些高校》,人民网 2017 年 2 月 10 日,http://edu.people.com.cn/nl/2017/0210/c367001-29071338.html。

② 《关于印发江苏高校优势学科建设工程实施方案等通知》,江苏省政府办公厅 2010 年 09 月 25 日。

③ 陈雪飞等:《中国式学科评估:问题与出路》,《探索与争鸣》2016 年第 9 期。

理诉求。

　　学科评价之所以能够左右大学的管理行为,是因为学科评价通常会给评价对象"贴标签"。比如,教育部公布的第一轮"双一流"建设名单的筛选标准中包括 ESI 全球学科的排名、2012 年第三轮教育部学科评估结果、QS 学科排名等,这些筛选指标决定了大学是否能入选"双一流"建设名单,决定了大学是否能够获取更多更好的人、财、物的资源。因此,大学纷纷将进入第二轮"双一流"建设名单作为整个学校的发展战略规划目标,继而在师资队伍建设、资源配置等方面围绕这一目标进行学科建设的管理。例如,贵州师范大学在第四次党代会上明确提出,学校的十四五奋斗目标是"到 2025 年,力争一个以上学科达到国家一流学科建设标准,进入国家一流学科建设高校阵营",并提出以"双一流"建设为牵引,全力推进改革发展。[①] 2021 年是十四五第一年,无论是否在第一轮进入"双一流"建设名单,各个学校都是围绕"双一流"建设目标,从治理结构改革、师资队伍建设、科学研究、社会服务、国际化发展等方面进行规划设计与日常管理。学校的工作围绕"双一流"与相应的各类评估开展,"过去 5 年,笔者所在的二级学院就接受了近 10 次评估,有中央政府的,有地方政府的,也有学校开展的;有总体的,也有专项的。每次评估都要填写大量的表格,要求参评学校准备大量的佐证材料,这些繁琐的工作浪费了基层管理工作者和教师很大一部分时间。"[②] 还

[①] 《力争 2025 年进入"双一流"建设行列! 这所高校定目标》,搜狐网 2020 年 09 月 13 日, https://www.sohu.com/a/418173261_273375。

[②] 朴雪涛:《对新时代高等教育评估改革方向的思考》,《大学教育科学》2021 年第 1 期。

有某"双一流"建设大学为了在短期内推进"农业经济与管理"学科在评价体系中的排名,将其他与该学科没有直接关系的学科全部整合在一起,使该学科在规模上、科研成果上实现了大跃进。然而,这样的学科整合并不是以学科使命为导向的有机整合,而是以损害良好学科生态、破坏学科有序竞争为代价的整合。

二、回归理性:大学应正确看待学科评价在学科建设中的作用

对于大学而言,学科评价的主要价值在于作为大学学科建设成效的"体检单"、"诊断书"。作为学科建设的主体,大学需要通过学科评价与比较,全面审视学校在学科建设中的比较优势与存在的问题,调整学科结构,完善建设制度,提升学校在高等教育领域的竞争力和办学绩效。大学学科建设要建立基于学科组织的评价机制、问责机制和理财制度,引导学科面向国家和区域重大战略、重大问题进行知识生产,引导学科协同发展,避免散、小、弱;要在学科建设中进一步明晰学科组织在运行过程中的学科权力,让学科摒弃在表格中拼凑虚拟组合,真正成为一个大学的基层组织实体,成为围绕共同科学使命而自觉集聚的有机体。大学应从非理性回归理性,坚持内涵式发展、面向国家和区域重大战略进行知识生产的初心,立足于学科使命,以生态的、整体的、发展的理念看待学科评价,明确对学科建设评现状、找问题、查原因、提对策是大学对学科评价的根本需求,也是学科评价的价值所在。

（一）从学科使命视角理性地看待学科评价

对于大学而言，应将学科使命作为学科评价的基点，学科使命应当基于大学使命而提出。布鲁贝克关于高等教育哲学的认识论与政治论思想为现代大学使命的确立提供了哲学基础，认识论哲学认为大学是一个"按自身规律发展的独立的有机体"，追求的是高深学问；政治论认为人们探讨深奥的知识不仅出于闲逸的好奇，而且还因为它对国家有着深远影响，承担着促进社会进步与发展的使命。作为"组织细胞"和"基层学术组织"的学科，其使命应该是与大学使命同构的，包括两个方面，一是完善学科知识体系，二是服务于社会发展和国家战略。

学科评价的目标是帮助大学提高学科的知识生产的能力和水平，提高学科服务国家、区域战略的能力，这一目标要通过设置科学、合理的评价指标和方法来实现。但实际上，被大学奉为圭臬的影响力较大的几大学科评价体系的目标并没有将其评价目标指向学科建设质量，如商业性学科评价体系的主要服务对象是高考志愿填报的学生和家长，其目标是为这些服务对象选择学校提供依据；行政性评价体系的主要目标是为学科进行排名，以此作为政府分配资源的依据。在获取政府资源与社会声誉的双重压力下，大学将这些排行榜的"外在的、隐蔽的标准内化到自己的活动中，去主动迎合外在的目标"。"在评估之下，科研的质量没有提高，但有关科研的数据却越来越漂亮。"[1] 如果这些漂亮的数据偏离了学科使命，在产生这些漂亮的数据的过程中将会出

---

[1] 康拉德·P. 里斯曼著、陈洪捷译：《论反教育》，https://xw.qq.com/cmsid/20200321A0OYKX00.

现许多令人匪夷所思的行为，如"材料整合"、"表格团队"、人才的无序竞争、科研资源的浪费等。因此，大学应始终将完善学科知识体系和服务社会发展作为衡量学科建设水平的标准。在这一点上，麻省理工学院的经验或许值得借鉴，为了响应以人工智能为核心的产业革命的新时代的要求，麻省理工学院秉承"重塑自身以塑造未来"的发展理念，依托苏世民计算学院，启动了能够引领智能时代的"MIT方案"，旨在构建以计算能力为中心的学科知识网络。① 在当前中国语境下，大学要将习近平总书记提出的"面向世界科技前沿、面向经济主战场、面向国家重大需求、面向人民生命健康"作为学科建设的终极目标，也将此作为学科评价的依据，这样方能办出真正的"世界一流学科"。

（二）从学科生态系统视角整体地看待学科评价

对于一所大学而言，学科建设指的是对学校各学科发展水平及其相互关系的建设，是在基础学科与应用学科、人文学科与理工学科、传统学科与新兴学科、优势学科与薄弱学科、单学科与交叉学科等等之间的战略规划、角色定位与资源配置的过程。许多学者将种群生态学理论引入学科理论中，认为学科也是一个生态系统，大学应当将学科建设看作一个生态系统来看待学科评价。根据生态学理论，学科生态系统是由多学科通过非线性相互作用组成的"知识—社会"活性复杂实践系统，具有生长性、协同性、适应性和耗散性网络结构②，在这一系统中，每个学科都有其

---

① 武建鑫：《学科生态系统：从理论到方法的可能——简论世界一流学科的成长机理》，《中国高教研究》2020年第2期。

② 王梅：《基于生态原理的学科协同进化研究》，天津大学博士学位论文，2006年，第29—31页。

生态位,通过其自身的物质、能力与信息的输出而与其他生态位的学科发生作用,相互影响,最终推动整个生态系统的层级递进。目前国内外较有影响力的学术评价要么是对大学综合科研规模和水平的评价,要么是以一级学科为基础对某一学科的学术能力的评价。很显然,这两类评价模式是以笼统的或者割裂的方式对学科的水平与能力进行评价,都缺乏系统的、生态的评价理念,正如武建鑫博士所言:"前者的……弊端是引导办学者肆意扩大学科规模而忽视内涵建设;后者的……弊端是引导办学者聚焦重点建设工程而破坏传统学科与新兴学科的生态环境。"① 所以,大学举办者应当理性地看待学科评价,不陷于已有的学科评价或者学科排名的桎梏中,应当对学校的学科生态系统通盘考虑,基于学校的发展战略合理布局各学科之间关系,定位各学科的发展水平,在此基础上对各学科和整体学科生态系统进行评价。

(三)从学科发展阶段视角动态地看待学科评价

大学的举办者应该认识到,学科评价的复杂性还在于微观层面上,各学科在规模、特征、发展阶段等方面有很大差异,即使是同一个学科在不同的发展阶段也会表现出纵向的自我差异,因此以数据为主要指标进行"一刀切"式的评价是不符合学科建设的动态需求的。作为学科建设的直接行动者,大学应该以发展的、动态的理念看待学科建设,看待学科评价在学科建设中的作用。宣勇和张鹏以组织生命周期理论为基础,结合学科组织在学者、学术信息、学术物质资料等构成要素所表现出来的特征,将学科

---

① 武建鑫:《学科生态系统:核心主张、演化路径与制度保障——兼论世界一流学科的生成机理》,《高校教育管理》2017 年第 5 期。

的成长分为生成期、成长期、成熟期和蜕变期,其最重要的意义是将学科组织看作有机体,有其自身发展规律性和可预期的发展形态,这为学校的决策者对不同学科所处的发展阶段作出判断并采取相应的建设策略提供了重要的理论基础。[①] 由此可见,对学科所处的发展阶段进行定位也是一种评价,学校的决策者与领导者应遵循学科发展规律,对不同的学科所处的发展阶段以及在这一发展阶段的需求与问题进行判断与评价。然而,当前的学科评价几乎都是宏观的、同质性的评价,缺乏对于微观学科的人文关怀,冷冰冰的数据所体现的问题无法解释其背后的原因,甚至因为对学科组织的情况缺乏了解导致数据传递的信息是虚假的。因此,作为学科建设的直接行动者,大学的决策者应认识到,学科评价是为学科建设服务的,学科评价的目的并不是为了区分学科的好坏,而是为了"因材施肥",让每个学科都能够遵循学科发展的规律,在学校的支持下实现"各美其美、美美与共"的局面。

第二节　从割裂到衔接:大学学科评价机制的五个转变

好的、有用的学科评价应当是能够"体用结合"并促进学科知识生产能力的评价,在评价主体、评价目标、评价内容、评价过程上是与大学学科建设具有紧密的衔接机制的,唯有这样,才能够真正实现"以评促建"。

---

① 宣勇、张鹏:《组织生命周期视野中的大学学科组织发展》,《科学学研究》2006 年第 S2 期。

一、体系衔接：实现从单一体系到多元体系的转变

以评促建就意味着学科评价的着眼点不在于评价而在于建设，政府作为学科建设的出资者与引导者，其目标是学科知识生产的能力、水平、质量，关注的是学科知识生产的贡献及其创新性、前沿性，为了纠正当前科研评价中出现的偏差行为，我国政府有关部门陆续出台了一系列科技管理体制与科技评价相关的政策规定，包括《关于深化项目评审、人才评价、机构评估改革的意见》《关于破除科技评价中"唯论文"不良导向的若干措施（试行）》等。因此，对于政府而言，有用的学科评价是有助于甄别、评估、推动能够为社会进步、为国家和区域战略作出贡献的学科及其发展。从微观层面来看，学科建设的主体是大学，以评促建在于为大学的学科建设现状"把脉问诊"，为大学构建良好学科生态体系、提升学科知识生产能力、参与学术市场良性竞争提供决策依据。因为大学与学科是多样、多元的，它们在类型、层次、规模、水平、能力等方面是千差万别的，在人才培养、科学研究、社会服务等方面的优势和特色是各不相同的。因此，基于政府与大学两大用户主体的现实需求，基于大学学科的多样性与复杂性，大学学科评价不应该是单一的，而应该是多样的、多元的、以用户需求为基础的评价。

关于学科评价的类型，不少学者根据不同的维度将学科评价进行分类，如朴雪涛根据高等教育质量保障的目的将高等教育评估分为准入性条件评估、周期性合格评估和项目制的绩效评估。[①]

[①] 朴雪涛：《对新时代高等教育评估改革方向的思考》，《大学教育科学》2021年第1期。

林梦泉等人通过观察教育发展的三个阶段及评价供给,将评估分为许可性(合格性)评价、教育认证和成效评价。① 以用户需求为基础,也就是以政府和大学两大学科建设主体需求为基础,可将大学学科评价分为综合性评价、诊断性评价、符合性评价、绩效型评价、贡献型评价。

综合性评价指使用系统的、规范的方法对多个指标、多个单位同时进行评价的方法。综合性评价首先要明确评价的目的和目标是什么,用户的需求是什么,主要目标应该是对学科进行综合水平评价,要建立一个能够衡量学科综合水平的指标体系,进行合理的权重分配设计,对所评价的学科作出科学的总体判断。

诊断性评价指对学科组织产出、学科组织能力及学科所处的环境作出综合的诊断评价,并在此基础上对学科建设的路径提出实质性意见,帮助大学进行有效的学科建设以提升学科组织的知识产出能力,从而提升学科的竞争力。诊断性评价的用户主要是大学,为大学的学科建设"把脉问诊"——对学科的知识产出能力、发展阶段、生态位置、问题所在等进行全方位的评估,并且"开出处方"——提出解决学科发展所遇到的问题的方案,提升学科知识生产能力的路径。

符合性评价指具备学科评估资质的机构,遵循特定的国家标准、行业规范等强制性要求管理,对大学实施学科建设的过程性特征等的质量评价,其目的在于保证学科建设过程控制的合法

---

① 林梦泉、陈燕、李勇、张瑾:《新时代大学学科成效评价理论框架与应用探索》,《中国高教研究》2021年第3期。

性、达成质量合规性。符合性评价强调的是对学科建设的过程性评价,如对当前的"一流学科"建设情况的过程管理。

绩效型评价是指政府或大学依照预先确定的标准和一定的评价程序,运用科学的评价方法、按照评价的内容和标准对学科知识产出绩效进行的考核和评价。绩效型评价强调对学科建设的资源投入的关注,所提供的信息有助于政府和大学判断应当如何对学科建设资源投入进行调整的决策。

贡献型评价是指考核和评估某一学科在一定时期内对实现学校战略目标的贡献程度,即评价和对比学校对该学科提出的贡献要求与该学科的实际贡献。贡献型评价实质上也是一种绩效评价,但强调的是学科建设目标与学校战略目标的契合,是目标管理在大学中应用的具体体现。

二、主体衔接:实现从闭环管理到开放管理的转变

基于上述分析,可知学科评价与学科建设的利益相关者是相同的,包括政府、大学、学科、学者以及社会组织等,但是在实践中,我们会发现学科评价与学科建设的主体几乎是没有交叉的,两者各自为政,学科评价形成了一个只包括政府、社会组织、小部分处于学术链顶端的专家学者的闭环系统,学科建设则形成了一个只包括大学、学科、学者的闭环系统。这种双闭环式的现象限制了学科建设与评价主体的责任,造成了学科建设单位之间与学科评价主体之间的割裂。在学科评价闭环系统中,评价标准与评审规则的制定由政府主导、学者建议、评价承接单位执

行,学科建设单位即大学在行政问责和评价目标问责的双重压力下,严格按照学科评价标准推进学科建设;评价单位根据既定的评价标准和评审规则对大学的建设情况进行评价,评价结果决定了政府的资源分配结果。"闭环式评价强化了学科建设主体间的单向问责,在学科建设主体和评价主体之间建立起对立竞争而不是信任合作的良性态度,造成了学科评价的'碎片化'和'割裂化'。"①

要打破当前存在的学科评价与学科建设相割裂的现象,首先就要实现这两者之间的相互封闭的关系向开放、互融关系的转变。学科评价过程应该充分吸收学科建设主体的参与,秉持新公共治理理念,构建服务型学科评价体系,在制定评价标准与评审程序、评估过程以及评估结果的整个流程中,都应将学校、学科和学科中的学者作为重要的参与主体,以提升他们的学科建设能力为前提重视并响应他们的需求,这样才能真正建立"以评促建、体用结合"的评价体系。在这样的评价体系下,学科评价与学科建设两者之间的界限是清晰的,但是评价主体和评价过程是交叉融合的,是从"闭环"走向"开放"的。

三、目标衔接:实现从工具理性到价值理性的转变

确定评价目标是评价的基础,建立学科评价和学科建设之间的衔接机制的基础就是要建立以学科建设质量为目标的学科评价体系。已有的学科评价体系的评价目标可以分为两大类,一类

---

① 封冰、谢冉:《新公共治理视域下我国学科评价的反思与重构》,《学位与研究生教育》2020年第5期。

是商业化的学科评价体系,其目标主要是为学生填报高考志愿提供选择依据,如 US News、THE、QS 等;另一类是行政性的或者学术性的学科评价体系,其目标主要是进行学科的学术排名,如我国教育部学位与研究生教育中心开展的学科评估、汤森路透公司发布的 ESI 排名等。很显然,这两类评价目标与学科建设目标并没有内在的统一性,学科作为大学的基层学术单位,其建设目标应该与大学的基本职能相一致,并最终由基本职能的实现而满足社会需求与国家需求。大学的基本职能是人才培养、科学研究与社会服务,相应地,这也应该是学科建设的目标。由此可见,当前在社会上和学界比较有影响力的几大学科评价体系体现的是工具理性,而学科建设的目标秉持的应是价值理性,这两者之间是割裂的。

割裂的目标导向必然导致大学学科建设出现偏差,因此应建立与学科建设目标相匹配的学科评价目标。以客户需求为基础,建立倒推机制,即以学科建设目标倒推学科评价目标。首先,明确学科评价范围,对于不同的学科评价体系而言,其评价范围是具有一定空间和时间的限制的,不同的评价对象群体具有不同的特质,应首先厘清特定评价对象的共性;第二,明确大学学科建设目标,以政府和大学的需求为基础,明确这两大主体在特定时期特定阶段对学科建设的需求,基于此,需要对一定范围内的大学学科建设目标进行提炼与细化,并在学科建设的利益相关者内部取得共识;第三,以大学学科建设目标倒推学科评价目标,学科评价本质上是为学科建设服务的,其目标应当能够体现对于学科建设的目标达成的价值体现,如学生培养质量的目标、科学研究的目标、社会服务的目标等。诚如有些学者所言,"如果我们的专业和学科评估能认真研究如何从学生学习成果和教师学术成果中得出质量,那么就能真正做到'破五唯',也才能真正得出科学的结论。"①

四、内容衔接:实现从学术评价到综合评价的转变

学科是大学进行知识生产的载体,大学学科建设内容应当是大学知识生产方式及其与社会的关系的具体表现,学科评价内容也应随着学科建设内容的转变而发生转变。一直以来被西方大学秉持的"3A 原则"(学术自由、学术自治、学术中立)体现了大学将知识生产作为一项完全独立的、自由的、理性的学术活动,大学和学科"可以不必关心应用目标,可以不必关心国家利益,却能够自然而然地为国家利益服务。国家也可以放心地资助科学并且不干预科学,却能够自然而然地从科学的发展中全面获益"。② 但是,到了 20 世纪下半叶,随着知识经济的崛起,知识与社会、经济的融合日益加深,知识生产不再是大学和学科的独立活动,其他社会主体尤其是政府通过经费资助和委托生产等方式对大学与学科的研究进行干预越来越显著,因为"作为公众利益代表的政府日益迫切要求科学服务公共利益,并推动科学从过去完全掌握在科学家手中的'私器'转变上升成为国家的'公

---

① 朴雪涛:《对新时代高等教育评估改革方向的思考》,《大学教育科学》2021 年第 1 期。
② 李正风:《科学知识生产方式及其演变》,清华大学博士学位论文,2005 年,第 204 页。

器'"。①科学研究也随之发生转型,不但要认识物质和世界的存在、结构、性质等科学属性,还要重视这些科学属性的社会价值、性能、意义等社会属性。②在此情境之下,单纯地对学科建设的成效进行学术评价已经与现实脱节,学科评价内容应当从以学术评价为主向RES(科学研究、人才培养、社会影响)综合评价转变,"要从对学科产品的评价走向对学科生产能力的评价,从纯粹的学术标准走向立德树人的根本标准,从专注学术影响评价走向关注社会影响评价。"③西方发达国家纷纷对其科研评价体系进行改革,增加除学术研究之外的人才培养、社会影响的评价内容,如英国的科研卓越框架(REF)将研究影响权重由20%增加至25%、荷兰标准化评估指南(SEP)增加了相关性评价指标。④

长期以来,各类学科评价关注的是那些反映学术影响的学术指标,在人才培养和社会影响方面的评价指标较少或缺失。各个学科评价指标体系更重视论文质量,纳入了较多如论文总被引、篇均被引、前10%和1%高被引等反映文献质量和影响力的指标。在人才培养方面,虽然各个指标体系在教学和师资评价方面也有所涉及,但一般较少,ARWU、THE、QS有所体现,也只有

---

① 刘小强、钟雪倩:《从科研的社会影响评价到服务导向的一流学科建设——发达国家地区科研评价改革趋势对我国一流学科建设的启示》,《清华大学教育研究》2020年第10期。
② 吉川弘之、内藤耕著,王秋菊、陈凡译:《产业科学技术哲学》,辽宁人民出版社2015年版,第9页。
③ 朴雪涛:《对新时代高等教育评估改革方向的思考》,《大学教育科学》2021年第1期。
④ 刘小强、钟雪倩:《从科研的社会影响评价到服务导向的一流学科建设——发达国家地区科研评价改革趋势对我国一流学科建设的启示》,《清华大学教育研究》2020年第10期。

师生比、声誉调查等少量指标。在社会影响方面的评价指标基本是缺失的，不同的学科具有不同的特点和优势，例如社会科学为经济社会发展服务主要体现在其社会效益及科研成果转化能力上，人文学科的成果主要体现方式是著作或作品，工科是通过解决工程领域的重大现实问题来满足行业和社会经济发展需要，这些都应该在学科评价中通过一定的指标设计来体现。

五、过程衔接：实现从静态评价到动静结合的转变

当前的学科评价过程基本以指标评价、数据评价和表格评价为主而没有现场评估，我们将这一过程称为静态评价。静态评价尊崇指标构建和计算技术，大学排名的核心要素和关键是指标体系的设计，包括指标选取、权重设置和评分标准的确定，不同的指标体系将直接影响到各大学最终的分数与排名，决定了大学评价的科学性和公正性，也决定了排行榜公信力和认可度，是维系排行榜生命力的主要因素。因此，几个知名的大学和学科排行榜不断修正评价指标以及计算方式，力求指标体系完美。静态评价重视表格评价，将表格中的数据作为最重要的评估依据，也因此造就了一批填表格的"专家"，"甚至一些评估工作还将专家不进校作为一种经验来推广，认为这不会'扰民'，不影响正常的教学工作。"[①]静态评价以数据为王，从数据来源的种类来看，已有的大学排行数据来源主要包括三类：公开统计数据（数据库数据）、

---

① 朴雪涛：《对新时代高等教育评估改革方向的思考》，《大学教育科学》2021年第1期。

学校自报数据和调查数据。公开统计数据主要指由政府部门或权威机构发布的大学相关数据的统计,数据库是其主要表现形式;学校自报数据指的是学校将自己统计的相关数据报送给大学排行榜发布单位;调查数据通常为大学排名发布机构根据指标体系所设计的向大学管理人员、教授、雇主等相关人士发放的问卷调研,调查数据成为机构进行大学排名的数据来源之一。

现行的以静态评价为主流的评价体系应该转变为动静结合,让学科评价从单纯的书面评价走向直接证据、走向现场,从物理空间上实现学科评价与学科建设的衔接。静态评价看似科学、专业、高效,然而对于作为人类最复杂的活动之一的学科建设的评价是否真正有效却非常值得怀疑。陈洪捷和沈文钦就曾质疑现行的学科评价,认为是"用最简单的算术法来管理世界上最复杂的劳动和最繁杂的组织"。[1]这种简便的方式是否能科学地指导大学学科建设以提高大学学科建设水平?从结果而言,将学科排名作为学科建设的目标,可能造就的是一批数据上一流的学科,而不是真正意义上的一流学科,在这里真正意义上的一流学科指那些能产生对应国家社会需要的重大创新成果,培养一流人才,引领社会科技文化进步的学科。学科建设成效不只是简单的数据堆集,在建设的过程中有人的劳动,有资源的配置与交易,有学科与市场的互动。客观数据和表格审读只是学科建设的客观数据,立德树人的成效、产学研的合作与成效、科学研究的过程与成效以及在建设过程中所形成的组织文化等都需要评估专家

---

[1] 陈洪捷、沈文钦:《学术评价:超越量化模式》,《光明日报》2020年12月18日。

走进现场亲身感受,方能作出准确判断。作为一项治理情境中的复杂活动,学科评价是一种与环境、不同团体及个体密切联系的社会性行动,在这个多种主客观因素交互作用的场域中,学科评价如果只凭借数据、表格加以建构,那么其所服务的学科建设将疏离大学场域,难以获取多元主体和社会组织的认可。

第三节　从分化到交叉:大学学科建设的未来走向

在我国大学赶超世界先进水平的过程中,学科建设被赋予了极为重要的功能,成为政府、高校的主要抓手,建立"评建结合"的学科评价机制就更加重要。

一、以评促建要以评价学科组织为基础

要达到以评促建,首先得搞清楚学科建设建什么。就单个大学的学科建设而言,显然不是建设知识形态的学科,而是建设组织形态的学科,因为完善和增进整个知识体系的学科建设是全人类学术共同体的责任,而不仅仅是某一个大学的责任。每一个大学不可能说其使命就是建设某一个学科的知识体系,大学的学科建设只能够围绕某一个学科的知识体系建立知识劳动组织,为完善这个学科的知识体系作出贡献。也就是说现代大学的学科建设不仅包括学术产出的增进,还应包括学科本身组织的建设,因此,学科建设水平不仅包括学术产出的水平,还应包括学科组织发展的水平。

显而易见的是现有的学科评价中"忽视了对于学科本身这

个'体'的评价,现在我们关注更多的是对学科'公用'的评价,主要从外在的、显性的角度来判断,比如人才培养的质量、科学研究的水平和社会服务的能力"。"这中间当前关注较多的是学科的科研水平……而当下又是非常片面地注重高水平论文,从过去的 SCI 到如今的 ESI,成为我国大学学科评价的唯一标准,简单地以论文发表作为学科评价指标,是不全面的也是值得警惕的"。[1] 当前以学科排名为主要形式的学科评价可以较为直观地反映学术产出水平和状态,但是由于缺失对学科组织本体的关注,大学难以从中找到差距的根源所在,因此常常出现"头疼医头,脚疼医脚"的短期行为或投机行为,基于以上判断,学科评价要以提高学科组织发展水平为取向,建立体用结合的评价体系,"不但要关注学科这个细胞的功能发挥好不好,也要关注细胞组织本身的健康水平"。[2] 对学科"体"的评价主要针对这几个方面,包括是否有清晰的学科使命,学科的研究方向是否集聚,是否有明确的学科制度,是否有良好的学科文化,等等。通过确立明确的使命,学科在使命驱动下优化学科梯队,争取资源,搭建学术平台,开展知识劳动。学科发展是一个动态的过程,对学科组织的评价既要对学科构成要素的状态有所评价,也要对学科组织的运行效率进行评价,只有高水平的学科要素高效率的组合运行才能产出高水平的知识成果。

同时也要注意到,在大学的知识生产中,学科组织是工具而

---

[1] 宣勇:《建设世界一流学科要实现三个转变》,《中国高教研究》2016 年第 5 期。

[2] 张男星、王春春:《关于建设世界一流学科的思考——访浙江农林大学党委书记宣勇》,《大学(研究版)》2015 年第 12 期。

不是目的,学科的存在与发展要服务于大学的知识生产,学科评价也要因学科建设的未来走向而有所变革。学科建设的未来走向,关键在于顺应知识分化与综合这一对立统一关系所衍生的实践要求。在人类社会的漫长历史中,知识与学科这两条发展轨迹始终并行不悖,学科的发展从长远上总是面向知识本身的发展需要,学科因知识分化而生,又因应知识综合的要求而不断地发生交叉、会聚与融合。未来的学科建设应当基于组织结构、治理体系等层面的系统性变革,打破既有的学科壁垒,促进学科的交叉、会聚与融合,使得学科运行机制既满足专业化分工的要求,又适应当代科学技术高度综合、高度交叉的特点。

二、交叉、会聚、融合是大学学科建设的未来走向

当代科学技术发展对知识综合的要求不断提高,学科的交叉、会聚与融合正是知识综合的趋势在学科发展中的体现。面向这一新要求,当下学科建设最迫切的是要营造有利于学科交叉、会聚的内部运行机制,以学科交叉、会聚促进学科融合,在学科融合中实现知识的综合发展,从而激发大学的创新活力。学科交叉、会聚与融合三者既有联系,又有区别。学科交叉是某一学科领域的学者跨出其原有的知识体系框架,从其他学科领域中进行概念移植、理论渗透或方法借用,以解决科学研究中出现的新问题,在这一过程中并未诞生新的学科。学科会聚是来自不同学科领域的学者,为了求解一个共同的科学问题,开展多学科协同攻关。学科融合则是在学科交叉、会聚的基础上形成了新的知识生

产领域,并上升为知识分类体系下的一种新知识门类,由此又会在大学内新增相应的学科组织。从某种角度理解,学科交叉、会聚是一种物理反应,学科融合是一种化学反应,但学科交叉、会聚很有可能导向学科融合。这一过程在科学史上有很多实例,1930年代,物理学家德尔布吕克(Max Delbruck)以物理学方法研究生物学中病毒的自我复制问题,最终发现DNA是生物的遗传因子,这一学科交叉研究取得了开创性的成果。在此基础上,生物学家沃森、物理学家克里克、化学家威尔金斯的合作研究,进一步揭示了DNA的双螺旋结构理论,这是典型的学科会聚的产物。其后,越来越多的来自不同学科的学者投入这一新兴的研究领域,他们长期合作,最终形成了一门从事生物遗传分子人工设计的综合性交叉学科——遗传工程学。①

遗传工程学的发展演变历程为我们今天开展学科建设能够提供诸多启示,首先,学科交叉与会聚往往能产生重大突破性成果,据统计,围绕DNA结构与机理的研究已产生12项诺贝尔奖;其次,恰当的组织模式与资源配置方式有利于学科交叉与会聚的发生,上面提到的沃森与克里克的合作发生于剑桥大学卡文迪许实验室,这里具有多学科协同合作的传统,迄今已经诞生了32位诺贝尔奖得主;再次,学科交叉与会聚并不意味着学科本身是多余的,恰恰相反,一方面参与上述研究的学者都有卓越的原学科基础,另一方面多学科融合的结果又催生了一门新学科。

---

① 张春美、郝凤霞、闫红秀:《学科交叉研究的神韵——百年诺贝尔自然科学奖探析》,《科学技术与辩证法》2001年第6期。

三、构建大学知识生产中的"营地"与"阵地"交叉的矩阵结构

现代大学的知识生产架构具有明显的矩阵结构特征。在管理理论中,矩阵组织被认为是一种由纵横两套系统交叉形成的复合结构组织。纵向的是职能系统,横向的是为完成某项专门任务而组成的项目系统。[①] 在大学的知识生产过程中,学者们都有自己的较为稳定的学科归属,并在各自所属的学科领域中累积、交流学术成果,并接受学科共同体的内部评价。学科相当于矩阵组织中的纵向结构。不同学科领域的学者有时会因为特定的研究问题会聚起来,形成临时的任务型团队,研究任务完成后又各归其位,——这样的任务型团队相当于矩阵组织中的横向结构。大学理想的学术运行系统应当基于这样一种动态、灵活的矩阵结构,从而有利于学科间的交叉、会聚。

这种基于学科而又超越学科的矩阵式运行结构在世界一流大学中并不少见。例如剑桥大学就设有多个符合这一特征的跨学科研究中心,其中之一是药物物理中心,该中心的创设提供了一个让相关学科人员自由交流、讨论物理科学、技术、生命科学和临床研究的平台,从而加强了各个学科之间的合作与交流,并推动剑桥大学在物理、生命与医药科学领域的研究发展。此外,核能研究中心是剑桥大学另一个多学科协同创新的典范,该中心的研究人员也来自各个不同学科,中心由能源系负责运营,并吸

---

① 周三多、陈传明、贾良定:《管理学——原理与方法(第六版)》,复旦大学出版社 2015 版,第 321 页。

收了地球科学系、乔治商学院、材料科学与冶金系和物理系的共同参与。① 总体上，剑桥大学的组织结构呈现传统学科组织与跨学科研究中心并存的格局，这些跨学科研究中心成为相关学科人员开展联合攻关的主阵地，有效提升了跨学科科研生产力。

这种矩阵结构的存在表明，跨学科并不意味着学科"过时"了。当我们批评学科壁垒阻碍了学科间交叉、会聚的发生时，也并不等同于要废除学科本身。显然，当一个矩阵组织的纵向结构不存在时，其横向结构也将无所依附。军事领域中的"营地"与"阵地"概念，可以为上述观点提供具体生动的佐证。多兵种协同作战是军事史上历久弥新的重大课题，不同兵种平时在各自营地驻扎训练，发展专业技能，战时根据作战需要，不同兵种人员集结于阵地协同作战。营地与阵地构成的矩阵结构，很好地实现了"物有所归，各尽其用"的效果，将其引申到大学的知识生产领域，学科便是学者的"营地"，问题领域则是他们的"阵地"。从学者个体发展的角度，"专"是"跨"的前提，二者同样不可偏废。

以学科、任务团队为基础的二维矩阵结构应当成为大学知识生产中最基本的组织架构。一方面，从知识管理的角度，以学科为基础的知识分类体系是保存、发展人类知识的内在需要；另一方面，学科建制与学科交叉融合并非天然对立的关系，前者反而是后者的前提与基础。以学科组织作为大学最基本的基层学术组织，以跨学科的任务团队作为大学知识生产的基本单元，这种二维矩阵结构能在最大程度上保证大学知识生产的整体性、协同

---

① 范旭、李佳晋：《卡文迪许实验室的协同创新实践及其对我国高校的启示》，《科技管理研究》2014 年第 20 期。

性与延续性。学科组织作为学者长久立身的"营地",为新知识的积累、保存与传播提供了平台,使得知识发现与积累的过程不会因为某项任务的完成而终止,很好地解决了任务周期的有限性与知识探索的无穷性之间的矛盾。同时,根据问题本身的需要,不同出身的学者可以会聚到同一"阵地"协同合作,打破学科固有的组织刚性,更好地适应现代科学技术发展的潮流。

四、学科壁垒的消解:知识治理的视角

基于以上分析,大学学科建设中一个亟待解决的问题,就是如何打破学科壁垒,为面向现实问题促进学科会聚创造制度条件。这一问题的解决不仅涉及大学自身,还涉及政府、产业、社会等知识生产相关群体,本质上是一个多主体的知识治理过程。其核心问题是如何选择和设计组织结构和运行机制,从而密切知识生产、知识传递与知识应用间的耦合关联,优化知识处理过程,提高全社会整体知识链的运行效率。其中,政府是联结各主体的关键节点。因此,它不只是大学内部的微观管理问题,也涉及国家宏观政策调整。

从政府这一治理主体来看,需要在两个方面重点变革。第一,在学科建设的观念层面,政府要从单一的竞争选优转向与择需布局相结合[①],引导大学学科从关注指标增长向解决问题能力转变,以此扭转学科中心主义的偏差。过去学科建设中单一的竞

---

① 宣勇:《建设世界一流学科要实现"三个转变"》,《中国高教研究》2016年第5期。

争选优取向,使得大学学科发展走上了"五唯"的指标化增长的歧路,对现实问题反应不够敏锐,多学科协同攻关的积极性也没有得到充分激发。对此,最重要的是从政策取向上予以调整,真正做到不以指标论英雄,而更看重对重大科学问题和国家、区域战略需求的回应能力,并在研究成果的评价机制方面确立更有利于多学科协作的导向。第二,在学科建设的策略上,政府要学习、借鉴发达国家的经验,引导学科要素集聚,搭建学科会聚阵地,探索跨学科的协同创新模式。例如美国的国家实验室就是典型的学科会聚平台,每一个国家实验室都面向一个重大科学问题或国家战略重点领域,由政府提供充分的资源保障,内部人员基于研究需要动态集聚,完全打破学科壁垒,人员流动十分灵活,很好地实现了人、财、物的高效配置与协同,有利于开展面向问题领域的大项目、大研究。此外,德国卓越大学计划中的卓越集群建设也体现了聚焦重大研究问题,打破传统学科界限,鼓励不同学科的研究者合作等特点[1],同样值得借鉴。

从大学自身的角度,应当主动变革知识生产的运行模式,致力于构建基于学科、面向问题的柔性化运行系统,营造有利于学科交叉融合的内部环境。[2] 这一运行机制可以形象化地称作"综艺模式",因为以春节联欢晚会为代表的中国电视综艺节目运行机制对我们重构大学知识生产运行模式深有启发。第一,搭建学科会聚平台类似于组织一台综艺晚会,首先必须聚焦于一个明确

---

[1] 陈洪捷、巫锐:《"集群"还是"学科":德国卓越大学建设的启示》,《江苏高教》2020年第2期。

[2] 张鹏、宣勇:《创业型大学学术运行机制的构建》,《教育发展研究》2011年第9期。

的研究领域,这取决于学校层面的战略布局,要紧密结合学校的定位、使命与特色。第二,学科会聚需要依托一定的知识生产平台,平台层次越高、资源投入越丰富,就越能集聚人才,形成高水平的成果。因此要围绕重点战略领域,集中资源打造跨学科的研究平台。第三,学科会聚平台要有好的运行机制,春晚的成功不是靠央视自己的演出团队,而是以节目为纽带,吸收了国内各个顶尖艺术团体的精华,大学的知识生产也应当以研究项目为纽带,以公开、竞争的方式组建跨学科研究团队,促进大项目的跨学科研究。第四,学科会聚平台应当面向科学技术发展前沿与国家重大战略需求,完成大项目,产出大成果,形成品牌效应,从而进一步强化自身集聚资源、人才的能力,形成有利于可持续知识产出的良性循环,上文提到的美国国家实验室的运行机制就带有"综艺模式"的特点。

构建面向学科会聚的大学知识生产"综艺模式",在操作层面可以从两方面入手。首先,在大学基层学术组织层面,加强学科组织化建设。央视春晚节目的精彩纷呈是因为众多高水平艺术团体的支撑,跨学科研究团队的强弱也取决于是否依托于若干个高水平学科。从这个角度看,学科在大学知识生产中仍然具有基础性地位。学科要成为学者专业发展的坚实"营地",就应当成为围绕特定知识生产领域构建的实体化知识劳动组织。大学学科建设的重点就是通过组织实体的建设提升学科的知识产出能力,在这一过程中一要凝聚组织目标,形成明确的共同研究领域或方向,二要围绕组织目标配置学科资源,使得人、财、物都集聚到学科的使命、方向上,此外还要在学科内部形成一套规范化的制度,有利于内部知识共享、协作分工。[①] 其次,在学校层面,要构建利于学科会聚的平台,实现学科、任务、平台的系统整合。这就要求学校基于自身学科结构的优势、特色,结合国家与区域的重大战略需要,设置若干个基于问题领域的研究中心,并围绕研究中心的运行重点、集中地配置资源,研究人员由来自校内外不同学科的学者组成,根据研究任务的需要动态调整。在上述"综艺模式"下,大学的知识生产能充分发挥矩阵结构的优势,既有利于开展多学科协同攻关,又适应高深知识的专业化分工要求。

五、面向教育现代化:以学科会聚支撑高素质人才培养

尽管我们认为学科不会消亡,但学科的未来发展必须面向国家对高等教育的整体需要,从而强化自身存在的合法性基础,学科要在更大程度上对高等教育乃至经济社会发展起到支撑作用。《中国教育现代化2035》明确提出面向教育现代化的十大战略任务,其中针对高等教育的重大战略任务是"提升一流人才培养与创新能力"。学科作为大学最基本的基层学术组织,理应整合大学的教学、科研与社会服务功能于一体,而不能简单地把学科与科研划等号。围绕教育现代化这一国家重大战略需求,大学学科建设应当更加突出学科的人才培养能力的提升。学科建设的目标,不仅在于提升学科的知识产出能力,还应当包括为大学人才培养提供强有力的支撑,全面增强对社会的贡献度。

教学与科研两张皮的现象,在当前我国高等教育系统内是一

---

① 宣勇、凌健:《大学学科组织化建设:价值与路径》,《教育研究》2009年第8期。

个较为普遍性的问题,其源头很大程度上在于学科建设与专业建设相脱节。长期以来,我们谈及学科建设时,更多着眼于师资队伍建设、学位点建设以及科研水平提升,而忽略其与人才培养特别是本科生培养的关系。学科作为大学最基本的基层学术组织,毫无疑问应当是本科教育质量的重要相关主体。学科与专业尽管是两个完全不同的概念,但并不意味着两者之间没有联系,学科与专业之间最重要的联结点就是课程。专业是面向人才培养而设置的,其设置依据是社会职业分工,专业定位决定了其课程组合。由于一个专业所涉及的课程往往需要若干个不同学科来支撑,因此学科与专业并不是一一对应的,专业课程体系本身就体现着学科会聚与融合。学科对于专业的贡献主要通过提供优质课程而实现,因此我们说课程是联系学科与专业的纽带。与之相应,学科在本科教育中应当主要承担课程建设的任务,高水平的课程开发与供给是学科参与人才培养的核心使命[1]。其本质是建构本科教育的有效知识体系,着重回答专业培养"教什么"的问题。学科提供课程的数量与质量,理应成为评价学科水平的重要指标之一。

以高水平课程为纽带联结学科与专业,也是许多世界一流大学的共同特征。麻省理工学院从培养适应社会需求的工程人才综合能力出发,开发了大量跨学科课程,通过加强学科之间的交叉与渗透,实现工程专业素养与人文素养相结合。这些跨学科课程主要集中在能源、环境、生命科学、运输以及创业等领域,例如

---

[1] 宣勇、方学礼:《论本科教育中的学科责任》,《北京高等教育》2020年第6期。

在生命科学跨学科课程方面,共为学生提供26类、395门跨学科课程。全校跨学科课程总量除去部分重复课程外,共计约680门,占到全校课程总量的32%。在学院层面的专业培养方面,麻省理工学院也重视跨学科课程的建设,如工学院下的机械工程专业在培养过程中吸收了7个协作学科的共同参与,使得所培养的学生能够适应各种工程问题的挑战[①]。

总之,学科支撑一流人才的培养,一是要打造基于学科交叉、会聚与融合的专业课程体系。当今时代对人才提出了新的要求,培养跨学科、复合型的人才成为大学人才培养必须要面对的新课题。跨学科人才培养最终要落脚到专业课程体系建设上,课程体系组合能在多大程度上反映学科交叉、会聚与融合的新趋势、新成果,对能否培养具有跨学科知识结构、跨学科思维能力的高素质人才十分关键。学科应当组织相关教师及时开设面向科技发展前沿的新兴课程,修订编写相关教材,在多学科协同中持续更新相关专业的课程体系组合。二是高效地开展课堂教学。课堂教学的高效与否本质上反映了知识传授效率的高低,具体体现在学生在知识、能力、素养等方面的提高程度。这需要教师变革教学方式,提升教学能力。从学科层面,要引导教师不仅关注探究的学术,也要重视教学的学术。三是为本科生的科研训练创造条件。一方面可以吸收学生参加教师的科研团队、指导本科生参加学科竞赛等,另一方面研究中心等校内学科会聚的平台也应尽可能向本科生培养环节开放,总之学科可以为本科生创造更多

---

① 周慧颖、郤海霞:《世界一流大学工程教育跨学科课程建设的经验与启示——以麻省理工学院为例》,《黑龙江高教研究》2014年第2期。

的科研实践机会,这对学生创新能力的培养同样具有十分重要的意义。四是发挥学科文化的育人功能。学科文化是学科成员所共享的基本理念与价值观,它通常是在学科组织成长过程中围绕学科组织使命积淀与发展而来的。学科文化通常具有积极进取、崇真求实等共性,这样的学科精神无疑会对成长中的青年学生起到潜移默化的熏陶作用,激发大学生的创新动机和学习兴趣。总之,通过学科建设与专业建设的融合,强化学科对于人才培养的支撑能力,应是教育现代化进程中学科建设的题中应有之义。

后　记

利用春节假期，整理四年多来在课题研究报告基础上形成的书稿，对每个章节进行最后的审定，更多是文字上的，而非观点和逻辑上的，最初项目的设计确定了两个主要的目标，一是有助于丰富并完善大学学科组织发展的基本理论体系，二是有助于改进与优化政府、高校的学科建设策略。尽管课题的结题验收很顺利，但对于即将付梓的著作能否达到课题最初设定的目标，我一直持保守的态度。因为从治理的视角看，书中的观点仅仅代表了大学的立场，表达的是大学对学科评价的未来诉求和期待，并不能代表其他利益相关者的意愿。

春节刚刚过完，记得是2022年2月20日晚上十点半了，厦门大学原副校长邬大光教授深夜来电，在电话中他急切地表达了他的忧虑：

教育部刚刚公布了《第二轮"双一流"建设高校及建设学科名单》，排在第一的是材料科学与工程（30个）、化学第二（22个）、生物学第三（16个）。近半年我一直思考一个

> 问题：中国的学科在 ESI 排行榜上进入前 1%、前 1‰ 的学科有很多，进入前 1% 最多的是材料科学，进入前 1‰ 的学科同样集中在材料与化学。这里就有个悖论：中国讲科技创新与科技强国、制造大国和制造强国，最大的短板就是材料科学；但从指标上看，这个领域好像又是最好的。无论是高被引学者排行榜还是 ESI 的学科排名包括这两次"双一流"学科建设排名，材料与化学学科的表现都是非常亮眼的，但中国"卡脖子"的点恰恰就在这两个领域。

平时在这个时间点上，我早已不作任何思考，以免彻夜难眠，可是那天晚上，我被他的教育情怀与探究精神深深地感动了。电话中他告诉我为了证实他的想法，他还访谈了材料与化学领域的三位大咖，访谈的结果更加坚定了他的判断："前两轮的学科评估表面看的是学科的所谓贡献，实际上看各种学科排名，且看的是 ESI 排名，而 ESI 排名的背后是论文。这种以论文为导向的学科建设逻辑，正在成为许多高校和政府的一种资源配置方式，成为管理一流学科的方式，成为学者的追求目标，成为学科的发展范式。"他发现在我国一流学科建设过程中存在着"偏航"现象，即"唯论文"导向已经严重影响着一流学科的建设和评价。

我连夜阅读了大光教授随后发送给我的三份访谈录，他们的思考与观点引起了我强烈的共鸣，而他们提到的现象正是我们这项研究试图解决的问题。第二天一早便与大光教授进行了深入的探讨，介绍了我们的这项研究及主要观点，感谢他这个电话打得非常及时，坚定了我们对这项研究的信心，并且表示要把我们深夜的探讨写入我们这部著作的后记里。

一周之后的2月28日，我注意到邬大光教授以《学科的生成与建设逻辑——对第二轮一流学科名单数量的思考》为题给厦门大学教育学院师生作了新学期第一场学术报告，报告中充分展开了他在与我通话中的思考和观点，在报告的最后他说："学科建设的表面是管理问题，但其本质是学科生态、学术生态和文化问题。时代背景正在发生变化，我国需要改变学科建设和评价逻辑，未来我国学科建设之路任重道远。"这一总结对我们这项研究的价值是一个莫大的鼓励！

在大光教授报告之后不久，我接到了厦门大学教育学院副院长王洪才教授的邀约，为厦门大学教育学院师生作一场学术报告。4月18日，我以《建设高质量高等教育体系的若干思考》为题作了汇报，其中也着重介绍了我们这项研究，并与大光教授及师生又作了深入的交流与研讨，收获颇丰。

之所选择这个报告题目，是因为"十四五规划和2035年远景目标纲要"中提出了"建设高质量教育体系，提高高等教育质量"的要求。如何把握高等教育高质量发展的内涵，建设高质量的高等教育体系，切实发挥高等教育先导性、支撑性、引领性作用，是高等教育进入普及化阶段面临的首要问题。高等教育在高质量发展的语境下，要实现从高水平转向高质量的发展转型，要在总结工具理性取向的评价基础上，持续思考与统筹，把握高等教育的价值理性评价取向，高质量与高水平概念既有充分联系，也有显著差异。高水平侧重体系内部的同类型事物比较，比如高水平研究型大学在更多意义上强调的是研究型大学之间的比较，而质量主要反映事物价值特性满足实际需要的程度，即质量事关价值的实现与满足。高质量重在关切高等教育整体满足实际需求的价值与能力，而不再囿于体系内部大学与学科的排名。这是高质量区别于高水平的关键所在。因此，从高水平发展转向高质量发展，是高等教育发展理念与价值取向的重大转变，我们这项课题的研究正是契合了国家高质量发展的战略要求，我们希望通过对大学学科评价与治理的变革引发对高等教育体系的系统性变革，助推高质量高等教育体系的建构。因此，可以肯定，我们这项研究和这本专著的出版是有理论价值和现实意义的。

感谢浙江省自然科学基金会的重点资助，感谢浙江工业大学现代大学制度研究中心的老师们，在共同研究讨论的基础上，分别承担了各个章节的写作，郑莉博士执笔第一、二章，张鹏副教授执笔第三、四章，钟伟军教授执笔第五章，凌健副教授执笔第六章，毛建青教授执笔第七章，张凤娟教授执笔第八章。翁默斯博士部分参与了书稿的整理。

宣勇

2022 年 7 月 19 日于三香居

参考文献

[1] 鲍嵘:《学科的制度及其反思》,《学位与研究生教育》2006年第7期。

[2] 别敦荣:《论我国大学主体性的缺失与彰显——兼评〈政府善治与中国大学的主体性重建〉》,《复旦教育论坛》2017年第3期。

[3] 伯顿·R.克拉克著、王承绪等译:《高等教育系统》,杭州大学出版社1994年版。

[4] 蔡真亮:《内生与外推互动:学科评估现代化的推进机制》,《教育发展研究》2021年第1期。

[5] 常桐善:《学科评估要细听学生声音:加州大学利用本科生调查结果的实践经验》,《中国高教研究》2020年第7期。

[6] 陈亮:《新时代学科评估现代化的要义指向》,《教育发展研究》2021年第1期。

[7] 陈宝生:《在全国教育工作会议上的讲话》,http://www.moe.edu.cn/jyb_xwfb/moe_176/201802/t20180206_326931.html。

[8] 陈洪捷:《"双一流"建设,学科真的那么重要吗》,《中国科学报》2019年11月27日。

[9] 陈洪捷、巫锐:《"集群"还是"学科":德国卓越大学建设的启示》,《江苏高教》2020年第2期。

[10] 陈涛、邓圆:《外部依赖与内部整合:英国学科评估改革的工作逻辑及发展轨迹——兼论中英两国学科评估的异同》,《外国教育研究》2020年第9期。

[11] 陈学飞等:《中国式学科评估:问题与出路》,《探索与争鸣》2016年第9期。

［12］崔卓兰、刘福元：《行政自制的可能性分析》，《法律科学（西北政法大学学报）》2009年第6期。

［13］翟亚军、王晴："双一流"建设语境下的学科评估再造》，《清华大学教育研究》2017年第6期。

［14］董英哲：《科学技术的分化综合律》，《西北大学学报》1986年第1期。

［15］段鑫星、赵智兴：《学科评估指标体系：从理论建构到实践审思》，《江苏高教》2021年第4期。

［16］方跃平、邹放鸣：《我国学科类型化评估机制的完善》，《江苏高教》2018年第7期。

［17］封冰、谢冉：《新公共治理视域下我国学科评价的反思与重构》，《学位与研究生教育》2020第5期。

［18］福柯著，刘北成、杨远缨译：《规训与惩罚》，生活·读书·新知三联书店2007版。

［19］高耀：《学科评估机制失衡的效率损失与补偿策略——兼论一流学科建设的路径取向》，《中国高教研究》2018年第1期。

［20］高耀丽：《美英高等教育问责制度比较分析及启示》，《现代教育管理》2010年第9期。

［21］龚成：《管办评分离与高校办学自主权的落实》，《江苏高教》2018年第10期。

［22］郭丛斌：《中国高水平大学学科发展现状与建设路径分析——从ESI、QS和USNews排名的视角》，《教育研究》2016年第12期。

［23］贺小刚、李新春、方海鹰：《动态能力的测量与功效：基于中国经验的实证研究》，《管理世界》2006年第3期。

［24］胡炳仙：《我国重点大学建设的渐进模式》，《高等教育研究》2017年第5期。

［25］胡春光：《大学学科的"学术部落化"及知识危机》；《教育评论》2012年第2期。

［26］华勒斯坦：《学科·知识·权力》，生活·读书·新知三联书店1999版。

［27］华勒斯坦著、刘锋译：《开放社会科学：重建社会科学报告》，生活·读书·新知三联书店1997年版。

［28］华勒斯坦等著、刘健芝等译：《学科·知识·权力》，生活·读书·新知三联书店1999年版。

［29］黄宝印、林梦泉、任超、陈燕：《努力构建中国特色国际影响的学科评估体系》，《中国高等教育》2018年第1期。

[30] 黄宝印:《努力构建新时代中国特色学科评估新体系》,《中国高等教育》2021年第17期。
[31] 姜华、刘苗苗、刘盛博:《基于ESI数据库的我国"985工程"高校一流学科评价研究》,《现代教育管理》2017年第8期。
[32] 蒋林浩、陈洪捷、黄俊平:《人文、艺术和社会学科评估指标体系研究——基于对大学教师的调查》,《华南师范大学学报（社会科学版）》2019年第2期。
[33] 蒋林浩、黄俊平、陈洪捷、周丹纯:《学科评估体系实践与影响的国际比较研究》,《学位与研究生教育》2020年第4期。
[34] 蒋林浩、沈文钦、陈洪捷、黄俊平:《学科评估的方法、指标体系及其政策影响：美英中三国的比较研究》,《高等教育研究》2014年第11期。
[35] 蒋石梅、曾珍香、战英民、刘新福:《〈中国大学评价〉六年改进述评》,《科学学与科学技术管理》2003第4期。
[36] 《2017年全国教育事业发展统计公报》,http://www.moe.edu.cn/jyb_sjzl/sjzl_fztjgb/201807/t20180719_343508.html。
[37] 解德渤、李枭鹰:《中国特色学科评估体系的优化路径——基于第四轮学科评估若干问题的分析》,《厦门大学学报（哲学社会科学版）》,2019年第1期。
[38] 解瑞红:《矛盾与反常：大学学科固化的危机》,《江苏高教》2014年第6期。
[39] 靳玉乐、胡建华、陈鹏、陈廷柱、陈亮:《关于当前学科评估改革的多维思考》,《高校教育管理》2020年第5期。
[40] 雷环、钟周、乔伟峰:《"双一流"建设背景下中美研究型大学"学科"发展模式比较研究》,《清华大学教育研究》2018年第6期。
[41] 黎晓玲:《教育部学科评估指标变迁及启示》,《大学教育》2020年第5期。
[42] 李兴国:《我国重点财经类大学学科评估及学科发展策略研究》,《重庆大学学报（社会科学版）》2020年第2期。
[43] 李泽林:《分科教学：历史、问题与趋势》,《教育史研究》2014年第2期。
[44] 李正风:《科学知识生产方式及其演变》,清华大学博士学位论文,2005年。
[45] 梁彤、贾永堂:《学科评估执行偏差研究——基于新制度主义分析视

角》,《江苏高教》2019 年第 8 期。

[46] 廖婧茜、靳玉乐、周海涛、程天君、陈恩伦、马健云、陈亮:《"新时代学科评估现代化的使命与责任"专家笔谈》,《现代大学教育》2020 年第 4 期。

[47] 林梦泉、姜辉、任超:《学科评估发展与改革探究》,《中国高等教育》2010 年第 21 期。

[48] 凌健、毛笛:《高等教育政策执行中的有限响应与反思——以 A 省地方高校章程建设为例》,《复旦教育论坛》2018 年第 6 期。

[49] 凌健:《新时代语境下中国现代大学制度建设的契机》,《复旦教育论坛》2018 年第 4 期。

[50] 刘强:《"双一流"建设视域下高校学科评估的价值冲突及其调适》,《现代教育管理》2019 年第 11 期。

[51] 刘康宁:《"第四代"评估对我国高等教育外部质量保障的启示》,《国家教育行政学院学报》2010 年第 9 期。

[52] 刘权、邹晓东:《大学学科核心能力初探》,《辽宁教育研究》2004 年第 2 期。

[53] 刘蕊、李济宇、王朝昕、石建伟、李艳红、曹心怡、于靖:《组合赋权法应用于公立医院内部学科评估模型构建的可行性分析》,《中国医院管理》2019 年第 10 期。

[54] 刘小强、彭颖晖:《从学科生产能力看一流学科评价》,《高等教育研究》2018 年第 11 期。

[55] 刘雪立、郭佳、申蓝:《基于 ESI 的大学和学科评价的局限性》,《数字图书馆论坛》2020 年第 4 期。

[56] 刘永;《一流学科评价探析:基于教育生态学的视角》,《江苏高教》2020 第 5 期。

[57] 刘云、陈玉祥、陈德棉:《我国化学论文产出的科学计量分析》,《科学学与科学技术管理》1994 年第 3 期。

[58] 刘振天:《常道与常名:学科评估如何表达学科本身?》,《教育发展研究》2021 年第 1 期。

[59] 刘振天、俞兆达、陈恩伦、石定芳、王智超、田铁杰、王鹏炜:《新时代学科评估改革的新思维(笔谈)》,《吉首大学学报(社会科学版)》2021 年第 1 期。

[60] 柳友荣:《新时代中国特色现代大学制度的学理阐释与实践理路》,《复旦教育论坛》2018 年第 21 期。

［61］龙洋：《学科评估功能的原生态回归路径探索》，《教育发展研究》2021年第1期。
［62］马国焘、宁小花、王红梅、金青林：《教育评价转型视角下我国学科评价的挑战与发展方向》，《研究生教育研究》2020年第3期。
［63］迈克尔·吉本斯著、陈洪捷译：《知识生产的新模式：当代社会科学与研究的动力学》，北京大学出版社2011年版。
［64］毛建青、宣勇：《社会组织参与大学学科评价：问题与策略》，《高等工程教育研究》2021第3期。
［65］冒荣：《直面学科评估的透视力和导向性》，《高教发展与评估》2018年第3期。
［66］梅红、宋晓平《"双一流"建设中的学科评估创新探索》，《学位与研究生教育》2017第5期。
［67］伊迪丝·彭罗斯著、赵晓译：《企业成长理论》，上海人民出版社2007年版。
［68］彭颖晖、刘小强：《学科评价：从学术导向走向服务需求导向——从知识与经济双重转型看学科评价改革》，《南昌大学学报（人文社会科学版）》2021年第4期。
［69］邱均平、董西露：《高校智库建设的困境与策略》，《重庆大学学报（社会科学版）》23-4，2017年。
［70］上官剑：《稳定性与差异性："QS"与"ARWU"世界大学排名的实证分析》，《比较教育研究》2013年第11期。
［71］尚丽丽：《政府善治视角下"双一流"建设中府学关系的重构》，《江苏高教》2019年第2期。
［72］佘仕凤：《国际学科排名指标体系及中国学科格局分析——基于世界大学学科排名数据》，《上海教育评估研究》2017年第6期。
［73］史华楠：《教育管办评分离中政府"元治理"的属性与路径》，《中国教育学刊》2016年第10期。
［74］王立生、林梦泉、任超、陈燕：《我国学科评估的发展历程和改革探究》，《中国高等教育》2016年第21期。
［75］王传毅、程哲昕：《学科可持续发展能力评价的指标体系构建：基于知识生产的视角》，《学位与研究生教育》2020年第3期。
［76］王洪才：《学科排名：利大还是弊大——对我国学科评估特征、正当性与机理的省思》，《厦门大学学报（哲学社会科学版）》2019年第1期。
［77］王家峰：《作为设计的政策执行——执行风格理论》，《中国行政管理》

2009 年第 5 期。

［78］王建华:《学科、学科制度、学科建制与学科建设》,《江苏高教》2003 年第 3 期。

［79］王建华:《试论学科制度与大学制度的相关性》,《青岛科技大学学报（社会科学版）》,2006 年第 4 期。

［80］王建慧:《学科评估双重目的引致的三对矛盾》,《高教发展与评估》2018 年第 3 期。

［81］王树松:《现代科学综合与分化的哲学基础》,《齐齐哈尔师范学院学报》1996 年第 2 期。

［82］王小梅、范笑仙、李璐:《以学科评估为契机 提升学科建设水平（观点摘编）》,《中国高教研究》,2016 年第 12 期。

［83］王义遒:《"漏网之鱼"或许是"卓越"之源——从〈"双一流"建设,学科真的那么重要吗〉一文说开来》,《中国科学报》2019 年 12 月 18 日。

［84］王占军:《大学排行对院校的组织决策、行为与文化的影响》,《中国高教研究》2012 年第 2 期。

［85］王绽蕊:《完善中国特色大学治理准则》,《社会科学报》2018 年 6 月 28 日。

［86］小埃尔弗雷德·D. 钱德勒:《企业规模经济与范围经济——工业资本主义的原动力》,中国社会科学出版社 1999 年版。

［87］熊丙奇:《高校行政化之弊端》,《学习月刊》2009 年第 21 期。

［88］熊庆年、张端鸿:《学科评估中的价值评估及其类型》,《教育发展研究》2017 年第 3 期。

［89］徐仲、吴曼:《ESI 在中国高校一流学科建设中的误区及对策分析》,《青岛科技大学学报（社会科学版）》2019 年。

［90］徐高明:《学科评估要引领一流学科建设》,《高教发展与评估》2018 年第 3 期。

［91］徐娟:《我国大学发展中政府治理导向的演进及审视》,《高校教育管理》2018 年第 2 期。

［92］徐志平、张冰冰、刘怡:《学科评估的新维度:博士互聘网络的排序》,《高教发展与评估》2019 年第 2 期。

［93］许杰、张秀红:《政府:影响大学自主权演进的主导性因素》,《华中师范大学学报（人文社会科学版）》2005 年第 5 期。

［94］宣勇、方学礼:《论本科教育中的学科责任》,《北京高等教育》2020 年第 6 期。

[95] 宣勇、凌健:《"学科"考辨》,《高等教育研究》2006年第4期.

[96] 宣勇、凌健:《大学学科组织化建设:价值与路径》,《教育研究》2009年第8期.

[97] 宣勇、钱佩忠:《知识增长与学科发展的关系探析》,《大学(研究与评价)》2007年第1期.

[98] 宣勇:《建设世界一流学科要实现"三个转变"》,《中国高教研究》2016年第5期.

[99] 宣勇:《大学必须有怎样的办学自主权》,《教育发展研究》2010年第7期.

[100] 宣勇:《大学能力建设:新时代中国高等教育面临的重大课题》,《高等教育研究》2018年第5期.

[101] 阎凤桥:《学科评估的多重逻辑》,《教育发展研究》2021年第1期.

[102] 杨权海:《基于ESI的江苏高校优势学科评估实践与思考》,《上海教育评估研究》2016年第2期.

[103] 杨昭、潘卫:《世界一流学科评价指标结构分析及启示》,《黑龙江高教研究》2019年第6期.

[104] 余怡春:《现代大学章程现状研究——基于110部高校章程文本的NVivo分析》,《宁波大学学报(教育科学版)》2018年第2期.

[105] 袁本涛、李锋亮:《对我国学科评估发展的调查与分析》,《高等教育研究》2016年第3期.

[106] 袁润、王丹、潘颖:《基于R语言的ESI可视化及其在学科评估中的应用》,《情报杂志》2020年第3期.

[107] 翟亚军、王晴:《"双一流"建设语境下的学科评估再造》,《清华大学教育研究》2017年第6期.

[108] 张耀方、韩海波:《国家科技改革政策导向对学科评估指标体系的影响分析》,《中国科技论坛》2019年第10期.

[109] 张春、郝凤霞、闫红秀:《学科交叉研究的神韵——百年诺贝尔自然科学奖探析》,《科学技术与辩证法》2001年第6期.

[110] 张继平、黄琴:《建设"双一流"语境中学科评估价值取向的十大转变》,《研究生教育研究》2017年第6期.

[111] 张继平、刘婷、赵欢:《以中国特色的学科评估推进"双一流"建设:问题与进路》,《研究生教育研究》2020年第6期.

[112] 张继平、覃琳:《学科评估服务"双一流"建设:理念、目的与机制》,《研究生教育研究》2018年第2期.

[113] 张继平:《"双一流"建设语境中的学科评估中国化:成效、问题与进路》,《高校教育管理》2019年第5期。

[114] 张继平:《学科评估服务"双一流"建设:第三方评估的困境与突围》,《研究生教育研究》2019年第2期。

[115] 张男星、王春春:《关于建设世界一流学科的思考——访浙江农林大学党委书记宣勇》,《大学(研究版)》2015年第12期。

[116] 张鹏、宣勇:《创业型大学学术运行机制的构建》,《教育发展研究》2011年第9期。

[117] 张双志、张龙鹏:《学科评估循证机制构建:区块链赋能视角》,《高教探索》2021第5期。

[118] 张涛、孙长青:《世界一流学科评价与中国一流学科建设路径——基于国际学科评价体系与建设经验》,《河南师范大学学报(哲学社会科学版)》2021年第2期。

[119] 张宛姝、汪雪锋、于璇:《基于ESI论文数据的高校学科评价研究》,《科研管理》2020年第2期。

[120] 张耀方、韩海波:《国家科技改革政策导向对学科评估指标体系的影响分析》,《中国科技论坛》2019年第10期。

[121] 张应强:《"双一流"建设需要什么样的学科评估——基于学科评估元评估的思考》,《清华大学教育研究》2019年第5期。

[122] 郑莉:《建构"体用"结合的学科评价体系》,《中国高教研究》2016第5期。

[123] 周春雷、周慧芳:《学术网络社会资本视角下的学科评价指标探索》,《现代情报》2018年第9期。

[124] 周合兵、陈先哲:《新时代学科评估价值导向与学科建设逻辑转向——基于X大学三个学科的案例研究》,《教育发展研究》2021年第7期。

[125] 周继良、张金龙:《学科评估与一流学科建设的制度平衡》,《高教发展与评估》2018年第6期。

[126] 周继良:《学科评估结果的理性评判及其与世界一流学科建设的关系》,《重庆高教研究》2021年第1期。

[127] 周进:《基础·速度·优势——我国若干重点理工大学转型时期学科发展实证研究》,《学位与研究生教育》2002年Z2期。

[128] 周三多等:《管理学——原理与方法》,复旦大学出版社2015年版。

[129] 朱冰莹、董维春:《学科评价省思:场域特性、价值趋向与制度构

建——兼议一流学科建设评价》,《科技进步与对策》2019年第8期。
[130] 朱明、廖文和:《大学学科评价的审思》,《学位与研究生教育》2017年第6期。
[131] 邹燕:《ESI全球学科排名与江苏高校学科建设》,《江苏高教》2015年第3期。
[132] Abel, A. Moreno, Raghu Tadepalli, "Assessing Academic Department Efficiency at a Public Uuniversity," *Managerial and Decision Economics*, 2002, 23: 7.
[133] Alkin, M., & C. Christie, "An Evaluation theory tree," in M. Alkin (Ed.), *Evaluation roots: Tracingtheorists' Views and Influences*. CA: Thousand Oaks, Sage, 2004, pp. 12-65.
[134] Armstrong, J. S., & T. Sperry, "Business School Prestige-research versus Teaching," *Interfaces*, 1994, 24: 2.
[135] Bastedo, M. N., & N. A. Bowman, "*US News & World Report* College Rankings: Modeling Institutional Efects on Organizational Reputation," *Merican Journal of Education*, 2009, 116, 2: 163-183.
[136] Chen, H.-T. "Development of a National Evaluation System to Evaluate CDC-funded Health Department HIV Prevention Programs," *The American Journal of Evaluation*, 2001, 22, 1: 55-70.
[137] Cole, S., & J. R. Cole, "Scientifc Output and Recognition: A Study in the Operation of the Reward System in Science," *American Sociological Review*, 1967, 32, 3: 377-390.
[138] Donthu, N., & B. Yoo, "Retail Productivity Assessment Using Data Development Analysis," *Journal of Retailing*, 1998, 74: 89-105.
[139] Kagan, J. M., M. Kane, K. M. Quinlan, S. Rosas, & W. M. Trochim, "Developing a Conceptual Framework for an Evaluation System for the NIAID HIV/AIDS Clinical Trials Networks," *Health Research Policy and Systems*, 2009, 7, 1.
[140] Keith, B. "Organizational Contexts and University Performance Outcomes: The Limited Role of Purposive Action in the Management of Institutional Status," *Research in Higher Education*, 2001, 42, 5: 493-516.
[141] Lee, Deokro Kim, Soyoung Kim, Sung-Hyun Cha, "Evaluating the Effectiveness of Research Centers and Institutes in Universities:

Disciplines and Life Cycle Stages," *Journal of Educational Policy*, 2014, 11, 1: 119-137.

［142］Paolo, Paruolo, Michaela Saisana, & Andrea Saltelli, "Ratings and Rankings: Voodoo or Science," *Journal of the Royal Statistical Society: Series A (Statistics in Society)*, 2013, 176, 3.

［143］Patton, M. Q., "What is Essential in Developmental Evaluation? On Integrity, Fidelity, Adultery, Abstinence, Impotence, Long-term Commitment, Integrity, and Sensitivity in Implementing Evaluation Models," *The American Journal of Evaluation*, 2016, 37, 2: 250-265.

［144］Quinn, R., & J. Rohrbaugh, "A Competing Values Approach to Organizational Effectiveness," *Public Productivity Review*, 1981, 5, 2: 122-140.

［145］Răzvan V. Florian. "Irreproducibility of the Results of the Shanghai Academic Ranking of World Universities," *Scientometrics*, 2007, 72, 1.

［146］Richardson, G, B. "The Organization of Industry," *Economic Journal*, 1972, 82: 883-896.

［147］Rindova, V. P., I. O. Williamson, A. P. Petkova, & J. M. Sever, "Being Good or Being Known: An Empirical Examination of the Dimensions, Antecedents, and Consequences of Organizational Reputation," *Academy of Management Journal,* 2005, 48, 6: 1033-1049.

［148］Smyth, D. J., "The determinants of the Reputations of Economics Departments: Pages Published, Citations and the Andy Rooney Efect," *American Economist*, 1999, 43, 2: 49-58.

［149］Soh, Kaycheng, "Multicolinearity and Indicator Redundancy Problem in World University Rankings: An Example Using Times Higher Education World University Ranking 2013-2014 Data," *Higher Education Quarterly*, 2015, 69, 2.

［150］Spence, M. "Job Market Signaling," *Quarterly Journal of Economics*, 1973, 87, 3: 355-374.

［151］Trochim, W. M., S. E. Marcus, L. C. Mâsse, R. P. Moser, & P. C. Weld, "The Evaluation of Large Research Initiatives," *The American Journal of Evaluation*, 2008, 29, 1: 8-28.

［152］Vicente, Safón, "Inter-ranking Reputational Effects: An Analysis of the Academic Ranking of World Universities (ARWU) and the Times Higher

Education World University Rankings (THE) Reputational Relationship," *Scientometrics*, 2019, 121, 2.

[153] Wernerfelt, B., "A Resource-based View of the Firm," *Strategic Management Journal*, 1984, 5, 2: 171-180.